# 백악관 말하기 수업

SAY IT WELL

Copyright © 2024 by Terry Szuplat
All rights reserved.
Korean translation rights arranged with Aevitas Creative Management, New York through Danny Hong Agency, Seoul.
Korean translation copyright © 2025 by Hyundae Jisung, Inc.

이 책의 한국어판 저작권은 대니홍에이전시를 통한 저작권사와의 독점 계약으로 ㈜현대지성에 있습니다.
신저작권법에 의해 한국 내에서 보호를 받는 저작물이므로 무단전재와 복제를 금합니다.

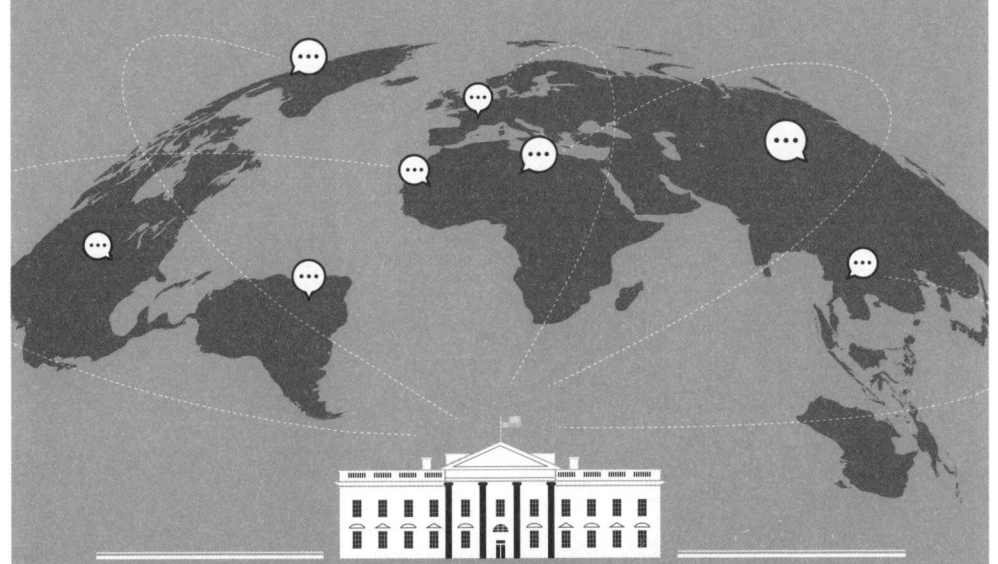

사람을 설득하고 마음을 움직이는 말은 어떻게 만들어지는가

# 백악관 말하기 수업

테리 수플랫 지음 | 정지현 옮김

WHITE HOUSE SPEECHWRITER

현대지성

"메리, 잭, 클레어를 위해"

**일러두기**

1. 옮긴이 주는 각주로 표시했다.
2. 이 책에서 설명하는 말하기의 사례는 대부분 영상으로 볼 수 있다. 잘 알려진 오바마 대통령의 민주당 전당대회 연설부터 평범한 하버드대 학생의 학위수여식 축사까지, 제스처와 현장감을 고스란히 느낄 수 있도록 영상을 QR코드로 실었다. QR코드가 제대로 인식되지 않을 경우, 그 아래에 있는 검색어로 찾으면 감상할 수 있다.

맑고 또렷하게 생각할 수 있기를,
살고 사랑하고 아름다운 문장으로 말할 수 있기를,
언젠가 내가 누구인지 알게 되기를.

**실비아 플라스** Sylvia Plath (퓰리처상 수상 시인)

> 이 책에 쏟아진 찬사

나는 늘 말하는 게 두려웠다. 다른 사람의 말을 대신 써주는 것은 편했다. 무대 뒤가 나의 자리였다. 이 책의 저자, 테리 수플랫도 그랬다. 그 역시 말하는 것을 극도로 꺼리고 두려워하는 사람이었다고 고백한다. 저자는 백악관 연설비서관으로 오바마 대통령의 연설문을 8년 동안 썼다. 내가 김대중, 노무현 대통령에게 말하는 법을 배웠듯이, 그는 최고의 연설가로 알려진 오바마 대통령에게 말하는 법을 배웠다. "진심을 담은 쉬운 말로 노래하듯 말하고 희망으로 마무리할 것." 그와 내가 배운 것이 어찌 그리 같을까.

이 책은 연설 천재라고 불리는 오바마 곁에서 배운 말하기 비법을 누설하며 우리 모두에게 말할 자격이 있으며, 유려하지 않아도 자신만의 목소리가 있다고 격려한다. 실제로 대중 앞에서 연설을 준비하며 긴장하고 실수했던 오바마의 사례와 더불어 말더듬증 소년, 하버드 졸업식에서 축사한 흑인 학생, 교실에서 읊은 진실된 시로 전 세계적으로 유명해진 어린 소녀 등 평범한 사람들의 인상 깊은 말하기를 따라가다 보면, 두려움이 사라지고 "나도 말 잘하는 사람이 될 수 있다"라는 희망과 용기가 생긴다. 저자가 강조하는 것은 단순하다. 탁월한 언변보다 진심과 공감이다. 화려한 수사보다는 자기 안에 있는 그대로의 말이다. 더 큰 목소리가 아니라 더 깊은 이해와 공감이다.

어눌하기 짝이 없었던 나는 이제 남 앞에서 당당히 말할 수 있다. 그러니 당신도 못할 게 없다. 여기 연설 천재 오바마의 비법이 모두 적혀 있으니 말이다. 어떻게 첫마디를 꺼낼지 망설이는 사람부터 무대 앞에 서면 목소리가 떨리는 사람까지 모두 이 책을 통해 달라질 수 있다. 인간이 어떻게 말로 치유받고 진실해질 수 있는지 깨닫게 해주는 이 책은 화술 자기계발서가 아니라 인문서에 가깝다. 말을 통해 나를 찾고, 말로 사람들과 연결되고, 더 나은 세상을 위해 목소리를 내고 싶은 이들에게 이 책을 권한다.

_ **강원국**, 前 청와대 연설비서관

오랜 시간 대통령의 연설문을 써오며 말로 사람을 설득하고 세상을 움직여온 저자는 말이 어떻게 관계를 변화시키는지 자신의 경험과 다양한 사례를 통해 생생히 보여준다. 그는 단순히 말하기 기술을 넘어 신뢰를 쌓는 언어에 대해 깊이 있게 안내한다.

사람의 마음을 움직이는 일은 매우 어렵다. 하지만 말의 본질을 이해하는 순간 우리는 다른 사람의 마음에 다가설 수 있는 가장 강력한 도구를 얻게 된다. 이 책은 독자에게 그 도구를 쥐여준다.

_ **희렌최**, 66만 유튜브 채널 《희렌최널》 운영자

테리 수플랫은 8년 동안 버락 오바마 대통령과 함께 우리 시대를 감동시킨 가장 영향력 있는 말들을 만들어냈다. 이 책에는 그 경험을 바탕으로 마음을 움직이는 말하기의 비법을 담았다. 나아가 개인적인 말이 지역사회와 국가, 나아가 전 세계를 어떻게 바꿀 수 있는지 알려준다.

_ **데이비드 액설로드**, 前 백악관 대통령 선임보좌관

이 책은 누구나 자신만이 할 수 있는 말을 찾게 도와준다. 나는 10년 가까이 테리와 함께 일하면서 그 탁월한 조언의 효과를 직접 경험했다. 조직에 활력을 불어넣어서 팀원들에게 동기를 부여하고 시장을 확장하고자 하는 CEO나 임원, 중간관리자에게도 큰 도움이 될 것이다.

_ **마크 베니오프**, 세일즈포스의 CEO이자 『트레일블레이저』 저자

말 한마디가 중요한 세상이다. 이 책은 말하기를 통해 자신이 원하는 것을 설득력 있게 전달하는 방법을 알려준다. 실로 말하기의 마스터클래스라 할 수 있다. 말하기의 기술을 익히고자 하는 모든 사람에게 새로운 고전이 될 것이다.

_ **도리 클라크**, 컬럼비아대학교 경영대학원 교수

어려운 과제를 앞두면 스승의 가르침이 절실해진다. 테리 수플랫은 소통하는 법을 점차 잊어가는 이 시대에 꼭 필요한 연설의 대가다. 펜타곤에서 일하던 시절, 나는 그와 함께 연설문을 작성하면서 언어의 중요성을 다시금 깨달았다. 우리가 진정으로 하고 싶은 말을 찾게 해주며, 오늘날 반드시 알아야 할 말하기의 예의와 지식을 깨우치게 해주는 이 책을 추천한다.

_ **윌리엄 코언**, 前 미 국방부 장관

**차례**

이 책에 쏟아진 찬사 … 10

들어가며 "뭐야, 우리 영업비밀을 다 털어놓으려고?" … 18

## 1부 언제까지 말하기를 두려워하며 살 수는 없다

### 1장 · 절대로 말할 자격을 의심하지 말라 … 30

말하기에 대한 두려움은 본능이다 · 31 | 연설 천재 오바마도 수없이 실패했다 · 35 | 진짜 하고 싶은 말을 찾으면 달라진다 · 37 | 말더듬이 소년이 조 바이든을 당선시킬 수 있었던 이유 · 42 | 나의 출신과 배경을 자랑스러워하라 · 44

### 2장 · 가장 개인적인 이야기가 가장 강력하다 … 49

무슨 말을 해야 할지 감조차 잡을 수 없다면 · 50 | "수전의 이야기를 생략하지 마세요". 56 | 그저 그런 회사를 150퍼센트 성장시킨 비결 · 58 | 트럼프의 망언을 덮은 난민 출신 축구 선수의 말 · 61 | 당신이 옳다고 믿는 것에 대해 말하라 · 63

### 3장 · 말하기의 본질을 파악하라 … 69

말하기는 연극과 닮았다 · 71 | 가장 나다운 모습으로 말하라 · 73 | 감정의 전류를 일으켜라 · 75 | 퍼포먼스가 메시지를 완성한다 · 77

### 4장 · 말하기의 성공은 연단 뒤에서 완성된다 … 85

최고의 스피치를 만드는 50-25-25 법칙 · 86 | 무대에 오르기 전 반드시 알아야 할

10가지 • 87 | 핵심 메시지를 한 문장으로 정리하라 • 94 | 할 수 있는 한 샅샅이 조사하라 • 96

## 2부 무조건 통하는 말하기의 구조

### 5장 • 첫마디로 사로잡아라 … 108

원고를 쓰기 전 알아야 할 글의 구조 • 110 | 좋은 첫인상을 만드는 검증된 비법 • 114 | 섣불리 청중을 웃기려 하지 말라 • 125

### 6장 • 사람을 움직이게 만드는 말의 특징 … 135

문제는 구체적으로 묘사할수록 좋다 • 136 | 편견과 분열을 부추기는 말은 힘이 없다 • 139 | 청중과 가장 가까운 나의 정체성을 강조하라 • 144 | 듣는 사람의 신념에 호소하라 • 148

### 7장 • 생각이 다른 사람을 설득하려면 … 155

보편적 가치로 말하라 • 159 | 가치 지향적 기업의 매출 상승이 가파른 이유 • 163 | 첨예한 대립에도 효과적인 도덕적 프레이밍 • 168

## 3부 원하는 것을 얻어내는 말하기 기술

### 8장 • 말에 진심을 담는 법 … 176

통계로는 마음을 얻을 수 없다 • 177 | 사람들은 인간미를 원한다 • 181 | 감정은 언제나 논리를 이긴다 • 183 | 솔직한 말의 놀라운 힘 • 187 | 아는 사람을 향해 말한다

고 상상하기 · 190 | 국제적 난민 지원을 촉구하며 오바마가 한 말 · 194

## 9장 · 쉽게, 더 쉽게 말하라 ··· 203

중학생도 이해할 수 있게 말하라 · 209 | 로봇처럼 말하지 말라 · 211 | 약어는 오해를 부른다 · 214 | 반드시 피해야 할 이중 부정과 법률 용어 · 215 | 훌륭한 연사는 청중과 대화한다 · 217

## 10장 · 말이 노래하게 하라 ··· 220

예측 가능한 표현을 쓰지 말라 · 223 | 우아한 단어로 연설에 점을 찍어라 · 224 | 말에도 리듬이 있다 · 227

# 4부 세상을 바꾸는 말에는 특별한 것이 있다

## 11장 · 있는 그대로 말할 용기 ··· 240

소셜미디어 시대에 더욱 중요한 덕목 · 242 | 말하기 전부터 신뢰를 쌓는 팩트체크 10가지 · 244

## 12장 · 많은 사람들을 한 번에 움직이려면 ··· 265

인생의 교훈이라는 선물을 주라 · 268 | 요구사항을 분명하게 말하라 · 269 | 도전 과제를 명확히 하라 · 273 | 앞장서서 행동하라 · 276

## 13장 · 희망이라는 완벽한 본능 ··· 284

분노와 두려움으로는 세상을 바꿀 수 없다 · 288 | 마지막은 낙관적으로 · 290 | 기꺼이 희망을 파는 사람이 되어라 · 294

## 5부 무대에 서기 전 잊지 말아야 할 것들

### 14장 · "사람들의 귀를 괴롭히지 않을 것을 맹세합니다" … 306

줄이고 쳐내고 참고하라 • 308 | 오바마가 연설 천재가 된 비결 • 315 | 그래도 긴장될 때 내가 되새기는 말 • 319

### 15장 · 떨린다는 것은 준비되었다는 신호 … 325

100퍼센트 기량을 발휘하기 위한 체크리스트 • 326 | 천하의 오바마도 긴장한다 • 331 | 목소리부터 보디랭귀지까지, 무대 위의 기술 • 333 | 신은 당신에게 목소리를 주었다 • 340 | 이제 무대 위의 자유를 만끽하라 • 343

**마치며** 당신의 인생은 변화할 일만 남았다 … 349

**감사의 말** … 355

**부록** 오바마의 보스턴 민주당 전당대회 연설문 … 360

**참고문헌** … 369

> 들어가며

## "뭐야, 우리 영업비밀을
## 다 털어놓으려고?"

온몸이 떨렸다. 내 차례가 얼마 남지 않았기 때문이다. 심장이 마구 뛰었다. 초조함 속에서 계속 앉은 자세를 바꾸며 어떻게든 이 자리에서 빠져나갈 방법을 궁리했다.

'꼭 안 해도 돼. 그냥 미소를 지으며 정중하게 거절하면 되는 거야. 괜찮습니다. 오늘은 사양할게요. 기회가 되면 다음에 할게요, 하고 말하면 되잖아. 그러면 체면도 지킬 수 있다고.'

하지만 이미 늦었다. "자, 이제 박수로 테리를 맞아주세요!" 사회자가 내 이름을 불렀다. 올 것이 오고 만 것이다.

방 안의 모든 시선이 나에게 쏠렸다. 나는 어쩔 수 없이 마이크를 들었지만 첫마디부터 목소리가 떨렸다. 그 사실을 의식하자 떨림이 더욱 심해졌다. 원고를 제대로 들고 있으려 애썼지만, 이제는 손까지 부들거렸다. 내가 겁쟁이처럼 보이지는 않을까? 그런 생각이 들자 손은 더더욱 떨리면서 급기야 요동치기 시작했다.

내 영혼이 몸 밖으로 빠져나와 긴장에 떨며 버벅거리는 나를 위에서 내려다보고 있는 기분이 들었다. 입은 움직이고 있었지만, 머릿속에는 의심의 소리만이 가득했다.

'내가 긴장한 거 저 사람들도 다 보이겠지? 분명 말하다가 실수할 텐데, 그러면 어떡하지? 모두 앞에서 망신당하고 말 거야. 아, 그냥 지금 당장 어디론가 사라지고 싶다.'

이렇게 떨고 있으니 수천 명쯤 모인 스타디움에서 엄청나게 많은 관중의 시선을 받으며 중요한 발표를 하는 자리라고 짐작할지도 모르겠다. 하지만 사실 그때 나는 동료들과 함께 술집에 있었다. 버락 오바마 대통령의 연설문 작성자로 일하던 시절, 일본 요코하마에서 일주일간의 고된 일정을 마치고 백악관 동료들과 다 같이 놀러 나간 자리였다. 청중은 내가 잘 아는 동료이자 친구들이었다. 자리에서 일어날 필요도 없었다. 그냥 앉은 채로 말하면 되는 상황이었다.

그때 나는 연설을 한 것도, 노래를 부른 것도 아니었다. 그저 내가 쓴 유치한 짧은 콩트를 읽어주었을 뿐이다. 오바마와 세계 각국의 지도자들이 세계 경제를 회복시키려 고군분투하는 상황을, 사고 난 자동차를 도랑에서 끌어내는 모습으로 비유한 내용이었다. 그나마도 오바마가 선거 유세에서 자주 하던 이야기를 패러디한 것이라, 나의 이야기가 혹평을 받지는 않을지 걱정할 필요도 없었다. 한마디로 전혀 중요한 자리가 아니었다. 그런데도 그 모양이었다.

어쨌든 그날 밤 술집에서는 그럭저럭 넘어갔다. 사실 어떻게 했는지 잘 기억나지 않는다. 동료들은 웃으며 박수를 쳐주었지만, 호텔로 돌아가는 길에 묘한 무력감이 밀려왔다.

## 평생 사람들 앞에서 말하는 일을 피할 수는 없다

나는 20대부터 거의 평생을 연설문 작가로 일해왔다. 여러 운이 따른 덕분에 국방부 장관의 연설비서관으로 경력을 시작해서 대통령의 연설비서관까지 지냈다. 하지만 정작 나는 사람들 앞에 나서서 말하기를 꺼렸고, 잘하는 편도 아니었다. 그렇다고 사람들 앞에서 말하는 일을 아예 회피한 것도 아니었다. 그리 많지 않은 사람들 앞에서 공개적으로 이야기하거나 친척 장례식에서 추도사를 읽는 정도는 할 수 있었다. 가끔은 그럭저럭 잘해내기도 했다. 하지만 보통은 사람들 앞에서 말해야 한다는 생각만으로도 초조하고 불안해졌다. 그래서 가급적 안전한 자리에 머무르는 쪽을 선택했다. 무대 뒤에서 다른 사람이 할 말을 써주는 자리 말이다.

선택에는 대가가 따르기 마련이다. 나는 오바마 대통령을 비롯해 다양한 사람들이 자신만의 언어로 말할 수 있도록 도와주었지만, 정작 내 목소리는 잃어가고 있었다. 남들에게 말하는 법을 가르치면서도 막상 내 이야기를 전달하려고 하면 생각만으로도 속이 메스꺼워졌다. 세계 최고의 연설가로 손꼽히는 오바마의 연설문은 써줄 수 있었지만, 정작 나 자신은 별 의미 없는 짧은 콩트를 읽는 일조차 버거웠다.

달리 할 수 있는 일은 없었다. 그저 사람들 앞에서 말할 때 느끼는 두려움이 자연스럽게 사라지기를 바라는 것 외에는. 물론 그런 일은 애석하게도 일어나지 않았다.

나는 오바마의 임기가 끝난 후 백악관을 떠났다. 이후 인터뷰를 하거나 대학생을 위한 소규모 강연을 하는 등 사람들 앞에 나설 기회가 여러 번 있었다. 어떤 날은 별문제 없이 넘어갔지만, 그렇지 않은 날도 있었다.

한번은 생방송 TV 인터뷰 도중에 말이 꼬이다가 결국 얼어붙어버린 적이 있다. 다행히 진행자가 재빨리 인터뷰를 마무리해주었고, 나는 당황한 채 황급히 스튜디오를 빠져나왔다. 동료들과 함께 화기애애하게 저녁 모임을 하던 중에도 비슷한 상황이 있었다. 식탁에 둘러앉은 사람들이 차례대로 건배사를 마치고 내 차례가 되었을 때였다. 나는 도저히 어떤 말을 할 용기가 나지 않았다. 짧은 침묵이 흘렀고 다행히 금방 다른 화제로 넘어갔다. 그렇지만 나는 좋은 분위기를 깨뜨린 내 행동을 내내 곱씹어야 했다. 확실히 나는 사람들 앞에서 말하는 능력을 타고나지 않았다. 아니, 사적인 자리에서도 말솜씨가 그닥 좋은 사람은 아니었다.

결국 나는 시간이 흐를수록 남들 앞에서 말하는 상황 자체를 피하게 되었고, 백악관에서의 경험담을 들려달라는 초청이 와도 어떻게든 핑계를 만들어 거절했다. 저녁 모임에서도 누군가 멋지게 건배사를 할 때마다 조용히 지켜보는 쪽이 편했다.

그러던 어느 날, 내 두려움과 정면으로 마주하게 만든 전화 한 통이 걸려왔다. 핀란드의 어느 연설문 작가에게서였다.

"말하기 강연을 종종 하신다고 들었습니다."

"아, 물론입니다." 나는 허세 섞인 자신감을 짜내어 대답했다. "아주 좋아하죠."

그는 자신의 고향 헤멘린나에서 열리는 콘퍼런스에 나를 초청하고 싶다고 했다.

"발표를 잘하는 방법에 관한 기조연설을 부탁드리고 싶습니다. 청중은 300명 정도고요."

순간 전화를 끊을 뻔했다. 그는 연이어 수화기 너머에서 이런저런 이야기를 덧붙였지만, 제대로 듣지 못했다. 과거 실패했던 순간이 자동으로 떠올라 반쯤 정신이 빠진 상태였기 때문이다. 나는 간신히 "생각해보겠습니다"라고 답했다. 사실은 전혀 그럴 마음이 없었음에도 말이다. 적어도 당시에는 그랬다.

그러다 며칠이 지나자, 나는 진지하게 고민을 시작했다. 어느덧 마흔 후반에 접어든 내가 지금처럼 두려움 때문에 계속 기회를 걷어찬다면, 앞으로 얼마나 많은 경험을 놓치고 후회하게 될지 심히 걱정스러웠다. 평생 사람들 앞에서 말하는 일을 피하며 살 수만은 없지 않은가. 게다가 이번에는 핀란드에서 하는 행사이니 설령 실패하더라도 주변 사람들이 알 길도 없었다. 또 행사까지 시간도 넉넉했다.

어쩌면 해낼 수도 있다는 자신감이 들었다. 이번엔 다를 수도 있을 것 같았다. 지금까지 다른 사람에게 연설문을 써주면서 배운 교훈을 바탕으로, 어쩌면 내가 직접 무대 위에 오를 수도 있지 않을까.

## 오바마 대통령 8년 임기 동안
## 연설비서관으로 일하면서 내가 배운 것

나는 오바마 대통령의 8년 임기 내내 그를 위해 글을 쓸 수 있었다. 내 커리어에서 가장 짜릿하고 고무적이면서 동시에 가장 힘들고 두려웠던 경험이었다. 나는 그가 전 세계 각지의 청중과 소통하는 모습을 매일같이 지켜보며 배웠다. 40개국이 넘는 나라를 함께 다니며 그가 어떻게 소통하는지 바로 옆에서 직접 보았다.

오바마는 연설할 때마다 인간이라면 누구나 공감할 수 있는 이상과 가치, 열망을 자극했다. 인종, 종교, 국가, 문화를 초월해 전 세계 사람들에게 깊은 울림을 주었고, 심지어 그의 정치적 견해에 동의하지 않는 사람들까지도 사로잡았다.

그 경험을 바탕으로 내가 이 책을 쓰고 있다고 말하자, 백악관에서 함께 일했던 연설비서관 동료가 농담처럼 말했다. "뭐야, 우리 영업 비밀을 다 털어놓으려고?" 그렇다. 이제부터 그럴 작정이다.

연설비서관, 그러니까 연설문을 작성하는 작가는 본래 보이지 않는 존재다. 목소리는 낼지 몰라도 정작 모습을 드러낼 일이 없는 유령 같은 존재라고 할 수 있다. 지난 25년 동안 나도 그랬다. 보이지 않는 무대 뒤에서 대통령, 의회 의원, 기업인, 사회운동가, 유명 인사들이 할 말을 대신 써왔다. 하지만 그 기술이 오직 유명 인사나 리더만을 위한 것이어야 할 이유가 있을까?

남들 앞에서 말하는 능력은 누구에게나 필요한 기술이다. 지금 같은 시대에는 더욱 그렇다. 다양한 사람들이 저마다의 목소리를 내며 자신의 이야기를 들어달라고 외치고 있다. 오랫동안 덮어두었던 제도적 문제들도 공개적으로 논의하기 시작했다. 정치적·사회적 논쟁이 격화하면서 인종, 정체성, 성, 젠더 영역에서 말과 글로 타인에게 상처를 입히는 일도 잦아졌다. 결론적으로, 이제는 누구나 세계 각지에서 일어나는 사건과 인종, 종교, 개인의 권리 같은 복잡한 사안에 대해 자신의 의견을 말해야 하는 시대가 되었다. 그곳이 커피를 마시는 카페의 탁자 앞이든, 수천 명의 눈이 반짝이는 연단 위에서든 말이다.

거칠고 둔감한 언어 때문에 자칫 실수라도 했다가는 힘들게 쌓아온 관계나 경력, 평판을 완전히 망칠 수도 있다. 가지고 있는 것을 잃느니 차라리 침묵하는 편을 택하는 경우도 부지기수다. 그 결과, 우리는 점점 서로 소통하는 능력을 잃어가고 있다.

그 때문일까? 요즘은 대화를 나누기보다 상대를 향한 수사적 공세로 점수를 따는 데 열중하는 사람들이 너무 많이 보인다. 사람들을 설득해 자신의 의견에 동참시키기 위해서가 아니라, 자신과 다른 견해를 가진 이들의 목소리를 잠재우기 위해 말하는 것이다. 온갖 미디어와 지역사회가 잘못된 정보와 독설로 넘쳐나는 것만 보아도 그렇다.

이제는 진정으로 대화 방식을 바꾸어야 할 때다. 문제는 남들 앞에서 말하는 기술이 필요 이상으로 복잡하고 부담스럽게 느껴진다는 것이다. 연설의 기술을 알려주는 책들은 역사적으로 소외되어온, 그러니까 나처럼 사람들 앞에 서면 두려움을 느끼는 집단의 목소리를 자주 간과한다. 또 어떤 책들은 고대 그리스 로마 시절의 난해한 수사학 용어를 사용해서 머리를 핑핑 돌게 만든다. 그러나 어려운 수사학 용어를 몰라도 얼마든지 위대한 연사가 될 수 있다.

현대는 인류 역사상 처음으로 모두에게 확성기가 주어진 시대다. 스마트폰, 소셜 미디어, 줌Zoom 같이 보조적인 도구를 말하기에 사용할 수 있게 되었다. 기술이 발전해 우리가 서로 대화하는 방식이 계속 달라지면서, 직접 대면이라는 부담감을 덜고 내 목소리를 전 세계와 즉각적으로 공유할 수 있게 된 것이다.

또한 인공지능AI의 부상과 함께 챗봇은 학습, 창작, 소통 방식을 혁신하고 있다. 이제 챗GPT를 일상의 다양한 상황에서 활용하는 모습은 낯설지 않다. 이 책에서는 사람들 앞에서 말을 하기 전에 AI에게 도움을 받는 방법까지 가이드할 작정이다.

이 책은 아마도 AI시대의 스피치에 관한 첫 번째 책일 것이다. 나는 첨단 기술을 활용하되 위대한 소통의 중심에 있는 인간성을 잃지 않으면서 목소리를 정교하게 다듬는 방법을 이야기하려 한다. 한마디로 AI시대에 사람들이 남들 앞에서 말하는 기술을 업그레이드하는 방법을 소개할 것이다. 세상은 너무나 빠르게 바뀌고 있고, 이제는 새로운 맞춤 가이드가 필요하다. 일상에서 하는 발표, 논의, 건배사, 추도사에 실질적으로 도움이 되는 도구 말이다. 나는 이 책이 그런 가이드가 되기를 바란다.

다만 본격적으로 시작하기 전에 고백할 것이 있다. 나는 연설문 작가가 되기 전까지 스피치에 관한 책을 읽어본 적도 없고 수사학 수업을 들어본 적도 없다. 말하자면 이 책을 통해 전할 지식과 교훈은 모두 내가 현장에서 깨우친 것들이다. 내가 처음 일을 시작할 때 이런 책이 있었으면 얼마나 좋았을까 하는 심정으로 이 책을 썼다.

## 말하기에 관한 과학적 접근까지

이제 대통령 집무실인 오벌 오피스로, 대통령 전용기인 에어 포스 원으로, 백악관의 무대 뒤로 가보자. 이 책에서 버락 오바마가 대통령 후보로서, 그리고 대통령으로서 사람들 앞에서 어떻게 말했는지를 살펴보고 그 비법을 그의 입으로 직접 들을 수 있을 것이다.

오바마는 2004년 보스턴 민주당 전당대회에서 세계의 스포트라이트를 한몸에 받았다. 놀라운 연설 덕분이었다. 그는 자신의 발전과 변화를 회상하며 이렇게 말했다. "누구나 다른 사람과 소통하는 데 약점이 있어. 나 역시 좋지 않은 습관이 있었고, 그걸 고치기 위해 노력했지."

이 책에는 나뿐만 아니라 오바마 대통령과 영부인인 미셸 오바마를 위해 글을 썼던 다른 많은 연설문 작가들의 통찰도 함께 담았다. 내가 백악관에서 연설문을 수백 편씩 쓰긴 했지만, 그 모든 일을 나 혼자서 다 해낸 것은 아니다. 나는 우리가 어떻게 그 일을 해냈는지, 어떤 실수를 저지르고 어떤 교훈을 얻었는지 알리려 한다.

또한 세계적으로 저명한 학자, 심리학자, 신경과학자들의 연구를 통해 내가 현장에서 배운 지식과 경험이 왜 효과적인지 설득력 있게 설명할 것이다. 백악관을 떠난 이후 나는 청중 앞에서 말하기의 과학, 즉 모두가 더 나은 소통을 할 수 있도록 도와주는 증거 기반의 접근법을 깨우치기 위해 노력해왔다.

마지막으로, 이 책에서 소개하는 방법을 실제로 활용한 각계각층 사람들의 이야기도 소개하려 한다. 말하기에 대해 배우지 않고도, 혹은 전문가의 도움 없이도 놀라운 연설을 해낸 사람들이다. 그들의 연설은 대부분 전 세계적으로 화제가 되었고 많은 이들에게 영감을 주었다.

이 책은 직장 면접부터 가족, 친구, 동료와의 쉽지 않은 대화에 이르기까지, 다양한 상황에서 효과적인 소통을 도와줄 것이다. 당신이 사람들 앞에서 말하는 것을 직업으로 삼고 있든, 처음으로 용기 내어 사람들 앞에 서야 하든, 건배사를 준비하든, 직장에서 발표를 하든, 변화를 위한 목소리를 내든, 사회를 바꾸기 위해 선거에 출마하든 간에 말이다.

이 책을 통해 모두가 가족, 이웃, 동료, 시민들에게 더 큰 이해와 상호 존중의 마음을 가지고 말하는 방법을 배울 수 있기를 바란다. 흔히 공적인 담론이 품격 있게 이루어져야 한다고 말하지만, 어떻게 말해야 품격을 유지할 수 있는지는 잘 모르는 듯하다. 나는 운 좋게도 오바마 대통령을 포함해서 더 나은 세상을 만들기 위해 애쓰는 사람들과 일하며 그것을 배웠다. 이 책은 그러한 교훈들도 함께 나눈다. 다양성이 있는 민주주의가 지속되려면 품위와 공감, 정직함의 태도로 서로에게 말하는 방법을 찾아야 하기 때문이다.

물론 다른 사람 앞에서 말할 때 신경 써야 할 일은 한둘이 아니며 그로 인해 엄청난 부담이 느껴질 것이다. 하지만 당신은 이미 성공에 필요한 모든 것을 가지고 있다. 아무도 흉내 낼 수 없는 강력한 무기, 자신만의 독창적인 목소리 말이다.

어떻게 자신의 목소리를 찾을 수 있을까? 내가 믿는 바를 위해 어떻게 나서야 할까? 도대체 무슨 말을 해야 할까? 또 어떻게 말해야 주변 사람들에게 영감을 주고 내가 원하는 방향으로 이끌 수 있을까?

이 책은 바로 그 이야기를 할 것이다.

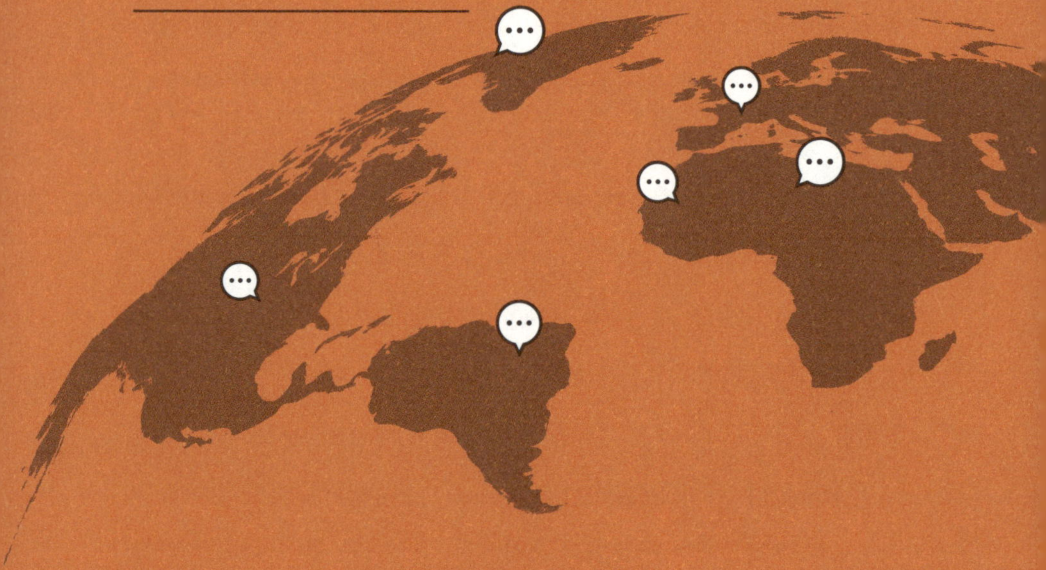

1부

# 언제까지 말하기를 두려워하며 살 수는 없다

## 1장 | 절대로 말할 자격을 의심하지 말라

> 우리를 두렵게 하는 모든 것들도
> 본질적으로는 사랑받기를 바라는
> 연약한 존재일지 모른다.
>
> – 라이너 마리아 릴케 Rainer Maria Rilke(시인)

스피치나 프레젠테이션을 잘하기 위한 첫 번째 단계는 믿음이다. 잘할 수 있다고 믿는 것이다. 즉, 내 목소리가 중요하고 사람들이 마땅히 귀 기울여야 한다는 자신감이 필요하다. 하지만 세상에는 그런 믿음이 없는 사람들이 더 많다. 그래서 우리는 자신을 거부하고 그늘로 들어가 목소리를 감춘다. 다른 사람들의 거절로부터 자신을 지키려고 말이다.

핀란드에서 강연 제안을 받고 고민하던 중, 나 역시 오랫동안 그래왔다는 사실을 깨달았다. 내가 처음부터 사람들 앞에서 말하는 것을 무서워했던 건 아니다.

나는 초등학교 4학년 때 대통령 존 F. 케네디로 분장하고 태어나 처음으로 '연설'을 했다. 독서감상문을 발표하는 자리였다. 그때 내가 이런 말을 했던 것 같다. "반이 여러분을 위해 무엇을 할 수 있는지 묻지 말고 여러분이 반을 위해 무엇을 할 수 있는지 물어보십시오!" 케네디의 명언 "국가가 당신을 위해 무엇을 해줄지 묻지 말고, 당신이 국가를 위해 무엇을 할 수 있는지 물어라"를 변형한 것이었다. 깜찍하긴 하지만 독창성은 0점이다. 고등학교 때는 지역의 비영리단체에서 열린 연설 대회에 참가해 카메라 앞에서 학교 방송부의 주간 TV 뉴스 프로그램 대본을 읽었고, 학생회장으로 수백 명의 학생들이 모인 조례를 진행하기도 했다.

그런데 워싱턴 DC에 있는 대학에 들어간 후로는 수십 년 동안 많은 사람들 앞에서 말하는 일을 피해왔다. 도대체 이유가 뭐냐고? 대부분의 사람들과 같은 바로 그 이유다. 어쩌면 당신의 이유도 똑같을 것이다.

## 말하기에 대한 두려움은 본능이다

사람들 앞에 서서 말할 때 두려움을 느끼는 것은 전 세계인이 공통적으로 겪는 현상이다. 일부 설문조사에 따르면 많은 사람들 앞에서 말하는 상황을 뱀보다, 비행기를 타는 것보다 무서워하는 사람도 있다. 내가 함께 일했던 사람 중에는 카메라 앞에서 알몸까지 보여놓고는 생방송으로 말할 때는 엄청나게 긴장하는 사람도 있었다. 심지어 내 친구 중에는 프레젠테이션 직전마다 구역질을 하는 사람도 있다. 게다가 스피치 능력을 길러주는 비영리단체 토스트마스터즈 인터내셔널 Toastmasters International이 전 세계 약 150개국에 회원을 두고 있는 것을 보면, 남들 앞에서 말하기를 어려워하는 것은 지극히 인간적인 모습 같다.

도대체 사람은 왜 말하기 전에 두려움을 느낄까? 나는 그 이유를 알아보기 위해 보스턴대학교의 불안 및 관련 장애 센터 Center for Anxiety and Related Disorders에 연락했다. 엘런 헨드릭슨 박사가 내 문의에 답해주었는데, 헨드릭슨 박사는 여러 사람 앞에서 말하는 상황을 앞두고 온몸이 얼어붙는 듯한 공포를 포함해 다양한 사회적 불안감을 가진 사람들을 치료하는 임상 심리학자로 유명하다. 박사는 이렇게 설명했다. "사람은 사회적 동물이라서 안전, 사랑, 소속감의 욕구가 충족되어야만 합니다. 거절은 생존에 치명적이었어요. 가족이나 부족에서 쫓겨나면 곧바로 늑대 무리에 던져지는 셈이니까요. 말 그대로 목숨을 잃을 수 있었죠." 그의 연구에 따르면 자신의 말이 듣는 사람들에게 거절당할지도 모른다는 두려움은 오래전부터 내려오는 생존 본능에 뿌리를 두고 있는 듯하다. "사회적 거절은 죽음으로 가는 급행열차처럼 느껴질 수 있죠."

설명을 듣자 내가 성인이 된 후 대중 연설에 대해 느끼는 불안감의 이유가 분명하게 이해되기 시작했다.

어렸을 때는 헨드릭슨 박사가 설명한 안전감과 사랑, 소속감을 느꼈다. 워싱턴 DC에서 대학 생활을 시작한 후에 친구들이 많이 생겼고 자신감을 견고하게 지킬 만한 기회가 많았다. 대학생 인턴으로 백악관에서 일할 때는 빌 클린턴의 연설문을 준비하며, 처음으로 대통령의 말을 가까이에서 지켜보기도 했다.* 그로부터 몇 년 후 국방부에서 연설문

---

* 나는 그날 대통령의 일정이 적힌 종이를 지금까지 보관하고 있다. 스물두 살이었던 당시에는 꿈인지 생시인지 믿기지 않아서 스스로를 꼬집어보기도 했다.

작성 업무를 하게 되었고 국방부 장관의 수석 연설문 작성자가 되었다.

오바마 대통령이 취임한 지 몇 달 후에는 그의 외교 정책 연설문 작성가 중 한 명이 되었다. 당시 내 나이는 겨우 서른여섯이었다. 오바마 대통령을 처음 만난 날을 절대 잊지 못할 것이다. 대통령의 측근인 데이비드 액설로드 고문의 웨스트윙 사무실에서 열린 연설문 작성자들의 회의에서였다. 나는 오바마의 첫 연설인 해군 사관학교 졸업식 축사를 작성했다. 오바마는 그 연설문을 보고 액설로드의 사무실까지 찾아와 "연설문 아주 좋았어요"라며 내게 악수를 청했다. 온 세상을 다 가진 느낌이었다. 그럼에도 시간이 지날수록 내가 기준에 미치지 못한다고 느껴질 때가 많았다.

워싱턴 DC에서는 가문과 권력, 부가 가장 중요한 평가 기준이다. 나는 금수저 출신도, 미국 토박이도 아니었다. 아버지 대에서 이민 온 우크라이나계 미국인이었기에 집안은 거의 빈털터리였다. 나와 내 동생을 대학에 보내기 위해 부모님은 엄청나게 고생했다. 덕분에 나는 워싱턴 DC의 명문대 아메리칸대학교에 입학할 수 있었다. 그리고 세계 최고의 교수진 아래서 수학하며 백악관과 상원의 인턴으로 근무하고 영국 의회에서 일하는 엄청난 기회도 누릴 수 있었다.

하지만 나와 함께 일하는 사람들은 죄다 명문 중의 명문인 아이비리그를 나온 사람들이었다. 어떻게 보면 미국의 수도 워싱턴 DC는 미국에서 손꼽히는 명문대 동창생들이 지배하는 작은 마을이라 할 수 있다. 그곳에서는 누구와 대화를 나누든 출신 대학과 대학원 이야기가 자연스레 튀어나온다(난 대학원도 안 나왔는데 말이다). 그 질문에 대답할 때마다 나는 품평당하는 듯한 느낌을 받았다.

솔직히 말하자면 연설문 작가는 내게 차선책 같은 것이었다. 대학 시절에는 변호사가 되고 싶었다. 문제는 내가 그 어떤 로스쿨에도 합격하지 못했다는 데 있었다. 그렇게 재수를 준비하다가 우연히 국방부에서 연설문 작성 일을 시작하게 되었고, 일이 꽤 재미있어서 언젠가 대통령의 연설문을 쓰겠다는 새로운 꿈을 품었던 것이다. 그리고 그 꿈은 현실이 되었다.

일을 하면서도 나는 많은 사람들이 그렇듯, 자신에 대한 확신보다는 부족한 점들에 집중하곤 했다. 겉으로는 잘 숨겼지만 마음 한구석에는 항상 내가 남들보다 자격도, 경험도, 스펙도 부족하다는 생각이 자리 잡고 있었다.

이런 나에게 용기를 주기 위함이었을까. 재능 넘치는 예술가인 여동생 에리카는 스티븐 프레스필드가 쓴 『더 피어오르기 위한 전쟁』(인간희극, 2025)이라는 책을 보내주었다. 시나리오 작가인 프레스필드는 자신감과 창의성을 가로막는 장벽에 대해 이야기하며 다른 사람과 비교해 스스로를 판단하는 위험성을 경고한다. "자신을 서열 안에서의 위치로 정의하는 사람은 자신의 행복, 성공, 성취까지 계층 내 순위로 평가할 것이다." 이 책을 읽고 내가 바로 그렇게 살아왔음을 깨달았다. 내 안에는 의심의 목소리가 항상 존재했다. '넌 수준 미달이고, 분명 일을 망칠 거야. 사람들이 널 비난하겠지.' 이 소리는 다른 사람들 앞에서 내 생각을 말하려고 할 때 더욱 강해졌다.

핀란드에서 강연을 할지 말지 고민하던 순간에도 그런 의심이 들었다. 동시에 한편에서는 오바마 대통령의 목소리가 나를 격려해주었다. 그가 젊은 시절 남들 앞에서 말하면서 어떤 어려움을 겪었으며, 이를 극복하기 위해 어떤 노력을 기울였는지 알려주는 그의 힘 있는 목소리는 나를 서서히 바꾸어놓았다.

## 연설 천재 오바마도 수없이 실패했다

1981년, 로스앤젤레스에 있는 옥시덴탈칼리지에서 남아프리카공화국의 잔혹한 인종차별 정책인 아파르트헤이트에 반대하는 집회가 열렸다. 당시 2학년이었던 열아홉 살의 오바마가 그 집회의 첫 연사였다. 그런데 그가 연단에 올라 입을 떼자마자 남아프리카공화국 보안군으로 변장한 학생 둘이 달려와 그를 끌어냈다. 반反아파르트헤이트 운동가들이 겪는 탄압을 보여주기 위한 일종의 정치 연극이었다.

"우스꽝스러운 연극이었지." 오바마는 그중에서도 자신의 1분짜리 연설이 가장 코미디였다고 말했다. 그는 당시 친구에게 이렇게 말했다고 한다. "내가 연설할 일은 두 번 다시 없을 거야. 난 흑인을 대표해서 말할 자격이 없어." 내가 그 말의 의미를 묻자 그는 이렇게 설명했다. "연설을 잘하려면 자신이 누구이며 무엇을 믿는지 확신이 있어야 하거든."

그는 백인 어머니와 흑인 아버지 사이에서 태어나 백인 조부모의 손에서 자라오며 자신의 정체성과 끊임없이 씨름했다. 그 짧은 연설을 할 당시도 마찬가지였다. 그는 여전히 확신을 가지지 못했고, 자신의 위치가 세상의 어디인지, 자신의 목소리가 변화를 만들 수 있을지 의심하고 있었다.

"그때 나는 내가 누구인지, 무엇을 믿어야 할지 헤매고 있었어. '내가 이런 자리에서 발언할 자격이 있을까? 아직 나 자신에 대해서도 잘 모르고 내 정체성에도 확신이 없는데' 하고 고민하고 있었지. 한마디로 아직 준비가 되지 않은 상태였던 거야."

한편 오바마는 정반대의 문제, 즉 자신감 부족이 아니라 오히려 지나친 자신감으로 문제를 겪기도 했다. 대학을 마친 후 그는 시카고 사우스 사이드 지역의 여러 교회에서 지역 문제 해결을 위해 주민들을 조직하는 일을 하고 있었다. "그때는 사람들 앞에서 말하는 데 너무 익숙해져 있었어. 원래 쉽게 긴장하는 성격도 아니고." 그러나 어느 날, 자신만만함이 그에게 끔찍한 좌절을 안겼다. "그날 일이 아직도 생생해." 당시 그는 스물네 살이었고, 시카고 도심 고층 빌딩의 회의실을 꽉 채운 자선 사업가들을 대상으로 모금을 독려하는 프레젠테이션을 하고 있었다. "자신감이 너무 넘쳐서 원고도 준비하지 않았어. 어디서든 누구 앞에서든 즉석에서 척척 해낼 수 있을 것 같았거든. 큰 오산이었지."

그는 프레젠테이션을 시작했다. "정장 입은 사람들이 잔뜩 앉아 있었는데, 그걸 보니 내 차림새가 그 자리에 맞지 않는다는 생각이 문득 들었어. 시작한 지 4~5분쯤 지났을 때였나, 갑자기 몸이 굳어버렸지. 생각의 흐름이 완전히 끊긴 거야."

낯선 환경에서 처음 보는 사람들 앞이었던 데다가, 지역사회 프로젝트를 위해 상당한 자금을 끌어와야 한다는 압박감에 그만 얼어붙어버린 것이다. 그는 우물쭈물하며 말을 더듬기 시작했다. 식은땀을 흘리며 두서없이 말하느라 이야기의 논리도 사라졌다. 그때의 느낌을 기억하는지 물어보자 오바마는 이렇게 말했다. "당연히 기억에서 싹 지워버렸지. 그때의 기분이란… 바보가 된 것 같았거든. 정말 창피했지."

그렇다면 오바마는 어떻게 지금의 놀라운 연설 실력을 갖출 수 있었을까?

## 진짜 하고 싶은 말을 찾으면 달라진다

청중 앞에서 완전히 얼어붙는 경험을 한 후에도 오바마는 커뮤니티 조직자로서 활동을 계속했다. 덕분에 뛰어난 연사로 거듭나게 된 첫 번째 기회를 만난다. 바로 교회 지하실에서였다. 처음에는 청중이 열두 명뿐일 때도 있었지만, 오바마는 사람들 앞에서 말하는 경험을 반복하면서 차근차근 자신감을 쌓아나갔다. 그 과정에서 소통의 중요한 법칙도 배웠다. 말하기 전에 일단 듣는 것이다. 교회 지하실에서 한 연설은 발표이기도 했지만 한편으로는 지역 주민들과의 대화이기도 했다.

"최고의 연사는 사람들과 대화를 나누지. 일방적으로 말하는 것이 아니라 함께 이야기를 나누는 거야. 그런 대화를 나누다 보니 사람은 누구나 자신만의 이야기가 있다는 사실을 깨달았어. 자신의 삶에서 중요한 의미, 가치관과 신념, 두려움과 실망 등 과거, 미래의 목표 이야기 말이야. 누구에게나 고유한 이야기가 있었어. 그 사람의 진정한 본질을 드러내는 이야기였지. 다른 사람들의 이야기를 들으니 내 이야기를 이해할 수 있더군."

그는 교회 지하실에서 사람들의 이야기를 들으며, 또 위층의 설교단에서 목사들의 이야기를 들으며 연사가 되는 법을 배웠다.

"내게 가장 훌륭한 코치는 함께 교회에 있던 흑인 목사님들이었어. 낮에는 버스 기사로 일하고 토요일이면 건물 구석의 작은 교회에서 설교하는 목사님들 말이야. 그분들은 보통 백 명 남짓한 신도들 앞에서 말하는데, 이야기를 전하는 탁월한 능력이 있었어. 설교자들은 어떻게 설교해야 하는지를 잘 알아. 그걸 그저 듣고, 보는 것만으로 많은 걸 배웠지."

그 후 그는 스물여덟 살 때 하버드 로스쿨에서 배운 것을 제대로 펼칠 기회를 만난다. 당시 오바마는 하버드 로스쿨의 법률 학술지 『하버드 로 리뷰*Harvard Law Review*』의 회장이었는데, 연례 만찬에서 하원의원 존 루이스를 소개하는 일을 맡았던 것이다. 존 루이스는 흑인 민권 운동의 아이콘이었고, 오바마는 그를 어릴 때부터 동경해왔기에 그를 제대로 소개하기 위해 온 힘을 다했다. "내가 중요하게 여기는 주제로 그렇게 많은 청중 앞에서 말하는 건 처음이었어. 그래서 내가 하고 싶은 말이 무엇인지 곰곰이 생각했지. 그다음에 원고를 쓰고 내용을 완전히 외운 다음 사람들 앞에 섰어."

그는 몇백 명 앞에서 5~7분 정도의 간단한 연설을 했다. 오바마는 법치주의의 중요성에 대해 이야기하고, 이를 수호하는 변호사, 교수, 학생들에게 경의를 표했다. 『하버드 로 리뷰』의 첫 아프리카계 미국인 회장으로서 자신의 여정에 대해서도 언급했다. 또한 흑인 민권을 위해 과감히 일어섰다가 잔혹한 구타와 투옥을 당한 존 루이스에게 진심 어린 헌사를 전했다. 그런 희생이 없었더라면 그가 그 단상에 서는 일도 없었을 터였다. 연설은 성공적이었다.

"그때 처음 느꼈어. '사람들이 나에게 집중하고 있구나, 내가 사람들의 마음을 움직이고 있구나, 사람들이 공감할 수 있는 이야기를 전하고 있구나'라고 말이야. 내용, 순간, 전달의 삼박자가 완벽하게 맞아떨어진 거야."

오바마는 점차 자신만의 목소리를 찾아가기 시작했고, 그 후 10여 년 동안 목소리를 다듬기 위한 노력이 이어졌다. 일리노이주 상원의원으로 재직할 당시 시카고대학교 로스쿨에서 헌법, 시민권, 투표권에 관한 강의를 했던 경험도 그중 하나였다. "강의실에서 학생들과 편안하게 대화하는 법을 배웠지."

오바마의 배움은 초기 선거운동에서도 계속되었다. 그는 공회당이나 교회는 물론이고 스프링필드의 상원 의사당에서도 연설을 펼쳤다. 그리고 2000년에는 하원의원 선거에 출마했다. 이는 그가 유일하게 패배한 선거였다. "처음 하원의원 선거운동을 할 때 나는 이야기를 풀어놓기보다 논점이나 사실, 정책을 나열하는 데 집중했어. 너무 추상적이고 어려운 내용이라 말은 항상 장황해졌지. 한마디로 경험이 부족했던 거야. 낯선 사람들 앞에서 즉흥적으로 연설하는 법을 배울 필요가 있었어."

그로부터 4년 후인 2004년, 오바마는 그를 전국적인 스타로 만드는 결정적인 기회를 맞이한다. 보스턴에서 열린 민주당 전당대회의 기조연설을 맡은 것이다.

나는 당시 선거운동 자원봉사 차원에서 민주당 전당대회의 연설문 작가로 활동하고 있었다. 한 번도 들어본 적 없는 일리노이주 상원의원이 기조연설자로 나선다는 소식에, 그가 누구인지 보려고 대회장으로 나갔다.

보스턴 민주당
전당대회 연설
버락 오바마,
2004

버락 오바마는 미소 띤 얼굴로 박수를 치고 군중을 향해 손을 흔들며 무대에 올랐다. 마이크를 조정한 후 그는 대회장의 사람들과 집에서 지켜보는 수백만 명에게 자신을 소개했다.

제 아버지는 케냐의 작은 마을에서 태어났습니다. 어릴 적 염소를 몰고 초라한 양철지붕의 판잣집 학교에서 공부했지요. 아버지는 미국에 와서 공부하던 중에 어머니를 만났습니다. 어머니는 케냐와는 반대편에 있는 캔자스의 작은 마을에서 태어나 자랐지요. 두 분은 제게 '축복받은 자'라는 뜻을 가진 아프리카식 이름, 버락이라는 이름을 지어주셨습니다. 관용과 포용의 나라 미국이라면 그런 이름이 결코 성공의 걸림돌이 되지 않으리라 믿으셨던 것입니다. 오늘 저는 제 혈통의 다양성에 감사하는 마음으로 이 자리에 서 있습니다. 제 이야기가 더 큰 미국 이야기의 일부이며, 먼저 길을 닦아준 이들이 있었기에 가능했고, 이 세상 다른 어떤 나라에서도 결코 쓰이지 못했을 이야기라는 사실을 깨달으며 이 자리에 서 있습니다.

군중은 그의 연설에 열광하며 환호했다. 16분 동안 이어진 연설에는 오바마가 수년간 터득한 스피치의 교훈이 전부 담겨 있었다. 그는 교회 설교단에서 배운 말하기의 리듬으로 일리노이에서 만난 사람들의 이야기를 전했으며, 일방적으로 말하는 대신 청중과 함께 이야기를 나누었다. 어려운 용어나 정보를 나열하는 대신 더 큰 이야기를 들려주었다. 우리의 가치, 우리의 과거와 미래에 대해 이야기하는 연설이 막바지에 다다를수록 그의 목소리는 점점 고조되었다.

하지만 지금 이 순간에도 우리를 분열시키려는 이들이 있습니다. 오늘 저는 이 자리에서 그들에게 분명히 말하고 싶습니다. 자유주의적인 미국도, 보수주의적인 미국도 없습니다. 오직 미합중국만이 있을 뿐입니다. 흑인의 미국, 백인의 미국, 라틴계의 미국, 아시아계의 미국도 없습니다. 오직 미합중국만이 있을 뿐입니다.

나는 그런 식으로 말하는 사람을 본 적이 없었다. 자신의 소수자성을 약점으로 여기지 않고, 찬미하고 키워야 할 강점으로 받아들이는 사람을. 다양성을 위해 목소리를 보태는 것에 그치지 않고, 스스로를 "미국이라는 나라에 자기 자리가 있을 거라고 믿었던 우스꽝스러운 이름을 가진 말라깽이 소년"이라고 표현하는 사람을.

이처럼 놀라운 오바마의 말하기에 대해 그의 보좌관을 지낸 데이비드 액설로드는 수년 뒤 이렇게 평했다. "오바마가 오랜 세월 동안 자기 정체성에 대해 깊이 숙고하지 않았다면 절대 그런 연설을 할 수 없었을 겁니다. 그는 자신이 누구인지 분명히 알고 있었고, 자신이 살아온 궤적도 깊이 이해하고 있었죠." 결국 오바마가 훌륭한 연설을 해낼 수 있었던 비결은 자신이 누구인지를 아는 데 있었다.

나는 핀란드 강연을 두고 고민하면서 오바마의 여정을 떠올렸다. 오바마가 연설가로서 성장해 나간 과정, 특히 초기에 실력을 키우고자 고군분투하며 애쓴 모습을 곱씹으며 어쩌면 나도 좋아질 수 있지 않을까 하는 생각이 점점 커졌다.

## 말더듬이 소년이 조 바이든을 당선시킬 수 있었던 이유

물론 내가 오바마의 사례만으로 핀란드에 갈 용기를 얻었다고 하면 거짓말이 될 것이다. 이번에는 비교적 평범한 어느 연사의 이야기를 해보겠다.

2020년 어느 여름날, 열세 살 소년 브레이든 해링턴Brayden Harrington은 민주당 전당대회 주최 측으로부터 연설을 해달라는 요청을 받았다. 그것도 미국 전역으로 송출될 방송에서 말이다. 브레이든이 대단히 말을 유려하게 하는 소년인가 하면, 그렇지도 않았다. 오히려 그 반대에 가까웠다.

그는 지극히 평범한 아이였지만 말을 더듬는 언어 장애를 갖고 있었다. 민주당 전당대회 주최 측이 브레이든에게 바이든 지지 연설을 요청한 이유도 바로 그것이었다. 브레이든은 몇 달 전 대통령 선거운동을 하던 조 바이든을 우연히 만났다. 조 바이든 역시 말더듬증으로 오래 고생해왔기에 서로가 겪은 어려움을 이야기하는 영상이 온라인에서 큰 화제가 되었던 참이다.

브레이든은 갈등에 휩싸였다. 학교에서 말을 더듬을 때마다 아이들이 키득거리던 아픈 기억이 떠올랐다. 브레이든은 며칠 동안 고민했고 "내가 많은 사람들에게 용기를 줄 수도 있겠다"라는 쪽으로 점차 마음이 기울었다.

브레이든은 가족들의 도움으로 연설문을 썼고, 전당대회 측의 연설문 작가가 수정을 도왔다. 하루에 스무 번 넘게 소리 내어 읽으며 연습했지만, 연설 당일이 가까워질수록 압박감은 점점 커져만 갔다. "도무지 말이 나오지 않아서 울기도 했어요." 부모님은 포기해도 괜찮다고 했지만, 브레이든의 의지는 확고했다. "저처럼 언어 장애가 있는 아이들이 저를 보고 자신에 대한 믿음이 생겼으면 좋겠다고 생각했어요."

2020년 전당대회는 코로나19 팬데믹의 영향으로 온라인으로 진행되었기에, 브레이든은 가족과 함께 집에서 연설을 녹화했다. 말이 더듬거리면 몇 번이고 다시 시도했다. 다시 또다시. 도저히 되지 않으면 쉬었다가 재차 도전했다. 수차례의 도전 끝에 그는 마침내 해냈다. 며칠 뒤 브레이든의 모습이 전국의 TV 화면에 등장했다.

"안녕하세요. 제 이름은 브레이든 해링턴이고 열세 살입니다." 학생용 책상이 있는 자신의 방에서 그는 조 바이든을 만난 이야기를 들려주었다. 바이든이 자신에게 "우리는 동지"라고 했다고. "우리 둘 다 말을 …" 브레이든은 손에 쥔 대본을 내려다보며 잠시 멈추고 깊이 숨을 들이마셨다. 다음 단어가 입 밖으로 나오지 않아 몇 번이나 숨을 고른 끝에 말을 이을 수 있었다. "…더듬는다고요." 브레이든은 몇 마디마다 말을 더듬었지만 그때마다 꿋꿋이 이어갔다. "우리는 더 나은 세상이 되기를 바랍니다. 더 나은 세상이 되어야 해요."

브레이든의 연설은 고작 200단어 정도로 채 2분도 되지 않았지만 모든 청중에게 깊은 인상을 남겼다. 그의 연설 영상은 순식간에 퍼져나갔다. 브레이든이 장차 미국의 대통령이 되길 바란다는 의미를 지닌 #BraydenHarrington2044 같은 해시태그가 온라인을 달구었다.

조 바이든
지지 연설
브레이든 해링턴,
2020

그로부터 수년 뒤, 내가 인터뷰를 청하자 브레이든은 그 경험이 "인생에서 가장 무서운 일"이었다고 털어놓았다. 그럼에도 용기를 낼 수 있었던 이유는 엄마가 늘 해주던 말 덕분이었다고 한다. "엄마는 항상 '너의 불완전함이야말로 네가 가진 선물이야'라고 말해주셨거든요." 시간이 흐르면서 말더듬증을 더 편하게 받아들이게 되었다면서, 브레이든은 이렇게 말했다. "그게 저의 전부는 아니니까요. 인생의 상처도, 잘하면 좋은 것으로 바꿀 수 있다고 믿어요. 그러니 다른 사람들 앞에서 말할 수 있는 기회가 온다면 놓치지 말아야 해요. 우리 이야기는 특별하니까요."

## 나의 출신과 배경을 자랑스러워하라

오바마가 연사로 성장한 과정과 브레이든이 두려움을 극복한 용기를 살펴보면 중요한 교훈을 얻을 수 있다. 태어날 때부터 말을 잘하는 사람은 없다는 것이다. 말하기 역시 기술이다. 모든 기술이 그렇듯 배울 수 있고 갈고닦을 수 있다. 그 시작은 우리가 스스로에게 들려주는 우리 자신의 이야기로 하는 것이 좋다.

나 역시 처음에는 스스로의 자격에 의문을 가졌지만, 시간이 흐르면서 내가 겪어온 이야기를 깊이 이해하고 자랑스럽게 받아들이려고 노력했다. 나 자신을 타인과 비교하며 내가 아닌 다른 것으로 정의하는 시선에서 벗어나, 진정한 내가 누구이며 내 인생의 이야기가 나를 어떻게 만들었는지 직시했다.

나는 부모님에게 이루 말할 수 없는 감사를 느낀다. 가족을 위해 아끼고 절약하며 생계를 위해 투잡, 쓰리잡까지 하면서 자식들에게 대학

공부를 시켜주셨기 때문이다. 인내심으로 지도해준 멘토들에게도 큰 빚을 졌다. 그들은 새로운 시각에서 듣고 글 쓰고 소통하는 법을 가르쳐주었다. 그중에는 오바마 대통령도 있다. 한때는 상상조차 할 수 없었던 궤도를 지나온 내 인생을 돌아보면, 노동자 집안에서 태어난 아이가 백악관에 들어가 대통령이 전 세계 사람들에게 희망을 이야기하는 일을 도왔다는 서사가 완성된다.

이것이 내가 마침내 납득하고 받아들인 나의 이야기다. 너무 오랜 시간이 걸렸지만, 결국 내 진짜 이야기를 찾았다.

자신의 이야기를 사랑하라. 사람이라면 누구에게나 필요한, 특히 두려움 없이 말하기 위해서 필요한 사랑, 안정감, 소속감은 결국 우리 마음속에서 시작되기 때문이다. 너무나 단순한 진리다. 그런데도 많은 사람들은 실천에 어려움을 겪는다. 어릴 적부터 자리 잡은 의심과 불안, 상처와 트라우마는 스스로를 왜곡하고 자신의 삶이 지닌 고유한 아름다움을 보지 못하게 만든다. 그로 인해 자신을 남들보다 가치 없는 존재 혹은 인정받을 자격이 없는 사람이라고 여기고 만다.

그러나 이 책에 담긴 이야기를 보면 깨닫게 될 것이다. 부유한 가정에서 태어나지 않아도, 최고급 동네에서 자라지 않아도, 명문 학교를 나오지 않아도, 화려한 경력을 갖추지 않아도 사람들의 마음을 울리고 때로는 생각까지 바꾸는 말을 할 수 있다. 자신의 이야기가 중요하다는 사실을 믿고 그 이야기를 전해야 할 가장 적합한 사람이 나 자신임을 받아들이면 된다.

마침내 나도 자신을 믿기로 결심했다. 사람들 앞에서 말하는 것으로 인해 두려움에 떨기도 지쳤다. 이제는 용기를 내어 기회를 붙잡을 때였다. 나는 핀란드에 전화를 걸어 답을 전했다.

"하겠습니다."

그 후 몇 달 동안, 대통령의 연설문을 쓰면서 배웠던 교훈을 되짚으면서 나만의 연설을 준비했다. 앞으로 이어지는 챕터에서 그 교훈들을 나눌 것이다.

대통령의 연설이 일주일 앞으로 다가오면 연설비서관들은 일제히 집무실에 모여 대통령의 이야기를 들었다. 연설문을 본격적으로 작성하기 전에 연설을 통해 달성하고자 하는 목표를 듣고 핵심 사항을 전달받는 자리였다. 우리는 이 시간을 "다운로드"라고 불렀다. 나는 각 장의 핵심을 기억한 뒤, 당신이 발표를 준비할 때 떠올렸으면 하는 마음에 이 코너를 준비했다. 우리가 집무실에 앉아 대통령의 이야기를 들었듯, 각 장의 요점을 전달하고자 한다.

- **말하기도 배울 수 있다.** 남들 앞에서 유창하게 말하는 능력을 처음부터 타고나는 사람은 없다. 말하기는 배울 수 있고 연습을 통해 발전시킬 수도 있다.
- **스스로 할 수 있다고 믿어라.** 자신의 이야기가 가치 있으며 그 이야기를 전할 사람은 나뿐이라는 사실을 믿어야 한다.
- **머릿속에서 들려오는 의심의 목소리는 무시하라.** 누구에게나 자신만의 이야기가 있다. 당신의 이야기는 가치 있고, 당신의 목소리는 중요하다. 당신은 무대에 설 자격이 충분히 있다.

💬 **자기 자신을 파악하라.** 남들과 효과적으로 소통하려면 먼저 자신이 누구이며 어떤 신념을 가지고 있는지 분명히 알아야 한다. 따로 시간을 내어 조용한 장소에서 다음의 10가지 질문에 답해보자.

- 나는 누구인가?
- 나는 어떤 환경에서 자라왔는가?
- 나는 무엇을 향해 나아가고 있는가?
- 나는 무엇을 중요하게 생각하는가?
- 나를 이끄는 가치는 무엇인가?
- 나는 무엇을 믿는가?
- 나는 왜 지금의 일을 하는가?
- 나를 실망시키거나 두렵게 하는 것은 무엇인가?
- 내 삶과 일에서 이루고 싶은 것은 무엇인가?
- 내 삶이나 내가 하는 일이 다른 사람들에게 어떤 영감을 줄까?

이 질문에 대해 깊이 생각해보고 답을 적어보자. 살다 보면 목표를 이루기도 하고 때로는 기대에 미치지 못할 수도 있으며 장래희망과 꿈이 변하기도 할 것이다. 그럴 때마다 다시 이 질문으로 돌아와 답을 써보자. 점차 자신감이 커지고 자신의 목소리를 찾게 될 것이다.

## 2장 | 가장 개인적인 이야기가 가장 강력하다

> 고통이나 기쁨, 승리의 이야기는 결코 새롭지 않지만 언제나 전해져야 한다.
>
> – 제임스 볼드윈 James Baldwin(작가)

오바마 대통령은 재임 2년 차에 인도네시아를 방문했다. 그는 어릴 적 가족과 함께 잠시 인도네시아에서 살았던 적이 있어서 마치 고향에 돌아온 것처럼 열렬한 환영을 받았다. 오바마가 자카르타에 모인 대학생 수천 명 앞에서 한 연설은 역대 미국 대통령이 한 연설 중에서 가장 의외의 연설로 꼽힌다. 오바마는 이 연설에서 자신이 어린 시절 자카르타에서 살 때의 추억을 들려주었다. 그곳에서 살 때 익혔던 바하사 인도네시아어를 군데군데 섞기도 하면서 말이다.

"감사합니다 Terima kasih!"라는 말로 연설이 시작되었다. 그가 "좋은 아침입니다 Selamat pagi!"라고 인사를 건네자 열광적인 함성이 터져 나왔다. 오바마는 "평화와 번영의 인사를 드립니다 Assalamualaikum dan salam

인도네시아
방문 연설
버락 오바마,
2010

sejahtera!"라고 화답한 뒤 "고향에 돌아왔네요 Pulang kampung nih!" 하고 덧붙였다. 사람들은 더욱 뜨겁게 환호했다. "먼저 간단한 말로 시작하겠습니다. 인도네시아는 제 일부입니다 Indonesia bagian dari diri saya." 그는 영어와 인도네시아어를 섞어서 말했는데, 이 말이 나온 순간에는 지붕이라도 날아갈 듯한 우레와 같은 박수 소리가 터져 나왔다. 오바마는 이어 어린 시절에 탔던 인력거와 작은 택시, 그가 살았던 동네 멘텡달람에 대해 이야기했다. 멘텡달람 출신들이 크게 환호했다. 거리에서 사테, 박소 같은 현지 음식을 사 먹었던 기억을 떠올리며, 상인들이 손님을 부르는 소리까지 흉내 냈다. "맛있죠 Enak, ya?" 하고 즉흥적으로 덧붙이기도 했다.

연설이 시작된 지 불과 몇 분밖에 되지 않았는데도 이미 사람들은 열광의 도가니에 빠져 있었다. 나는 그 연설문을 오바마와 함께 작성한 보좌관인 벤 로즈를 돌아보았다. 요란한 함성 속에서 벤에게 소리쳤다.

"지금까지 이런 연설을 한 대통령은 없었어요!"

벤도 함성을 뚫고 큰 소리로 외쳤다.

"앞으로도 없을걸!"

## 무슨 말을 해야 할지 감조차 잡을 수 없다면

연사들은 무슨 말을 해야 청중의 관심을 끌 수 있을지 고민하지만, 답은 의외로 간단하다. 오직 당신만이 할 수 있는 말을 하면 된다. 그러기 위해서는 가장 먼저 자신이 누구이고 어떤 가치를 믿는지 스스로 파악해야 한다. 자신이 가진 이야기를 알아야 사람들과 나눌 수 있기 때문이다. 그래서 오바마의 연설문을 작성할 때면 우리 연설비서관들은 매번 이 질문을 던졌다. "버락 오바마만이 할 수 있는 이야기는 무엇일까?"

나는 오바마의 연설문을 쓸 때마다 오바마를 오바마로 만드는 것이 무엇인지 고민했다. 그는 혈통적으로 케냐 출신 흑인 아버지와 캔자스 출신 백인 어머니를 두었다. 자신은 기독교 신자였지만 아버지 쪽으로는 이슬람교 조상을 두었고, 덕분에 버락 '후세인' 오바마라는 무슬림계 미들네임을 받았다. 하와이와 인도네시아에서 성장한 다문화적 배경도 빼놓을 수 없다. 친척들도 독특하다. 전 세계에서 사촌, 숙모, 삼촌이 흩어져 있어 부인인 미셸 오바마가 "작은 UN"이라고 농담할 정도다. 그리고 무엇보다 미국 최초의 흑인 대통령이라는 사실.

마지막으로 가장 중요한 부분은 미국에서 흑인으로 살아온 경험을 통해 형성된 세계관이다. 그는 미국이 건국 당시의 이상에서 멀어졌다는 사실을 인정하면서도 "미국의 위대함"을 향한 믿음을 드러냈고 모든 사람의 평등을 지키기 위해 계속 노력해야 한다고 강조했다.

이런 의문이 들 수도 있다. 사람들 앞에서 말할 때 기본적인 규칙은 '자기 이야기가 아니어야 한다' 아닌가? 나는 이 말이 지나치게 단순화되었다고 생각한다. 물론 이야기 전체가 오직 자신에 대한 이야기이거나 자신이 하고 싶은 말로만 가득 차서는 안 된다. 자기도취에 빠진 나르시시스트의 말을 듣고 싶어 하는 사람은 없으니까.

다만 말하는 사람은 나다. 또한 공감을 얻는 가장 훌륭한 이야기는 결국 가장 개인적인 이야기다. 발표의 성공 여부는, 다시 말해서 사람들과 진정으로 교감하고 그들에게 영감을 줄 수 있으려면 청중과 마음으로 연결되어야 한다.

여전히 남들 앞에서 개인적인 이야기를 풀어놓는 것이 부담스럽게 느껴질 수 있다. 이제부터 왜 자신만의 이야기를 해야 하는지 그 이유를 구체적으로 설명해보겠다.

### 사람들은 새로운 이야기를 기대한다

만약 누군가가 당신을 연사로 초청했다면 당신이 그 자리에 있어야 할 특별한 무언가를 갖고 있다고 믿기 때문이다. 반대로 누군가의 부탁이 아니라 당신이 스스로 연단에 서기로 마음먹었다면, 사람들은 이미 다른 연사들에게서 들어본 이야기를 또 듣고 싶어 하지 않으리라는 사실을 명심하라. 그들은 무언가 다른 것, 당신만이 들려줄 수 있는 이야기를 기대한다. 당신의 관점과 신념, 당신이 생각하는 해결책을 듣고 싶어 한다.

회사에서 프레젠테이션을 하거나, 주민 회의에서 발언하거나, 건배사나 추도사를 맡게 되었다고 가정해보자. 그 자리에서 말하는 사람이 당신만이 아니고, 하필이면 당신은 가장 마지막 순서로 발표해야 한다. 그런데 앞사람들이 마치 당신의 원고를 베끼기라도 한 것처럼 똑같은 이야기를 하고 있다. 그러면 당신은 어떻게 하겠는가?

이는 결국 당신이 준비한 이야기가 고유하지 않았다는 뜻이다. 다른 사람들과 똑같은 말을 한다면 돋보일 수도 없을뿐더러, 정작 자신의 차례가 되었을 때 할 말도 없어진다. 남들이 한 말을 반복할 수는 없기 때문이다.

준비한 말이 오로지 자신만이 할 수 있는 이야기인지 확인하는 방법은 간단하다. 다른 사람이 그 말을 한다고 상상해보는 것이다. 만약 다른 사람이 당신의 원고를 읽어도 아무런 위화감이 없다면 흔하디흔한 이야기라는 뜻이다. 돋보이고 싶은가? 당신만이 지닌 특별한 이야기를 찾아내라.

**남들 앞에 서는 두려움이 줄어든다**

오직 나만이 할 수 있는 이야기를 하면 사람들 앞에서 말할 때 느끼는 두려움이 크게 줄어든다. 세상 그 누구보다 가장 잘 알고 있는 내용이기 때문이다. 그 이야기를 전달하기 위해 복잡하게 형식을 꾸밀 필요도 없다. 그저 내게 익숙하고 편한 방식을 이용하면 된다. 나의 기억, 나의 경험이니까. 그 이야기를 나보다 더 잘할 수 있는 사람은 세상에 존재하지 않는다.

**설득력이 높아진다**

언젠가 오바마에게 설득력 있게 말하는 사람의 특징이 무엇인지 물어본 적이 있다. 그는 이렇게 답했다. "자신의 신념이나 경험, 혹은 정확한 지식을 바탕으로 이야기하고 있는지가 중요하지. 단단한 기반 위에서 확신을 가지고 진정성 있게 말하는가? 그게 핵심이야."

내가 잘 알고 애정을 가진 사람이나 장소, 공동체, 가치, 일에 관한 이야기를 하기는 비교적 쉽다. 생각만 해도 마음이 편안해지며 자연스럽게 미소가 떠오르고 얼굴이 환해질 것이다. 잘 알거나 좋아하는 분야에

## 독창성은 나만의 경험에서 나온다

개인적인 이야기를 담아야 하는 발표문을 쓸 때는 절대로 AI에 의존해서는 안 된다. AI는 수집한 정보를 짜깁기해서 출력하기 때문에 내용이 독창적일 수가 없다. 어떤 주제에 관해 이미 존재하는 정보를 모아놓은 것뿐이니까. AI는 당신이 어떤 삶을 살아왔는지, 어떤 경험을 했고 어떤 신념과 가치관을 지녔는지 알지 못한다. 또한 AI의 성능은 당신이 입력하는 프롬프트, 즉 명령문에 달렸다. 예를 들어 "친구 결혼식에서 발표할 500자 분량 축사를 써줘"라고 입력하면, AI는 누구에게나 적용할 수 있는 뻔한 내용을 만들어올 것이다. AI는 당신의 친구에 대해 아무것도 모르기 때문에 당연하다.

물론 세부적인 정보를 더 많이 입력할수록 AI가 쓰는 초안은 더욱 개인적인 내용을 담게 될 것이다. 수백, 수천 자에 달하는 프롬프트를 입력하며 며칠씩 챗봇을 다듬는 사람도 있다. 하지만 그렇게 많은 노력과 시간을 들여 하나하나 설명하고 편집하기보다 처음부터 직접 쓰는 편이 더 적은 시간에 더 나은 결과를 얻을 수 있을 것이다.

대해 이야기하는 것은 즐겁기 때문이다. 결과적으로 더욱 자신감 있고 믿음이 가는 사람처럼 보일 수 있다.

### 듣는 사람에게 영감을 준다

다른 사람들의 지지를 이끌어내고 행동을 호소해야 하는 상황에서는 오직 당신만이 할 수 있는 이야기가 큰 힘을 발휘한다. 오바마가 베트남 방문 중에 강조한 점이기도 하다. 오바마 대통령이 호찌민시 컨벤션홀에서 젊은 청중을 대상으로 한 질의응답 시간에 일어난 일이다. 어느 젊은 영화감독이 이야기의 힘에 대해 질문하자 오바마는 이렇게 답했다.

사람들을 오직 돈이나 권력 혹은 구체적인 유인책으로만 움직일 수 있다는 생각은 사실과 다릅니다. 사람들은 이야기에서도 영감을 받습니다. 자신들의 삶, 국가, 공동체 그리고 자신들에게 중요한 가치에 대한 이야기 말입니다. 어떤 분야에 몸담고 있든 다른 사람들의 이야기에 귀 기울이고 어떤 것을 중요하게 여기는지 물어봐야 합니다. 이건 매우 중요한 일이에요. 그 속에서 그들의 행동 동기를 발견할 수 있기 때문이지요. 다시 말해 왜 함께 해야 하는가에 대한 멋진 이야기를 공유하면, 사람들과 힘을 합칠 수 있습니다.

가장 강력하고 흥미진진한 이야기는 자신에게서 나올 때가 많다. 우리가 어떤 사람이고 어떤 배경을 지니고 있으며 왜 지금의 일을 하는지 같은 것 말이다. 또한 스탠퍼드대학교의 연구에 따르면 도덕적 교훈이든 메시지든 중요한 가르침이든 이야기를 통해 전달할 때 더 기억에 잘 남는다고 한다. 결국 위대한 연설가는 뛰어난 이야기꾼이기도 하다.

당신에게는 당신만의 이야기가 있다. 이 세상에는 수십억 명의 사람이 살고 있지만, 당신의 삶을 살아온 사람은 오직 당신뿐이라는 것을 명심하라. 자신만의 고유한 이야기를 통해 사람들을 설득한 예가 준비되어 있다.

## "수전의 이야기를 생략하지 마세요"

만약 어떤 사안에 대해 사람들에게 지지를 호소한다면, 당신이 왜 그 일에 그렇게 열정적인지 동기를 반드시 밝혀야 한다. 그 동기를 감동적인 이야기로 풀어낼 수 있다면 더할 나위 없다. 대표적 예시를 살펴보자.

유방암 관련 비영리단체 수전 G. 코멘 포 더 큐어Susan G. Komen for the Cure 재단의 창립자이자, 세계보건기구WHO 암 관리 친선대사인 낸시 브링커Nancy Brinker는 사람들 앞에서 자신의 동기를 사람들과 공유하는 방법을 아는 연설가다. 브링커는 유방암을 이겨낸 사람들이나 유방암 환자를 돕는 사람들, 유방암을 연구하는 사람들이 모인 자리에서 연설할 때는 반드시 언니인 수전 코멘의 이야기로 서두를 열었다.

"수전 코멘은 제 언니이자 가장 친한 친구였습니다. 지금도 매일 언니가 보고 싶어요." 이어 브링커는 자매가 함께 자란 어린 시절 이야기를 들려주었다. 천성이 따뜻하고 친절했던 언니가 고등학교 시절 홈커밍데이 축제의 퀸으로 뽑혔던 일, 언니가 대학에 진학하고 모델 활동을 시작하고 대학 시절부터 사귀었던 남자 친구와 결혼해 두 아이를 낳고 키운 것 그리고 어느 날 갑자기 언니에게 찾아온 청천벽력 같은 유방암 선고 소식까지.

브링커는 언니 수전이 목숨 걸고 싸웠던 힘겨운 순간의 이야기를 풀어놓았다. 3년에 걸친 투병과 9번의 수술 그리고 세 차례의 항암 요법으로 수전의 몸은 무참히 망가졌다. 마지막이 얼마 남지 않았을 때 수전은 고운 머리카락을 모두 잃었고, 말하는 것조차 힘겨워하며 침대에 누워만 있었다. "그때 언니는 겨우 서른여섯 살이었습니다. 사랑하는 남편과 두 어린아이를 남기고 떠났어요."

브링커는 언니를 잃은 고통스러운 경험을 사람들과 나눈 뒤, 자신이 그 자리에 선 이유를 설명했다. 수전이 죽음을 앞두고 잘 나오지도 않는 목소리로 자신에게 남긴 말로. "유방암… 세상이 유방암에 대한 얘기를… 해야 해. 변해야 해. 여자들이 알고… 죽음을 피할 수 있도록… 약속해줘, 낸시."

수전이 세상을 떠나고 2년 후 브링커는 언니를 기리기 위해 유방암 재단을 설립했으며, 본인도 유방암과 싸우면서 전국을 돌며 자신의 이야기를 들려주었다. 세월이 흐르면서 재단의 활동은 전 세계적으로 확산되었다. 덕분에 유방암에 대한 인식을 높이고 유방암 연구 및 치료에 필요한 기금을 모을 수 있었다.

내가 낸시 브링커와 함께 일하기 시작한 것은 약 20년 전이다. 비영리단체에서 일하는 첫 경험이었는데, 그만 평생 잊지 못할 실수를 하고 말았다. 브링커가 의학 콘퍼런스에서 강연할 때였다. 초안이 너무 길었다. 나는 과학자들로 이루어진 청중에게는 개인적인 이야기보다는 최신 유방암 연구가 더 흥미로우리라 생각해서 서두의 수전 이야기를 삭제해버렸다.

브링커는 초안을 받자마자 전화를 걸어왔다.

"수전 이야기는 어디 있죠?"

"연설이 길어서 내용을 조금 줄였습니다."

그러자 브링커는 단호하게 말했다.

"수전이 우리의 이야기입니다. 우리가 누구이고 왜 이 일을 하는지가 거기에 있어요. 의학 콘퍼런스에서 우리를 돋보이게 하는 것도 수전 이야기입니다. 사람들이 우리 일에 동참하고 싶어 하는 이유도 마찬가지예요."

그 말이 맞았다. 수전의 이야기는 그들이 아니면 세상 누구도 할 수 없는 이야기였다. 두 자매의 약속은 수많은 유방암 단체 사이에서 코멘 재단을 특별하게 만드는 힘이었다. 수전 코멘의 이름이 붙은 재단이 지금까지도 수많은 여성의 생명을 구하고, 유방암에 대한 인식 개선과 치료, 연구를 위해 수십억 달러를 모금할 수 있었던 것도 그 이야기 덕분이다. 나는 그 후로 수전의 이야기를 절대 생략하지 않았다.

## 그저 그런 회사를 150퍼센트 성장시킨 비결

몇 해 전, 버지니아에 있는 한 첨단 기술 기업의 창립자이자 CEO로부터 전화를 받았다. 회사는 약 30개국에 지부를 두었고 약 2억 달러에 달하는 매출을 기록하는 수준까지 성장했지만 그는 여전히 무언가 부족하다고 생각했다. 그를 편의상 존이라고 부르겠다.

"고객들은 우리 제품을 좋아합니다. 하지만 고객들이 우리만의 차별화 요소를 알고 있는지 확신이 서지 않아요. 직원들도 우리가 고객들에게 무엇을 제공하는지 제대로 이해하고 있는 것 같지 않고요. 우리가 누구이며, 무엇을 하는지 보다 명확히 할 필요가 있는 것 같습니다. 내부적으로나 외부적으로 모두요."

존의 회사는 전 세계에 퍼져 있는 미국 외교관과 군대를 위해 강력한 위성 통신 시스템을 제작하고 있었다. 나는 방문이 허가된 공장 내부를 둘러보고 마케팅 자료를 상세히 검토했으며 직원들과도 대화를 나누었다. 마지막으로 회의실에 마주 앉아 그에게 이런 질문을 던졌다.

- 회사를 어떻게 시작하게 되었으며, 회사를 차린 이유는 무엇인가요?
- 회사를 설립할 때 어떤 기분이었나요?
- 실패할까 봐 두려움을 느낀 적이 있나요?
- 가장 큰 어려움은 무엇이었으며, 어떻게 극복했나요?
- 경쟁사들과의 차별점은 무엇인가요?

존의 답을 들어보니, 이 회사는 단순히 돈 많은 투자자들의 벤처 자본으로 시작된 그저 그런 기업이 아니었다. 그는 아내와 함께 모은 돈으로 회사를 차렸고, 창립 초기에는 집 지하실에서 직접 통신 장비를 조립했다. 전형적인 미국식 성공 스토리였다. 위험한 도전에 뛰어들어 회사를 차리고 긴 시간 일하면서 과연 성공할 수 있을까 걱정되어 밤잠을 설치는 기업가 말이다. 게다가 직원 중 다수는 참전 용사들이었다. 현역 군인들이 전장에서 안전할 수 있도록, 군 복무를 마친 이들이 통신 장비를 만들어 공급하는 셈이었다.

그러나 존이 세상에 말하는 이야기는 전혀 달랐다. 당시 그는 자신의 회사를 "시스템 관리와 데이터 솔루션을 제공하는 컨설팅 기업이자 시스템 통합업체"라고 소개했다. 다른 수많은 회사도 똑같이 반복하는 진부한 설명이었다. 독창적이지도 않고 흥미롭지도 않았다.

우리는 함께 머리를 맞대고 회사를 다르게 설명하는 방법을 고민했다. "컨설팅 기업"이라는 표현 대신 회사를 시작한 과정에 집중하기로 했다. 그 결과 다음과 같은 문장이 도출되었다. "남편과 아내가 함께 창업한 회사. 2만 5천 달러의 저축으로 지하실에서 시작한 스타트업이고 지금도 시작할 때와 똑같은 열정으로 움직이고 있습니다." 또한 "데이터 솔루션"이라는 모호한 표현을 지우고 "우리는 언제 어디서든 임무의 성공을 보장합니다"라며 회사가 제공하는 서비스를 구체적으로 설명하게 되었다.

직원을 부르는 방식도 달라졌다. 이전에는 단순히 "관리자와 스태프"라고 불렸지만 이제는 자부심을 담아 이렇게 이야기했다. "우리 직원들은 대부분 자랑스러운 참전 용사들로 고객들에게 우리의 핵심 기술이 얼마나 필요한지 누구보다 잘 압니다. 직접 경험했기 때문입니다."

이제 그의 회사는 단순한 기술 기업이 아니라 가족애, 기업가 정신, 봉사 정신, 전우애를 담은 하나의 이야기가 되었다. 이 변화는 회사 전반에 엄청난 파급 효과를 가져왔다. 직원의 사기는 물론이고, 신규 고객이 점점 늘어나 몇 년 만에 매출이 50퍼센트가 증가했고 인수합병도 성공적으로 이루어냈다. 존은 변화를 이렇게 설명했다.

"직원들은 우리가 어디에서 시작했고, 자신의 일이 어떤 의미를 지니는지 더 잘 이해하게 되었습니다. 그 덕분에 사기가 크게 올라갔죠. 고객들에게 우리가 다른 회사들과 어떻게 차별화되는지 보다 분명하게 설명할 수 있게 된 건 물론이고요. 재정 관리도 중요하지만, CEO는 회사의 이야기를 명확하게 전달할 수 있어야 합니다. 이는 회사의 가치 평가와도 직결되는 문제입니다. 메시지가 강력할수록 회사도 탄탄해집니다."

## 트럼프의 망언을 덮은 난민 출신 축구 선수의 말

백악관을 떠난 이듬해 나는 미국, 캐나다, 멕시코가 2026년 FIFA 월드컵 공동 유치를 위해 홍보 활동을 벌이는 북중미 대표단의 일원이 되었다. 어떻게 보면 수십억 달러가 걸린 세일즈 프레젠테이션인 셈이었다.

상황은 좋지 않았다. 객관적으로는 최고 수준의 경기장과 인프라를 갖춘 이 3개국이 압도적으로 유리해야 마땅했다. 그러나 당시에는 트럼프 대통령의 엄격한 이민 정책과 중남미, 카리브해, 아프리카 국가 비하 발언으로 인해 전 세계적인 반발이 거셌다. 공동으로 월드컵 입찰에 참여하는 미국, 캐나다, 멕시코를 제외하고 월드컵 유치에 뛰어든 나라는 모로코가 유일했는데, 여러 축구 협회가 모로코를 지지한다고 발표하기 시작했다. 일부 언론에서는 북중미 공동 입찰이 실패로 돌아갈 수도 있다는 전망까지 내놓았다.

다행히 우리에게는 트럼프의 망언보다 더 강력한 이야기가 있었다. 미국, 캐나다, 멕시코는 전 세계인을 환영할 완벽한 준비가 되어 있다는 점을 FIFA 총회 프레젠테이션에서 강조하기로 했다. 그리고 이야기를 전달하기 위해 각 나라를 대표하는 젊고 역동적인 선수 세 명을 선정했다.

캐나다가 지명한 선수는 당시 캐나다 국가대표팀과 밴쿠버 화이트캡스 FC에서 뛰던 열일곱 살의 축구 스타 알폰소 데이비스Alphonso Davies였다. 관련 기사를 한 편만 읽어도 왜 캐나다가 자국을 대표할 인물로 그를 선택했는지 단번에 이해할 수 있었다. 가나의 난민 캠프에서 태어난 데이비스는 가족과 함께 캐나다로 이주해 에드먼턴에 정착했다. 그는 북중미 공동 입찰 이야기를 전하기에 적합한 정도가 아니라, 그 이야기 자체인 인물이었다.

알폰소와 통화해보니 말이 별로 많지 않았다. 훈련으로 지쳐 있었거나 원래 내성적인 성격이라서 그럴 수도 있었다. 혹은 자기 이야기를 해야 한다는 중압감 때문이거나. 그의 과제는 특히 어려운 축에 속했다. 단 60초 안에 모든 이야기를 해야 했기 때문이다. 고작 1분 안에 어떻게 자신의 삶을 이야기할 수 있을까?

다행히 알폰소의 삶에 관한 인터뷰를 온라인에서 어렵지 않게 찾을 수 있었다. 나는 그 내용을 바탕으로 초안을 작성해 보냈다. 초안의 거의 모든 문장은 그가 직접 했던 말이었다. 알폰소는 훈련하는 짬짬이 시간을 내서 연설을 연습했다.

연습이 빛을 발한 덕분인지, 2018년 월드컵 개막 전날 열린 FIFA 총회에서 캐나다를 상징하는 붉은색과 흰색 유니폼을 자랑스럽게 입고 연단에 선 그는 완벽했다.

"굿 애프터눈, 봉주르." 짧은 인사 뒤 알폰소는 오른손을 가슴에 얹고 말했다. "오늘 이 자리에 서게 되어 대단히 영광입니다."

제 이름은 알폰소 데이비스입니다. 제 부모님은 라이베리아에서 내전을 피해 도망쳤고, 저는 가나의 난민 캠프에서 태어났습니다. 힘든 삶이었습니다. 하지만 제가 다섯 살 때 캐나다라는 나라가 우리 가족을 받아주었고, 축구팀 아이들은 저를 집에 온 듯 편안하게 해주었죠. 지금 저는 열일곱 살이고, 캐나다 남자 대표팀에서 뛰고 있습니다. 저는 자랑스러운 캐나다 시민입니다. 제 꿈은 언젠가 월드컵에서 뛰는 것입니다. 어쩌면 제가 사는 에드먼턴에서 그 꿈을 이룰 수도 있겠죠. 저는 캐나다, 멕시코, 미국 모두에서 경기를 뛰어보았는데, 북아메리카 사람들은 언제나 저를 따뜻하게 맞아주었습니다. 만약 기회가 주어진다면 그들은 분명 여러분도 진심으로 환영해줄 것입니다. 감사합니다.

FIFA 월드컵
북중미 공동
유치 연설
알폰소 데이비스,
2018

이게 전부였다. 영어로 135단어, 시간은 단 55초. 알폰소는 완벽하게 해냈다. 그가 연단을 내려오며 환한 미소를 짓자 박수가 쏟아졌다.

그날 오후 이루어진 투표에서 북중미 공동 입찰은 134 대 65로 압도적인 승리를 거두었다. 월드컵이 수십 년 만에 북아메리카로 돌아오게 된 것이다. 난민 캠프에서 태어난 젊은 선수가 오직 그만이 할 수 있는 이야기를 전한 덕분이었다.

## 당신이 옳다고 믿는 것에 대해 말하라

물론 여성, 유색 인종, 이민자, 성소수자 같은 사회적 소수자들은 목소리를 냈다가 위협과 괴롭힘으로 이어질 수도 있기에 자신의 이야기를 남들 앞에서 말하기가 쉽지 않을 것이다. 남아시아계 친구는 내게 이렇게 털어놓은 적이 있다. "난 사람들 앞에서 말하기 전에 한 번 더 생각해. 내 정체성을 드러내도 안전할지 말이야."

위험을 감수하면서까지 자신의 이야기를 드러낼 필요는 없다. 발언으로 인해 여러 문제에 휘말릴 우려가 있다면, 먼저 자신의 내면을 깊이 돌아보면서 무엇이 옳을지 결정하라. 당신이 속한 가족, 직장, 공동체가 어떻게 반응할지 가장 잘 아는 사람은 바로 당신이기 때문이다.

미셸 오바마도 비슷한 처지였다. 버락 오바마의 첫 대통령 선거운동 기간 동안 수많은 미국인이 미셸의 강인함과 진정성, 솔직함에 매료되었지만 인종차별적이고 성차별적인 편견으로 공격하는 사람들도 적지 않았다. 그러나 미셸은 2008년 여름 민주당 전당대회 기조 연설에서 자신의 이야기를 솔직하게 풀어내 큰 호평을 받았다. 미셸이 어릴 때 아버지가 다발성 경화증을 진단받아 거동이 점점 불편해졌지만 그럼에도 가족을 위해 열심히 일했다는 사실부터 대학 때 남편인 버락 오바마와 만나 사회 운동을 했던 이야기, 첫째 딸 말리아를 낳고 집으로 돌아가는 길에서 남편이 전한 사랑까지.

당시의 연설을 들은 일부 평론가들은 미셸 오바마가 "드디어 자신의 목소리를 찾았다"라고 평가했다. 하지만 미셸 오바마가 퍼스트레이디로 지낸 8년 동안 미셸의 수석 연설비서관으로 일한 세라 허위츠의 생각은 달랐다. "미셸에게는 언제나 자신만의 목소리가 있었어요. 그 연설에서 자신을 드러낸 것뿐이죠. 가족을 깊이 아끼고 공동체를 위한 열정을 가진, 강하고 똑똑하고 자신감 넘치는 여성이라는 사실을 말이에요."

미국을 감동시킨 강인한 여성은 미셸만이 아니다. 2022년에는 열세 살 소녀 나이아라 태밍가Naiara Tamminga가 자신만의 목소리로 세상을 움직였다. 나이아라는 어느 날 SNS에서 믿을 수 없는 영상을 발견했는데, 그의 고향 미시간주 그랜드래피즈에서 벌어진 교통 단속을 촬영한 것이었다. 백인 경찰관이 흑인 운전자를 제압하려 몸싸움을 벌이고 있었다. 곧 경찰관은 상대를 바닥으로 넘어뜨려 제압하고는 머리 뒤쪽에 총을 쐈다. 사망한 흑인 남성은 이후 스물여섯 살의 패트릭 리오야로 확인되었다. "정말 끔찍했어요. 너무나 많은 사건을 봤지만, 이번 일은 제가 사는 곳 가까이에서 일어났으니까요. 처음에는 한참 울면서 무력감
을 느꼈어요. 겨우 열세 살인 제가 할 수 있는 일이 뭐가 있겠어요. 하지만 무언가가 제 안에 불을 지폈어요."

그랜드래피즈시
위원회 연설
나이아라 태밍가,
2022

나이아라는 흑인 아버지와 백인 어머니 사이에서 태어난 혼혈이었으며, 스스로도 그런 정체성을 인식하고 있었다. 도시 전역에서 시위가 일어나자 나이아라는 학교에서 수업 거부 운동을 주도하는 데 힘을 보탰다. 몇 주 후에는 시위대와 함께 시 위원회 회의가 열리는 곳으로 행진했다. 리오야가 억울하게 목숨을 잃은 지 한 달이 넘었지만, 방아쇠를 당긴 경찰관은 해임되지도, 범죄 혐의로 기소되지도 않은 상태였다.

나이아라는 연설문을 준비하지 않았지만, 앞으로 나가서 발언하기로 결심했다. "그런 경험이 한 번도 없어서 온몸이 마구 떨렸어요. 하지만 꼭 해야 할 말이 있었으니까요." 위원회 회의 연단에 선 나이아라는 망설임 없이, 눈앞에 앉아 있는 시의원들을 향해 말했다.

저는 경찰이 저를 보호해준다고 생각하지 않아요. 여러분은 문제가 있다는 걸 알면서도 해결하지 못하고 있고요. 동생과 동네를 산책하는 것도 무서워요. 만약 제가 후드를 쓰고 있다고 경찰이 출동하면 어떡하죠? 부탁드립니다. 제발 다시는 여기 앉아 또 다른 이름을 외치게 만들지 마세요. 여기 앉아 애원하게 만들지 마세요. 부디 다음에 외칠 이름이 제 이름이 아니기를,

그 누구의 이름도 아니기를 바랍니다.

나이아라는 잔뜩 지쳐서 연단에서 내려왔다. 그 말이 회의실을 넘어 다른 누군가에게 닿으리라고는 생각도 하지 않았다. 그러나 누군가가 그 연설을 온라인에 공유했고, 영상은 화제를 일으키며 퍼져나갔다. 나이아라는 지역 뉴스와 인터뷰를 했고 여러 팟캐스트에 초대받았으며 SNS에서 수만 명의 팔로워를 얻었다.

몇 주 후, 패트릭 리오야를 살해한 경찰관은 2급 살인 혐의로 기소되었고 직장에서도 해고되었다. "그 일 덕분에 제가 변화에 힘을 보탤 수 있다는 걸 알았어요." 기소 소식이 발표된 날, 나이아라는 리오야를 추모하는 촛불 집회에 참석했다. "조금이나마 정의가 실현된 거예요."

동시에 증오의 화살도 날아들었다. "살해 협박도 받았어요. 감당하기 힘들었죠." 사건 이듬해 인터뷰를 하면서 다시 그 순간으로 돌아가도 똑같이 행동할 것이냐고 묻자, 나이아라는 망설이지 않았다. "당연하죠." 소외된 공동체에 속해 있다면 자신의 목소리를 내기는 더욱 어렵다. 나이아라도 동의했다.

"당연히 힘든 일이에요. 내 의견에 동의하지 않는 사람들도 있을 거고요. 하지만 우리에게는 옳다고 믿는 것을 위해 목소리를 내야만 하는 의무가 있어요."

발표나 프레젠테이션에서 무슨 말을 해야 할지 고민하고 있다면 오직 나만이 할 수 있는 이야기가 무엇인지 생각해보자. 다양한 상황에서 소재로 사용할 수 있는 이야기의 특징은 다음과 같다.

- **면접**: 누구나 할 수 있는 뻔한 답변 대신, 자신의 역량이나 경험을 보여줄 수 있는 구체적이고 짧은(중요!) 이야기를 찾는다.
- **건배사, 헌사, 추도사**: 그 사람을 표현해주는 2~3가지 짧은 이야기를 선택한다.
- **주민 회의나 집회**: 왜 그 자리에 섰는가? 왜 그 문제에 관심을 가지는가? 이 사안이 자신이나 가족 혹은 지역사회에 어떤 영향을 미치는지 이야기한다.
- **기부자 설득 혹은 자원봉사자 모집 시**: 나의 출발점은 무엇인가? 왜, 어떻게 이 활동에 참여하게 되었는가? 나의 활동 덕분에 삶이 변화한 사람의 이야기를 소개한다.
- **직원 독려 또는 고객 설득 시**: 우리 회사는 어떻게 창립되었는가? 왜, 어떻게 사업을 시작했는가? 어떤 장애물을 극복했는가? 경쟁사와 차

별화되는 직원, 제품, 고객 관련 이야기가 있는가?

- **유권자들의 지지 요청 시**: 내 이야기를 특별하게 만드는 요소는 무엇인가? 가족의 배경은 어떠한가? 어린 시절의 경험은? 살아온 삶이 세계관과 정책에 어떤 영향을 끼쳤는가? 다른 후보에게는 없는 오직 나만이 할 수 있는 이야기는 무엇인가?
- **마지막으로 누군가를 이끌고 싶다면**: 연설과 의견 공유만으로는 충분하지 않다는 사실을 강조하고 싶다. 말하기의 기술을 익히기 전에 구체적인 성과를 내야만 인정받을 수 있다. 먼저 행동하라. 성과를 내고 변화를 이끌어라. 그다음에 그 변화를 어떻게 이루었고 어떻게 하면 다른 사람들도 할 수 있는지를 이야기해야 한다.

## 3장 | 말하기의 본질을 파악하라

> 세상은 하나의 무대다.
>
> – 윌리엄 셰익스피어 《뜻대로 하세요》 中

자칫 대실패로 돌아갈 뻔한 나의 첫 번째 오바마 대통령 연설문 작업에 대해 이야기해볼까 한다.

오바마는 대통령으로 취임하자마자 사이버 안보 체계를 전면 검토하라고 지시했다. 수년 전부터 미국을 겨냥한 사이버 공격이 급증하고 있어서 대책을 세워야 할 필요가 있었다. 그로부터 몇 달 후 보고서가 완성되었고, 나는 그 내용을 바탕으로 연설문 초안을 작성해서 백악관의 정책 전문가들에게 피드백을 요청했다. 그러나 수정안을 받아본 나는 엄청난 충격을 받았다. 내가 쓴 문장이 거의 남아 있지 않았다.

예를 들어 내가 "미국의 디지털 인프라"라고 쓴 부분은 "사이버 공간은 상호 의존적인 정보기술 인프라 네트워크로 인터넷, 통신망, 컴퓨터

시스템 그리고 주요 산업 분야의 임베디드 프로세서 및 컨트롤러를 포함한다"라고 바뀌어 있었다. 또한 "우리는 자연재해에 대비하듯 사전에 계획을 세우고 자원을 마련해야 한다"라고 쓴 문장은 이렇게 대체되었다. "이 프레임워크를 실행하려면 보고 기준, 유연한 대응 및 복구 계획, 필요한 협력 및 정보 공유, 사건 보고 메커니즘이 마련되어야 한다."

한마디로 끔찍했다. 누군가 보고서의 문장을 그대로 연설문에 붙여 넣은 것이었다. 정책 전문가들의 관점에서 본다면 그럴 만도 했다. 어차피 보고서 내용을 발표하는 연설이었으니 말이다. 하지만 그렇다고 대통령이 보고서 문장을 앵무새처럼 읽게 만들 수도 없는 노릇이었다. 나는 막막해졌다. 당시 나는 백악관에 들어온 지 몇 주 밖에 되지 않은 신입이라 정책 전문가들에게 대놓고 반박할 수 있는 입장도 아니었다. 결국 연설문을 담당하는 국가안보회의 부보좌관인 벤 로즈에게 도움을 청했다. 그는 이렇게 조언해주었다.

"걱정하지 말게. 그냥 오바마가 해야 할 말을 쓰면 돼."

그렇다. 대통령이 해야 할 말. 대통령은 연단에 서서 내가 쓴 문장을 한 줄 한 줄 읽어야 한다. 모든 단어를 또렷하게 발음하고, 연설을 듣는 사람들에게 명확하게 내용을 전달해야 한다. 만약 보고서에서 가져온 문장을 그대로 읊는다면 어떨까? 그 문장을 듣는 사람들의 입장이 상상이나 되는가? 그야말로 재앙일 것이다.

결국 나는 정책 전문가들의 수정 사항을 대부분 무시한 채, 내가 대통령에게서 듣고 싶은 언어로 돌아갔다.

오바마는 그 연설문을 보고 사이버 범죄로부터 국민을 보호하기 위해 "완전히 새로운 어휘를 배워야 했다"라고 농담을 던졌다. 다만 당일 그가 한 연설에는 정부 보고서에서 그대로 가져온 문장은 단 하나도 없었다. 오바마는 그 연설을 하기 위해 새로운 어휘를 공부했지만, 연설에서는 단순하고 간결하며 모두가 이해할 수 있는 말을 사용했다. 리더의 언어 말이다.

## 말하기는 연극과 닮았다

오바마의 사이버 안보 연설문 수정 과정에는 우리가 말하기 이전에 반드시 고민해봐야 할 문제가 내포되어 있다. 말하기, 즉 스피치의 본질이다. 말하기란 과연 무엇일까? 이 질문에 답하기 위해서는 먼저 '말하기는 무엇이 아닌가'부터 생각해보는 것이 좋다.

먼저, 연설은 수업 시간에 제출하는 에세이와 다르다. 네 문장으로 충분한 내용을 최소 글자수를 맞추기 위해 열 문장으로 늘릴 필요는 없다는 뜻이다. 또한 백서나 논문, 정책 보고서와도 다르다. 말할 때는 통계나 수치가 그리 중요하지 않기 때문이다. 비슷한 맥락에서 신제품이나 프로그램, 정책 홍보를 위한 보도자료와도 당연히 구분되어야 한다.

말하기는 뉴스 기사나 책과도 다르다. 기사는 이미 발생한 사건을 간단하게 요약해서 전달하는 것이 목적이다. 아침에 느긋하게 커피를 마시면서 듣거나 읽을 수 있도록 말이다. 책은 짧게는 며칠, 길게는 몇 주에 걸쳐 읽을 것을 염두에 두고 집필되므로 복잡한 전개와 놀라운 반전이 뒤따른다. 만약 청중이 당신의 말을 뉴스 기사처럼 차분하게 듣거나, 책을 읽을 때처럼 이해하는 데 상당한 시간이 걸린다면 그 연설은 실패한 것이다.

말하기는 연극과 가장 비슷하다. 오바마는 "연설에는 연극적인 요소가 많아"라고 인정했다. 말하기가 어떻게 연극과 닮았다는 걸까? 연극의 주요 요소와 비교해보자.

- **무대**: 연극과 마찬가지로 강당이든 방이든, 연설이 이루어지는 공간이 있다.
- **연출**: 메시지를 강조하기 위해 소품을 활용한다. 조명과 음향 시스템, 강단이나 연단 혹은 마이크가 동원될 수도 있다.
- **입장**: 연설의 시작은 입장부터다. 말하는 사람이 무대에 오르거나 마이크 앞으로 나아가 말을 시작하는 과정까지 연설에 포함된다.
- **대본**: 연극처럼 대본이 있다. 물론 읽는 방법은 조금 다를 수 있다. 작성된 원고를 토씨 하나 빠트리지 않고 그대로 읽을 수도 있고, 핵심적인 내용만 간단히 메모해놓고 참고할 수도 있다.
- **청중**: 말하기는 언제나 그 말을 듣는 사람, 즉 청중을 전제로 한다. 무언가를 배우거나 정보를 얻기 위해 그 자리에 있는 사람도 있고, 그저 즐기기 위해 혹은 영감이나 동기부여를 받기 위해 온 사람도 있다. 연설문은 혼자 조용히 읽으며 이해하기 위한 것이 아니다. 말하는 동안 말하는 사람과 듣는 사람 사이에 교감이 오가며, 그 순간을 공유하기 위한 것이다.
- **시청각적 중요성**: 청중은 말하는 내용을 오로지 귀로만 듣는다. 연설문을 볼 수 없기 때문에, 이해하지 못하는 내용이 있어도 다시 돌아가 확인하는 것이 불가능하다. 따라서 문장과 단어, 음절이 귀로 들었을 때 명확해야 한다.

프레젠테이션을 연극이라고 생각하면 두려움이 더 커질 수도 있다. '사람들 앞에서 말하는 것만으로도 떨리고 긴장돼 죽겠는데 연기까지 하라고?' 싶은 생각이 들 것이다. 위로가 되지 않겠지만 사람들 앞에서 말하는 행위는 어느 정도 연극의 성격을 띨 수밖에 없는 것이 사실이다. 다시 말해 말하기가 연극의 일종, 즉 퍼포먼스라는 점을 이해하고 말을 할 때 주도권을 놓치지 말자는 뜻이다. 더 나아가 해방감까지 느낄 수 있을 것이다.

## 가장 나다운 모습으로 말하라

연극을 포함한 다른 모든 퍼포먼스와 마찬가지로 연설에도 주인공이 있다. 바로 말을 하는 당신이다. 그 역할에 가장 잘 어울리는 사람은 바로 당신이니 완벽한 캐스팅이라고 할 수 있겠다. 관객은 당신이 오직 당신만이 할 수 있는 이야기를, 오직 당신만이 가능한 방식으로 들려주기를 원한다.

나는 백악관을 떠나고 몇 년 후 미국의 어느 대기업 CEO를 위한 연설문을 작업한 적이 있다. 그는 연설을 마치자마자 내게 이렇게 메시지를 보냈다.

"대단했습니다! 제가 꼭 오바마 같았어요!"

나는 깜짝 놀라서 그에게 보낸 연설문을 훑어보았다. 혹시 나도 모르게 오바마의 옛 연설을 베껴 쓴 것은 아닌가 하는 걱정이 들었기 때문이다. 하지만 오바마가 했던 말과 유사한 문장은 하나도 없었다. 그

### 나답지 않은 말은 인상을 남기지 못한다

챗봇에게 "기후 변화에 대한 10분짜리 발표문을 작성해줘"라고 요청한다고 해보자. AI는 널리 알려진 기후 변화 연설을 참고해서 진부하기 짝이 없는 발표문을 만들어낼 것이다. AI는 당신이 문제에 어떻게 접근하고 논리를 전개하는지 모른다. 당신이 사람들과 어떻게 소통하는지는 더더욱 알지 못한다.

물론 잘만 설정하면 AI는 우리가 자주 사용하는 단어나 문장을 활용해 문서를 작성할 수 있다. 시간이 지나면 우리의 말투까지 익혀서 마치 우리가 직접 불러주기라도 한 것처럼 연설문을 작성할 수 있는 수준에 도달할지도 모른다. 그렇다 하더라도 당신의 생각과 목소리를 완벽히 담을 수는 없을 것이다.

사람들은 오로지 당신만이 낼 수 있는 목소리에 귀를 기울인다. 공식적인 자리에서든 일상에서든 마찬가지다. 사람들에게 강렬한 인상을 남기고 싶다면 절대로 목소리를 AI에게 맡기면 안 된다.

---

CEO는 도대체 어떤 의미로 '오바마 같다'라고 했던 걸까? 그는 나중에 직접 설명해주었다. "연설의 흐름, 리듬, 분위기 그리고 청중의 반응까지 전부 다 오바마 연설 같았어요."

나는 그제야 안도의 한숨을 내쉬었다. 그가 사람들이 흔히 하는 실수, 즉 다른 사람처럼 말하려 했던 것은 아닌지 조마조마했기 때문이다.

말하기 관련 책을 읽다 보면 역사적으로 위대한 연사들을 본보기로 삼으라는 조언이 자주 나온다. 이를 액면 그대로 이해한 사람들은 대통령 같은 정치인처럼 연설해야 한다는 착각에 빠진다. 심지어 정치인들도 마찬가지다. 특정한 사람, 이를테면 오바마처럼 말하려고 하는 식이다. 그러면 자신다움을 잃게 되고, 결과적으로 신뢰도가 떨어진다. 청중이 공감하거나 지지를 보내기 어려워지는 것이다.

놀랍게도 오바마도 자신답지 않은 방식으로 말해야 한다는 압박을 느낀 적이 있었다. 한번은 연설을 준비하면서 그가 이렇게 말했다. "참모들은 내가 좀 더 정치인처럼, 민감한 문제는 외교적으로 에둘러 말하는 것이 좋겠다고 자주 조언했지. 하지만 나는 그러고 싶지 않았어." 설령 일부 유권자의 표를 잃더라도 그는 냉혹하고 불편한 진실을 직시하고자 했다. 특히 인종 문제 같은 주제가 그랬다. 그는 말했다. "남들 앞에서 말할 때는 자기 자신이 되어야 해."

이것이 우리가 알아야 할 말하기의 황금 법칙이다. 그 누구도 아닌 자신에게 가장 자연스러운 모습으로 말해야 한다.

## 감정의 전류를 일으켜라

2004년 보스턴 전당대회 연설 이후 수년 뒤, 오바마는 저서 『약속의 땅』(웅진지식하우스, 2021)에서 그날을 이렇게 회상했다.

연설을 하다 보면 어느 순간 자연스럽게 박자를 타게 된다. 그러면 청중은 열광하기보다 조용히 집중한다. 그날 이후 몇 년 동안 그런 마법 같은 순간이 종종 찾아왔다. 나와 청중 사이에 감정의 전류가 흐르는 것이다. 마치 영화의 필름을 이어 붙여 미래와 과거가 교차되듯, 우리의 삶이 하나로 연결된 기분이 든다. 내 목소리는 갈라지기 직전까지 높아진다. 그 순간 나는 청중을 깊이 느끼고 그들을 온전히 볼 수 있다. 그 자리의 모두가 하나의 정신을 공유하는 것이다. 우리 모두가 간절히 바라는, 서로의 차이를 뛰어넘어 거대한 가능성이 우리를 하나로 묶어주는 듯한 감각이다.

오바마는 자신과 사람들 사이에 흘렀던 감정을 묘사하고 있다. 나 역시 그 자리에서 같은 감정을 느꼈다.

스피치는 공동의 경험이다. 규모를 막론하고 모든 스피치가 그렇다. 오바마는 나에게 이렇게 말한 적이 있다. "헌법학 강의를 할 때가 기억나는군. 어떤 날은 '완벽하게 잘 해내고 있구나'라는 느낌이 들었어. 에너지가 있었지. 생각과 감정이 전류처럼 흐르면서 학생들이 완전히 몰입하는 게 느껴졌어. 내가 말하고 있긴 하지만, 학생들도 나에게 무언가를 전하고 있었어. 서로 신호를 주고받는 거야. 그런 순간은 정말이지 환상적이야."

물론 항상 일어나는 일은 아니다. 전류가 흐르기는커녕, 어떤 신호도 통하지 않는 순간도 있다. 오바마도 다르지 않았다. "학생들이 지루해 보이고, 나도 피곤해서 분위기가 완전히 가라앉는 날도 있어. 농구할 때와 비슷해. 어떤 날은 완전히 몰입한 상태로 흐름을 타서 최상의 실력을 발휘하는가 하면, 어떤 날은 슛을 던질 때마다 번번이 빗나가지."

나는 오바마가 연설할 때마다 무대 한쪽에 서서 청중을 확인한다. 오바마의 연설은 나중에 영상으로 다시 볼 수 있지만, 청중의 반응은 그 자리에서 직접 확인해야 하기 때문이다. 그가 지역 축구팀 등을 언급하며 감사를 표할 때 사람들이 환호하는지, 그가 주장을 펼칠 때 사람들이 집중해서 듣는지, 어떤 가치를 옹호할 때 청중이 고개를 끄덕이거나 박수를 치는지 나는 놓치지 않고 살피려 한다. 연사와 청중 사이에 흐르는 강력한 "감정의 전류"가 있는지 확인하는 것이다.

감정의 전류는 단순한 기분이 아니라 우리 뇌 깊숙한 곳에 실재하는 반응이다. 프린스턴대학교 연구팀은 발표자가 청중에게 말하는 동안 처음에는 서로 달랐던 참가자들의 뇌파가 점점 동기화되는 현상을 발견했다. 연구자들은 이 현상을 '신경 결합neural coupling'이라고 부른다. 프린스턴대학교의 심리학 및 신경과학 교수 유리 해슨은 "연설 같은 소통 행위는 화자와 청자의 뇌를 하나로 연결하고 통합하는 과정입니다. 뇌 패턴이 비슷해질수록 서로를 더 잘 이해하게 됩니다"라고 설명한다.

우리는 이것을 아주 오래전부터 본능적으로 알고 있었다. "청중을 전율하게 만든다"거나 "사람들과 하나가 되다"와 같은 표현을 사용해온 이유가 거기에 있다. 즉, 제대로 말하기만 한다면 내가 하는 말은 듣는 사람들의 뇌에 전류를 일으켜 세상을 더 깊이 이해할 수 있게 만든다.

## 퍼포먼스가 메시지를 완성한다

연설을 멋진 퍼포먼스로 만들어 전 세계 수백만 명에게 놀라움과 강렬한 울림을 전달한 어느 스물아홉 살 대학원생의 사례를 살펴보자.

도너번 리빙스턴Donovan Livingston은 어렸을 때 지역 스피치 대회에서 마틴 루서 킹 주니어의 연설을 낭독하기도 했지만, 여전히 사람들 앞에 서면 긴장으로 목소리를 내기 어려워했다. 해결의 실마리는 뜻밖에도 힙합을 접하면서 얻었다.

"래퍼 나스와 싱어송라이터 로린 힐이 부르는 〈내가 세상을 지배한다면 If I Ruled the World)을 듣고 깨달았어요. 흑인 소년인 나도 세상을 바꿀 수 있다는 사실을 처음으로 알았죠." 그는 교사의 격려를 받아 생각을 시로 표현하기 시작했고, 무대 공연도 올라갔다. "시와 힙합 덕분에 내 경험과 목소리, 생각을 나만의 방식으로 자연스럽게 표현할 수 있게 되었어요."

세월이 지나 도너번은 하버드 교육대학원에 입학했고, 학위수여식에서 학생 연사로 선정되었다. 그는 자신만이 할 수 있는 방법으로 교육 분야의 인종적 불평등을 이야기하기로 결심했다. 바로 "힙합 아티스트라는 정체성에 충실하는 것"이었다.

먼저 조용히 집중할 수 있는, 자신이 사는 작은 아파트 부엌 식탁에서 좋아하는 래퍼의 음악을 들으며 원고를 썼다. "서사가 있고 인물에 생명을 불어넣으며 리듬이 이끄는 이야기"를 떠올렸다. 연습도 열심히 했다. 화장실 거울 앞에서 자신이 쓴 시를 "백 번쯤" 소리 내어 읽었다. "제 시를 공연하는 데 완전히 몰입하고 싶었거든요."

도너번은 그간 여러 번 공연을 해보았고, 퍼포먼스에서 복장이 메시지의 효과를 극대화한다는 사실을 잘 알았다. 하지만 학교 연단에서 평소 공연하듯 요란하게 입을 수는 없는 노릇이었다. 그는 타협점을 찾았다. 검은 정장을 입은 뒤 여러 가지 색상으로 장식된 졸업식용 어깨띠를 걸치고 귀걸이를 착용했다. 흑인 졸업생으로서의 자부심을 표현하기 위함이었다.

학위수여식 당일, 연단에 오른 도너번은 활짝 웃으며 "좋은 오후입니다. 오늘 기분들 어떠신가요?"라고 물었다. 곧바로 청중석에서 박수와 환호가 터졌다. 즉시 교감이 시작된 것이다. "영광스러운 2016년 졸업생 여러분, 소리 한번 질러주세요!" 청중이 더 큰 환호로 답했다. 연설을 시작한 지 몇 초 만에 그는 청중과 완전히 하나가 되었다. 도너번은 고등학교 때 선생님이 졸업식에서 시를 낭독하면 마이크를 꺼버리겠다고 위협한 일을 이야기하면서, 학위수여식에서 "가장 진솔한 목소리로 자신을 표현할 수 있는 기회"가 주어져 감사하다고 말했다. 또한 힙합은 "관객의 참여를 요구하는 예술"이라고 설명하며 관객들에게 "손가락을 튕기고, 박수를 치고, 손을 들어 올리고, 기뻐하고, 축하하자"라고 독려했다. 사람들은 그의 말에 몰입하며 열렬한 반응을 보였다.

하버드
교육대학원
학위수여식 연설
도너번
리빙스턴, 2016

도너번은 자신 같은 미국의 젊은 흑인들이 "깨진 약속들로 가득한 가시덤불 속의 외로운 꽃"이고 "불의의 옆구리에 박힌 가시"라고 시로 표현했다. 시를 낭송하는 동안 몸은 자연스럽게 리듬을 탔다. "그 누구도 평범한 존재가 되기 위해 태어나지 않았습니다. 우리는 혜성이 되기 위해 태어났습니다." 말이 끝나기가 무섭게 박수가 터져 나왔다. 오바마의 표현을 빌리자면, 도너번과 청중은 서로 호응하며 정신을 공유하고 있었다.

학위수여식 전부터 교육자로 활동하고 있었던 도너번은 이렇게도 말했다. "저는 지식을 로켓으로, 고난을 망원경으로 바꾸기 위해 아이들을 가르칩니다." 그는 두 손을 망원경처럼 모았다. "아이들이 자신이 서 있는 자리에서 스스로의 가능성을 선명하게 볼 수 있도록 말입니다." 점점 빨라지는 말과 점점 높아지는 목소리로 그는 모든 교사가 그래야 한다고 촉구했다.

아이들이 자신이 지닌 우주의 가능성을 깨닫도록 일깨워주세요. 저는 너무나 오랫동안 교실의 블랙홀이었습니다. 모든 것을 빨아들이면서도 나의 빛을 바깥으로 내보내지 못했지요. 하지만 그런 날들은 지나갔습니다. 저는 이제 별들 사이에 있습니다. 여러분도 그렇습니다. 모두가 그렇습니다.

그러자 폭발적인 박수갈채가 터져 나왔다. 도너번이 잠시 말을 멈추고 기다려야 할 정도였다.

앞으로 수세대에 걸쳐 위대한 은하계가 만들어질 수 있도록 우리가 서로 영감을 줄 수 있습니다. 한계는 없습니다. 이것은 단지 시작일 뿐입니다. 출발하세요.

마지막 구절을 외치며 도너번은 하늘을 향해 두 팔을 뻗었다. 청중석에서 그의 어머니는 눈물을 흘렸고 사람들은 자리에서 일어나 기립박수를 보냈다. 그의 학위수여식 연설 영상은 무려 1,400만이 넘는 조회수를 기록했다.

도너번의 연설이 전 세계 수많은 사람들에게 울림을 준 이유는 무엇일까? 물론 교육 분야에 뿌리 깊은 인종적 불평등을 외면할 수 없다는 메시지는 강렬했다. 그러나 그의 말에 담긴 힘은 내용에서만 나온 것이 아니었다. 그가 메시지를 전달한 방식과 사람들에게 불러일으킨 감정의 전류, 즉 하나라는 느낌이 특히 중요한 역할을 했다. 몇 년 후, 도너번은 나와의 인터뷰에서 이렇게 말했다.

"저는 그 자리에 혼자 있는 게 아니었어요. 모두가 함께였죠. 단순히 허공에 말을 쏟아붓는 게 아니라, 그 자리의 사람들에게 말을 전달했고, 사람들은 다시 제게 그 말을 되돌려주었어요. 그 자리의 모두가 함께 연결된 느낌이었어요. 내용도 중요하지만, 결국 메시지를 완성하는 것은 퍼포먼스입니다."

누구나 무대 위의 시간을 어떻게 시작하고 끝맺을지 깊이 고민해야 한다. 연설을 퍼포먼스라고 생각하는 것만으로도 강력한 무기를 지니게 된다. 무대의 통제권은 청중에게 있는 게 아니라 말하는 사람에게 있다.

- **마치 연극과 같은 대본을 써라.** 원고를 쓸 때 무슨 말을 어떤 어조로 어떻게 시작하고 끝맺을지 세세하게 정하면 연설하는 순간을 통제할 수 있다. 만약 진행자가 당신을 소개하는 순서가 있다면 진행자에게 경력과 관련된 흥미로운 정보를 미리 전달하거나, 간단한 소개문을 써서 건네주는 것도 좋다. 진행자의 부담을 덜어주는 한편 당신이 소개되는 방식을 직접 설계하는 기회다.
- **주도권을 잡아라.** 당신은 퍼포먼스의 주인공이면서 동시에 연출자다. 언제 어디에서 발표할지, 누구를 초청할지, 어떤 연사들을 세우고 어떤 순서로 진행할지 등을 직접 결정할 수 있다. 당신이 초청 연사라 하더라도 주어진 시간만큼은 당신의 계획대로 쓸 수 있다. 당신의 소개를 누가 맡아주었으면 하는지, 어떤 이야기를 얼마나 오래 하고 싶은

지, 질의응답 시간을 가질 것인지 등 모든 요소를 고려해 가장 편안한 방식을 선택하자.

**볼거리를 더하라.** 말의 내용도 중요하지만 어떻게 보여질지, 즉 청중이 무엇을 보게 될지도 신경 써야 한다. PPT를 사용한다면 텍스트는 최소화하거나 아예 빼버리고, 이야기의 주제가 되는 사람이나 장소를 담은 사진을 활용해보라. PPT는 어디까지나 배경이다. 사람들이 듣는 소리에 대해서도 생각해봐야 한다. 가능하다면 중간에 오디오나 영상 클립을 활용해 잠시 분위기를 환기하고 활력을 불어넣는 방법을 고려해보자.

**무대를 설계하라.** 연사는 때로 무대 디자이너의 역할도 맡아야 한다. 무대나 배경, 관객 배치를 신중하게 고민해보라. 기업 내부에서 하는 발표라도 평범한 회의실만 고수하지 말고 외부 행사장이나 역사적인 건물 혹은 아름다운 자연 배경을 활용해 분위기를 살리는 방법도 생각해보자. 초청 연사라도 무대 구성에 대한 의견을 제시할 수 있다. 연단을 사용할 것인가, 아니면 무대에서 자유롭게 돌아다닐 수 있도록 무선 마이크를 사용할 것인가? 무대에 다른 사람과 함께할 것인가, 아니면 혼자 있을 것인가? 만약 줌과 같은 온라인 회의 기능을 이용한다면 더 많은 요소를 직접 통제할 수 있다. 카메라 앵글, 조명, 배경 등을 신경 써서 선택하라.

**청중이 퍼포먼스의 일부가 되게 하라.** 발표가 독백이나 원맨쇼여야 한다는 법은 없다. 청중과 함께하는 공연이라고 생각하고 사람들의 적극적인 참여를 유도하라. 질문을 던지고 손을 들게 해서 자리에서 직접 답하게 한다. 질문할 기회를 주는 것도 좋은 방법이다. 이렇게 하면 들는 사람들도 적극적으로 참여할 수 있을 뿐만 아니라 자신에게만 집중된 스포트라이트가 분산되므로 긴장감도 한결 줄어든다.

💬 **무대를 함께 나누어라.** 공동체의 구성원, 회사의 직원, 기리거나 돕고 싶은 사람 등 다른 사람에게 공을 돌리며 박수를 요청하는 방법이 대표적이다. 당사자에게 자리에서 일어나거나 무대로 나와달라고 요청하면 좋다. 여건이 되지 않는다면 자리에서 손을 흔들어달라고만 해도 된다. 짧은 존경과 감사를 표하는 시간이 가장 감동적이고 기억에 남는 순간이 되기도 한다.

## 4장 | 말하기의 성공은 연단 뒤에서 완성된다

> 어디로 가야 하는지 모르면
> 원하는 곳에 도착하지 못한다.
>
> – 요기 베라Yogi Berra(야구선수)

토요일 오후, 우리 연설문 작성팀은 갑작스럽게 백악관으로 호출되었다. 오바마 대통령의 표정이 좋지 않았다. 절대 좋은 신호가 아니었다. 백악관에서는 대통령의 마음에 들어야만 계속 일할 수 있다. 대통령이 만족하지 않으면 내일 당장 직장을 잃을 수도 있다.

바로 다음 날인 일요일에 오바마 대통령이 미국과 이스라엘의 관계에 대해 연설할 예정이었다. 나는 일주일 넘게 연설문을 작업했고 원고가 꽤 잘 나왔다고 생각했다. 그러나 대통령 집무실의 분위기는 매우 무거웠다. 참모들이 거의 모두 소집되어 자리에 앉아 있었고, 오바마 대통령은 짜증스러운 얼굴이었다. 그는 한 손에 연설문을 들고 나를 향해 돌아섰다.

"테리, 자네 잘못은 아니지만, 이건 내가 하고 싶은 말이 아니야."

나는 침을 꿀꺽 삼켰다. 내 잘못이 아니라고 말해준 것은 다행이지만 전혀 그렇게 느껴지지 않았다. 내가 말도 안 되는 실수를 해서 그를 실망시킨 것만 같았다. 동시에 혼란스러웠다. 평소와 똑같은 과정으로 쓴 글이었기 때문이다. 나는 그가 이전에 했던 발언을 바탕으로 초안을 작성해 수십 명의 국가안보 관계자들과 공유한 뒤 수정 사항을 반영했다. 내가 어디에서 실수를 저지른 걸까?

그 이야기를 하기 전에, 조금 뒤로 돌아가보겠다.

## 최고의 스피치를 만드는 50-25-25 법칙

사람들이 발표를 준비할 때 흔히 저지르는 실수가 있다. 너무 성급하게 원고를 쓰거나 PPT를 만드는 것이다. 물론 빨리 시작할수록 불안감이 줄어드니 그 마음은 이해한다. 하지만 가족을 차에 태운 채 목적지도 정하지 않고 무작정 출발하면 과연 즐거운 여행이 될 수 있을까? 무작정 달려들어 원고를 쓰기 시작하면 한동안은 순조롭게 나아갈지 몰라도 어느 순간 갑자기 막다른 골목에 몰려 길을 완전히 잃어버린다.

따라서 나는 50-25-25 법칙을 따른다. 전체 시간의 50퍼센트는 생각과 연구 및 조사 등의 내용 정리에, 25퍼센트는 원고 작성에, 마지막 25퍼센트는 편집과 예행 연습에 쓰는 것이다. 이렇게 하면 시간이 얼마나 있든 성공적으로 준비할 수 있다. 만약 발표가 한 달 후라면 2주-1주-1주, 일주일 후라면 3일-2일-2일로 분배한다. 갑자기 오늘 저녁 모임에서 건배사를 해야 한다면 1시간-30분-30분 정도가 적당하다.

발표의 성공은 무대에서 무엇을 하느냐가 아니라, 그전에 어떤 준비를 했느냐에 달렸다. 내용을 작성하기 전에 쏟아부은 시간과 노력이 성패를 좌우한다. 철저히 준비하면 실전에서 긴장을 줄일 수 있다. 열심히 준비했다는 사실을 스스로 잘 알고 있으면 발표 순간에 느끼는 불안감이 크게 줄어드는 것이다.

따라서 사람들 앞에서 말하거나 발표할 일이 있다면 당장 무언가를 준비하려고 서두르는 대신, 잠시 숨을 고르고 긴장을 풀어라. 특히 처음 50퍼센트의 시간을 현명하게 활용해야 한다. 나는 이때 상황을 파악하고 깊이 생각한 뒤, 샅샅이 뒤져서 관련 자료를 찾는다. 이제 그 방법을 구체적으로 알아보자.

## 무대에 오르기 전 반드시 알아야 할 10가지

오바마 대통령이 한 연설에서 공화당의 예산안을 강하게 비판한 적이 있다. 해당 예산안은 교육 및 의료 분야의 예산을 대폭 삭감할 가능성이 있었다. 그는 이 예산안에 대해 국가의 미래를 "매우 암울하게" 바라보는 "진지함"도 "용기"도 없는 결정이라고 했다. 아주 강경한 발언이었다.

문제는 그 예산안을 주도한 당사자인 위스콘신주 하원의원 폴 라이언이 맨 앞줄에 앉아 있었다는 점이다. 오바마 대통령은 그의 참석 사실을 몰랐다. 연설을 들은 라이언 의원은 개인적인 공격을 당했다고 느껴 격분했고, 예산 협상은 더욱 어려워졌다. 오바마는 라이언 의원이 청중석에 있는 줄 알았다면 연설 내용의 일부를 수정했을 것이라며 실수를 인정했다.

모든 발표에는 여러 변수가 존재한다. 따라서 발표와 관련된 모든 상황을 미리 파악해두어야 한다. 연설 장소, 전체 식순, 참가자 명단 등이 대표적이다. 무엇도 지레짐작하지 말고 모든 것을 확실하게 파악하라. 질문을 많이 던져라. 난감한 문제에 직면하지 않도록 말하기 전에 반드시 다음의 10가지 질문을 던져보자.

### 청중은 누구인가

연설이든 발표든 사람들 앞에서 말할 때는 내가 말하는 상대가 누구인지를 알아야 한다. 막연하게 아는 정도로는 턱없이 부족하다.

- **누가 나를 소개하는가**: 행사의 주최는 누구이며, 나를 소개할 진행자는 누구인가? 초청하거나 소개해준 데에 대한 감사 인사에 그치지 말고 그들의 일이나 비전, 사명, 영향력을 언급하면 좋다.
- **VIP가 참석하는가**: 앞서 소개한 오바마 대통령의 공화당 예산안 비판과 같은 사태를 피하려면 그 자리에 참석하는 VIP도 살펴야 한다. 그 자리에 나와 함께 일하는 파트너가 있는가? 그렇다면 그 사람들을 언급하자. 직급과 이름을 미리 조사해서 알아둔다.
- **청중이 몇 명인가**: 30~40명 이하의 소규모 행사이거나 친밀한 분위기의 모임이라면 지나치게 격식을 차린 연설은 어울리지 않는다. 이때는 간단

한 메모나 핵심 사항 위주로 원고를 작성하고 대화하듯 자연스럽게 말하는 방법이 더 효과적이다.

- **일반 대중인가, 전문가인가**: 일반 대중을 대상으로 하는 연설과 특정 분야의 전문가를 대상으로 하는 연설은 다를 수밖에 없다. 특정 업계 종사자인지, 비영리단체나 종교의 구성원처럼 공통의 목적을 가진 집단인지 등 전체적인 구성을 알아두자. 또한 참석하는 사람들과 안면이 있는지 여부에 따라 말하는 내용과 어조가 달라질 것이다.
- **연령대와 정치적 성향은?**: 청중의 연령대나 정치적 성향 등이 이에 속한다. 생활권이 도시인지 혹은 교외나 시골 지역인지, 인종과 종교 등은 어떤지도 살펴야 한다. 어느 한쪽으로 치우치지 않고 다양한 배경의 사람들이 고루 참석하는 자리일 수도 있다.
- **무엇을 기대하는가**: 청중이 내 이야기에서 무엇을 기대하는지 반드시 생각해봐야 한다. 청중이 나의 입장을 지지하는지 혹은 회의적인지도 알아야 한다. 만약 잘 모르겠다면 주최 측에 직접 물어보자.
- **청중의 심리 상태는?**: 청중의 구성이나 관련 사회적 이슈에 따라 전체적인 분위기도 다르다. 그 자리에 참석하는 사람들이 낙관적인 상태인지, 아니면 걱정과 우려를 느끼는 상태인지 조사해보자.

### 청중과 나의 공통점은 무엇인가

사람들과 교감하기 위해서는 그 자리에 참석하는 청중과 당신 사이의 공통점을 찾아야 한다. 최고의 연설과 발표를 만드는 비결이 바로 여기에 있다. 경험, 관심사, 신념, 가치관, 목표 등 다양한 측면을 검토해보자. 겹치는 부분이 많을수록 공통점이 많다는 의미이므로 이야깃

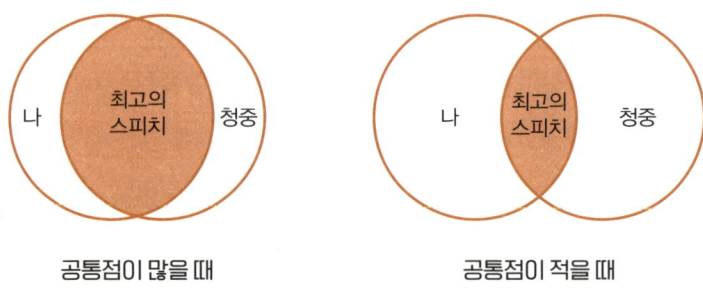

거리도 풍성해진다.

공통점이 전혀 없는 것 같다고? 쥐어짜보면 어떤 자리에서든 사람들과 함께 이야기할 수 있는 공통점이 있기 마련이다. 7장에서 공통점을 찾는 방법을 더 자세히 소개할 것이다.

**언제 말하는가**

연설하는 날짜에 특별한 의미가 있는가? 그날이 공휴일이나 중요한 기념일인가? 그렇다면 반드시 언급할 필요가 있다. 이와 같은 시간적 의미는 가급적 넓은 맥락에서 생각해보라. 지역사회, 기업, 국가에서 일어나고 있는 상황을 언급할 필요가 있는지까지 고려해야 한다.

시간도 중요하다. 식사 직전이라면 다들 배고픈 상태일 테니 짧고 간결하게 말하는 편이 좋다. 식사 직후라면 배가 불러서 나른할 테니 더욱 짧게 말해야 한다. 또는 리셉션 도중인가? 그렇다면 사람들이 중간에 술을 마시러 가버리지 않도록 더더욱 짧게 말하라.

### 어떤 자리인가

무엇을 위해 모인 자리인지를 고려하자. 작게는 가족 모임일 수도 있지만, 위원회나 기업 등의 연례 회의나 경영진과 직원이 함께하는 특별 행사일 수도 있다. 주최 측이 달성하고자 하는 구체적인 목표는 무엇이며 당신이 어떤 이야기를 해야 그 목표 달성에 도움을 줄 수 있을지 생각해봐야 한다.

### 왜 나인가

주최 측에 왜 당신을 초청했는지, 무슨 내용을 다루기를 원하는지 물어보는 것이 좋다. 어렴풋이 짐작만 해서는 안 된다. 예를 들어 당신이 어떤 조직의 대표라고 해도 주최 측은 그 자리에서 그와 관련된 언급을 원치 않을 수도 있다. 현재 소속이나 상태와는 관계없이 그저 경험에서 얻은 교훈만 전해주기를 원하는 경우도 많다. 또한 연사가 여러 명이라서 당신이 특정 주제로 이야기해주기를 원할 수도 있다.

주최 측에 물어보라고 해서 그 요구에 무조건 맞추라는 뜻은 아니다. 다만 원하는 것을 제대로 파악하고 있으면 나만이 할 수 있는 이야기를 찾는 데 도움이 된다.

### 내 차례는 언제인가

행사의 전체 식순을 알아두자. 특히 발표 전후에 어떤 일이 있는지가 중요하다. 다른 발표나 공연 등이 있는지, 나 외에 다른 연사는 없는지, 연사가 여럿이라면 내 순서는 언제이고 다른 연사는 어떤 내용을 다룰 예정인지도 알아두어야 한다. 행사의 전체적인 흐름에 영향을 끼치고 싶다면 순서를 맨 앞으로 요청하는 것도 좋은 방법이다. 만약 뒤 순서라면 청중이 여러 이야기를 듣느라 피로해진 상태이므로 너무 긴 이야기는 피해야 한다.

### 장소는 어디인가

공연으로 치면 무대 배경에 해당한다. 발표하는 장소가 있는 지역에 관해 꼭 언급해야 하는 특별 사항이 있는가? 행사장이 강당인지, 기업 사옥인지, 시청인지, 종교 시설인지에 따라서도 어조가 달라져야 한다. 또한 야외 행사라면 소음 때문에 목소리가 잘 들리지 않을 수 있고 날씨가 갑자기 나빠질 수도 있다는 점을 염두에 두라.

### 무대는 어떠한가

백악관에서 오바마 대통령의 연설을 수백 건 이상 기획한 팀 하츠 보좌관은 "우리는 언제나 연설 전에 대통령에게 어디로 입장해서 어떤 방향으로 걸어가야 하는지, 어떻게 연단에 올라야 하는지 등 무대 동선을 정확히 숙지시켰다"라고 말했다. 무대에 혼자 서는지 혹은 다른 사람이 있는지에 따라 동선이 달라지기도 한다. 연단 뒤의 배경은 어떠한지, 당신이 무대에 서서 말할 때 왼쪽, 오른쪽, 앞쪽에 무엇이 보이는지도 알아두자. 만약 청중이 서 있다면 오랜 시간 집중하기 어려우므로 짧게 말해야 한다.

### 연단이 있는가

연단, 즉 발언대의 유무는 사전에 반드시 확인해야 하는 중요한 요소다. 연단이 있다면 원고를 올려둘 수 있어서 원고를 처음부터 끝까지 그대로 읽어야 할 때 좋다. 연단이 없는 것을 선호하는 사람도 있다. 연단이 청중과의 거리를 멀게 느끼게 만들고, 무대에서 자유로운 움직임을 방해하기 때문이다.

마이크도 미리 확인해두면 좋다. 만약 연단이 없는데 무선형 핸드 마이크까지 사용해야 한다면 손이 자유롭지 않아서 원고를 넘기거나 메모를 보기가 어렵다. 이런 상황에서는 원고를 완벽하게 외우고 가야 한다.

**얼마나 말해야 하는가**

마지막으로 발언 시간을 반드시 확인해야 한다. 특히 연사가 여럿이면 주어진 시간을 정확히 확인하고 엄격히 지켜야 한다. 보통 사람은 분당 약 150단어를 말하므로, 다음의 기준을 참고해서 원고를 작성하자.

- **연설, 프레젠테이션, 기조연설**: 15~20분(2,250~3,000단어)
- **추도사**: 5~7분(750~1,050단어)
- **공개회의 발언**: 3~5분(450~750단어)

행사와 청중을 전부 파악했다면 다음 단계로 넘어간다. 바로 말하는 상황에 완벽하게 맞아떨어지는 이야기를 찾는 것이다.

## 핵심 메시지를 한 문장으로 정리하라

오바마 대통령은 "다운로드" 시간에 대개 이와 같은 질문으로 대화를 시작했다.

"우리는 무슨 이야기를 전하려 하는가?"

정치인이기 이전에 작가였던 오바마는 좋은 이야기가 훌륭한 연설을 만든다는 사실을 잘 알았다. 본격적으로 글쓰기에 착수하기 전에 전달하고자 하는 핵심을 정확히 파악해야 한다고 생각했다. 그가 한 번은 이렇게 말한 적이 있다. "소통의 목적을 먼저 정해야 해. 그게 가장 중요하지." 오바마는 강조하고 싶은 주제를 연설 구상 중에 찾을 때도 있었지만, 처음부터 전반적인 논지와 근거까지 정해놓을 때도 있었다. 때로는 설명이 20분씩 이어질 정도였다. 이미 머릿속에 연설 전체를 완성해놓은 것이다.

앞에서 말한 내가 질책당하던 토요일, 대통령 집무실에 앉아 이스라엘과 중동에 관한 연설문 때문에 오바마가 답답해하는 모습을 보면서 내가 어디에서 실수했는지 깨달았다. 대체로 평소와 똑같은 과정을 따랐지만 정작 중요한 '다운로드'를 거치지 않았던 것이다. 다운로드 과정을 생략할 때도 종종 있고 오바마의 이스라엘과 중동에 대한 정책이 바뀐 것도 아니어서 괜찮다고 생각한 것이 패착이었다. 사실은 달라진 것이 하나 있었다. 불과 며칠 전 오바마가 우파 성향의 이스라엘 총리 베냐민 네타냐후와 만난 것이다.

오바마는 중동 지역의 민주화 운동인 아랍의 봄과 관련한 연설을 얼마 전 했었다. 그는 이스라엘과 팔레스타인의 국경에 대한 미국의 오

### 핵심 메시지를 찾기 어려울 때

핵심 메시지를 정하기가 막막하다면 챗봇에게 물어보는 것도 방법이다. 앞에서도 말했듯 챗봇을 이용해 원고를 작성하는 것은 피해야 하지만 아이디어를 구할 때는 도움을 받아도 된다. 다음과 같은 식으로 입력해보자.

**나는 [회사/조직]에서 [직책]로 일하고 있어. [이슈/문제/도전 과제]와 관련하여 [청중에 대한 설명]을 대상으로 [시간]분 동안 발표할 예정이야. 이때 다루면 좋은 주제 10가지를 추천해줘.**

단 몇 초 만에 아이디어 10개가 생긴다. 물론 일반적이거나 진부한 내용일 가능성이 크지만 출발점으로는 나쁘지 않다. 챗봇에게 재차 질문하며 가장 관심 가는 주제나 스스로 떠올린 독창적인 아이디어에 살을 붙여나갈 수도 있다. 개요를 제안해달라고 할 수도 있다.

---

랜 정책을 언급했는데, 비판자들은 그 발언을 왜곡하며 오바마가 이스라엘을 지지하지 않는 것처럼 몰아갔다. 그다음 날 네타냐후 총리는 전 세계 언론의 시선이 집중된 백악관 집무실에서 오바마를 비판하고 훈계하듯 말했다. 내가 작성한 연설문이 그 사건이 일어나기 전이었다면 모를까, 더 이상은 상황과 맞지 않았던 것이다.

오바마는 이미 며칠 전에 했던, 이스라엘과 팔레스타인의 국경선에 대한 이야기를 반복하는 대신, 자신이 왜 그런 말을 했는지 그 이유를 설명하고자 했다. 이스라엘과 팔레스타인 양측의 안전을 위해서는 타협이 필요하다는 뜻이었다. 그는 전 세계가 그 사실을 알기를 바랐다. 그런데 내 원고에는 그 논리가 빠져 있었다.

이 일화에서 얻을 수 있는 교훈은 간단하다. 발표 내용을 준비할 때는 전하고 싶은 핵심 메시지에 대해 깊이 생각해볼 시간이 있어야 한다는 것이다. 가족, 친구, 동료와 이야기해보는 것도 좋은 방법이다. 만약 당신이 조직의 리더라서 다른 사람이 연설문을 작성해줄 때에도 미리 충분한 논의를 거쳐야 한다. 안다. 당신의 연설문을 다른 사람이 써주어야 할 정도라면 매우 바쁜 사람일 것이다. 그러나 미국 대통령조차도 시간을 내어 연설비서관과 논의 시간을 거쳤으니, 누구라도 그 정도 시간은 낼 수 있을 것이다. 본격적으로 원고를 쓰기에 앞서 스스로에게 다음과 같은 질문을 먼저 던져보자.

- 내가 전하고자 하는 이야기는 무엇인가?
- 나는 무슨 말을 전하고 싶은가? (10단어 이내의 한 문장으로 정리하고, 출력해서 눈에 잘 띄는 곳에 붙여둔다. 발표를 준비하는 동안 계속 자문한다.)
- 핵심 메시지를 뒷받침하는 근거는 무엇인가? (3~5가지 정도로 정리한다. 10가지가 넘을 정도로 장황해서는 안 된다.)

## 할 수 있는 한 샅샅이 조사하라

나는 "훌륭한 연사에게 필요한 가장 중요한 기술은 무엇인가?"와 같은 질문을 자주 받는다. 단 한 가지만 꼽으라면 리서치 기술을 들 것이다. 사람들 앞에 나서서 말하기 전에 철저한 사전 조사는 필수다. 오바마는 사전 조사의 중요성에 대해 이렇게 말했다. "말할 때의 자신감은 철저한 준비에서 나와. 내가 다루는 주제에 대해 잘 알면 저절로 그렇게 되지."

발표를 준비하는 과정은 금을 채굴하는 과정과 비슷하다. 엄청난 양의 자료를 샅샅이 뒤져야만 비로소 가치 있는 조각을 발견할 수 있다. 흥미로운 아이디어, 놀라운 인용문, 사람들의 관심을 사로잡을 흥미진진한 이야기 같은 것 말이다. 이런 것들을 적절히 배치하면 메시지가 더욱 빛을 발한다. 물론 쉬운 일은 아니다. 좋은 이야기나 일화, 인용문을 찾는 것은 말 그대로 황금을 찾는 것만큼이나 어렵다. 게다가 원석의 형태를 잡고 적절한 곳에 배치하고 세밀하게 다듬는 과정도 필요하다.

**다른 사람이 같은 주제로 무슨 말을 했는지 찾기**

오바마 대통령은 노벨평화상 수상 연설을 준비할 때 과거 전시戰時를 버텨낸 미국의 대통령과 외국 총리들의 연설, 간디와 마틴 루서 킹 주니어, 20세기 미국의 신학자 라인홀드 니부어의 저작을 바쁜 와중에도 읽었고, 그중 일부는 실제로 연설에서 언급했다. 그 연설을 두고 벤 로즈가 "오바마는 과거에 같은 주제로 연설했던 모든 이들과 대화를 나누는 것 같았습니다. 거의 영적인 경험처럼 느껴졌죠"라고 말할 정도였다.

어떤 주제를 선택하든 그 이야기를 한 사람이 당신뿐일 리는 없다. 다른 사람들이 같은 주제에 관해 뭐라고 말했는지 찾아서 읽고 배우라. 그 대화에 끼어들어라. 그다음 자신만의 목소리와 관점을 제시하라.

**다른 사람에게 의견을 구하기**

오바마는 중요한 연설을 앞두면 1~2주 전에 청중의 공동체에 속한 대표적인 학자, 역사학자, 종교 지도자, 시민운동가들을 초청해 집무실 맞은편의 루스벨트룸에서 회의를 열었다. 그는 연설 주제에 대해 손님들이 나누는 의견을 조용히 경청했고, 나를 비롯한 연설비서관들은 메모했다. 그러다 누군가 통찰력 있는 견해를 제시하면 오바마는 우리를 향해 물었다. "방금 거 적었어?" 그 자리에서 나온 견해는 거의 항상 연설에 반영되었다.

오바마는 이렇게 말했다. "말하기 전에 듣는 법을 먼저 배워야 해." 겸손함이 훌륭한 연사의 중요 덕목으로 꼽히는 이유가 여기에 있다. 말할 내용에 대해 가족, 친구, 동료, 해당 분야의 전문가들에게 의견을 구하라. 아무리 똑똑한 사람이라도 다른 이에게 배울 점이 있기 마련이다.

다만 모든 사람의 의견을 반영해야 하는 것은 아니다. 오바마가 일본 총리를 국빈 만찬에 초대했을 때, 우리는 오바마가 일본의 전통시인 하이쿠를 읊으면 화기애애한 분위기에 도움이 되리라고 생각했다. 그래서 세계적으로 저명한 학자 두 명에게 초안의 감수를 요청했다. 시의 내용이 자리에 잘 어울리는지, 잘못된 시를 인용하는 것은 아닌지 확인하기 위함이었다. 그런데 두 사람은 우리가 궁금했던 부분을 확인해주는 대신, 그 시가 하이쿠의 기준을 충족하는지를 두고 격렬한 논쟁을 벌였다. 우리는 그 시를 그대로 사용했고 결과는 대성공이었다. 다시 말해 다양한 의견을 듣는 과정은 꼭 필요하지만 최종적으로는 자신의 직감을 믿어야 한다. 결국은 그 누구도 아닌 나의 이야기이기 때문이다.

### 원고에 대한 피드백받기

오바마가 대통령으로 취임한 지 7년 만에 처음으로 메릴랜드주 볼티모어에 있는 이슬람 성원을 방문하기로 했을 때였다. 우리는 어떤 연설문을 준비해야 할지를 두고 난관에 부딪혔다. 오바마는 주기적으로 무슬림이라는 오해를 받았지만 실제로는 개신교 신자였다. 미국 내 무슬림들의 고민과 희망을 어떻게 담아낼 수 있을지 우리 역시 알기 어려웠다.

결국 우리는 백악관 국가안전보장회의에서 근무하는 루마나 아메드에게 도움을 요청했다. 루마나는 백악관 서관에서 히잡을 착용하고 근무한 최초의 무슬림 미국인 여성일 것이다. 무슬림 국가를 위한 대통령 특사였던 라샤드 후세인에게도 의견을 구했다. 루마나는 정부 기관 곳곳에서 일하는 무슬림 미국인 약 20명의 의견을 모아주었다. 종합해보니 그들은 모두 자신의 정체성에 대한 자부심이 있었고, 증오 범죄의 표적이 될지도 모른다는 두려움을 느끼고 있었으며, 동등한 미국인으로 인정받고 싶은 소망이 있었다. 루마나는 연설문 초안을 확인하고 실제 경험에서 우러나온 값진 수정 의견도 제시해주었다.

그리고 오바마는 이슬람 성원에서 이렇게 말했다. "여러분은 무슬림 미국인으로서 극소수의 폭력 행위 때문에 공동체 전체가 비난받을까 봐 걱정합니다. (…) 여러분은 미국의 일부입니다. 무슬림이냐, 미국인이냐 둘 중 하나가 아닙니다. 여러분은 무슬림이면서 미국인입니다."

현장에서 연설을 들은 신도들은 "눈물이 쏟아질 것 같았어요. 대통령은 우리가 무슬림 미국인으로서 느끼는 모든 감정을 인정해주었습니다", "대통령이 꼭 나에게 말하는 것 같았어요"라고 말했다. 오바마가 그들의 목소리를 제대로 대변해낸 것이다.

사람들의 감정을 제대로 반영하는 말을 하고 싶은가? 당신이 말할 공동체에 속해 있는 이들의 이야기를 듣고 원고에 대한 피드백을 받으라.

**일상 속 아이디어 찾기**

오바마가 처음으로 호주를 국빈 방문했을 때였다. 나는 차 안에서 그가 호주군과 미군 부대 수천 명 앞에서 하게 될 연설을 마무리하고 있었다. 시작부터 강렬하게 관심을 끌 수 있는 말이 있으면 싶었는데, 영 떠오르지 않았다. 시간이 너무 촉박했다. 지푸라기라도 잡는 심정으로 내가 탄 직원 차량을 운전하는 중년의 호주인 기사에게 고민을 털어놓았다. 놀랍게도 그는 바로 이렇게 말했다.

"그거야 간단하지요. 오바마 대통령한테 이렇게 말하라고 하세요. 오지Aussie*! 오지! 오지!"

"그다음에는요?" 나는 그 말이 선뜻 이해되지 않아서 물었다.

"그러면 다들 오이Oi! 오이! 오이! 하고 외칠 겁니다."

"그게 무슨 뜻인데요?"

"설명하기가 좀 애매한데, 뭐 응원 구호 같은 거예요."

"만약 사람들이 오이! 오이! 오이!하고 외치지 않으면 어떡하죠?"

"믿어봐요, 친구. 분명 반응할 겁니다."

---

• 호주 현지에서 사용하는 '호주인'이라는 표현.

나는 고민하다가 결국 그 구호를 집어넣었고, 오바마는 호주 총리와 함께 격납고 안에 모인 군인 2천 명 앞에 서서 연설을 시작했다.

"아주 멋진 호주식 응원 구호가 있다고 들었습니다." 오바마는 곧장 그 구호를 외쳤다. "오지! 오지! 오지!"

곧바로 우렁찬 반응이 터져 나왔다. "오이! 오이! 오이!"

오바마는 웃음을 터뜨렸고 호주 총리는 미소 지었다. 이 화기애애한 순간은 전국으로 생중계되었다. 내게 조언해준 운전기사도 자신에게 미국 대통령의 연설문 작성을 도와줄 일이 생기리라고는 전혀 생각지 못했을 것이다.

발표 내용을 준비할 때는 누구에게든 아이디어를 구하라. 할머니의 추도사를 써야 하는가? 할머니와 매일 마주쳤던 이웃과 이야기를 나눠보라. 시의회에서 발언해야 하는가? 동네 슈퍼마켓 주인의 생각을 들어보라. 회사에서 업무 효율성을 높이는 방안에 대한 프레젠테이션을 준비 중인가? 안내 데스크 직원이나 건물 관리인에게 의견을 구해보라. 그들은 경영진이 미처 보지 못하는 부분을 누구보다 잘 알고 있을 것이다.

### 신선한 인용문 발굴하기

연설에 인용문을 적절히 활용하면 분위기를 띄우고 메시지를 더욱 특별하게 만들 수 있다. 오바마의 연설을 위해 인용문과 일화를 발굴하는 업무를 맡았던 보조 작가 수재나 제이컵은 "익숙한 인용문보다 예상 밖의 인용문이 더 좋습니다. 사람들을 놀라게 하고 생각하게 만드는 깊이가 있어야 해요"라고 말했다.

### 신선한 인용문 찾는 법

새로운 인용문을 찾을 때 챗봇을 활용하면 편리하다. 단, 구체적으로 요청해야 한다. 예를 들어 "마틴 루서 킹 주니어가 경제 정의의 중요성에 대해 언급한 인용문 20개를 출처와 함께 알려줘"라고 요청하는 것이다. 다만 챗봇이 알려준 인용문이 실제로 존재하는지, 출처가 분명한지는 확인해야 한다. 챗봇은 이따금 없는 말을 지어내기도 하므로 별도의 확인 절차가 필수다.

인종 평등을 다룬다고 해보자. 보통 사람들은 유명한 마틴 루서 킹 주니어의 "나에게는 꿈이 있습니다. 내 아이들이 피부색이 아니라 인격으로 사람을 평가하는 나라에서 살게 되는 꿈입니다"라는 말을 떠올릴 것이다. 인종 평등에 대해 역사적으로 가장 훌륭하게 표현한 문장이니 당연하다. 하지만 바로 그 이유에서 장점과 단점이 모두 존재한다. 거의 모든 사람이 아는 말이라 메시지를 직관적으로 전달할 수 있지만, 같은 이유에서 진부할 수 있다.

워싱턴 DC에 마틴 루서 킹 주니어 기념관이 개관할 때 헌정식 연설을 맡은 오바마도 같은 난관에 직면했다. 오바마는 "나에게는 꿈이 있습니다" 대신 킹 목사가 1967년 UN본부 밖에서 낭독했던 청원서 속 "평화가 없으면 정의가 없고, 정의가 없으면 평화도 없다"라는 구절을 선택했다. 그리고 "불편한 진실"이라고 덧붙였다.

잘 알려진 문장을 아예 사용하지 말라는 뜻이 아니다. 다만 사람들이 같은 명언을 이미 수도 없이 들었다는 사실을 염두에 두라는 뜻이다. 흔하고 뻔한 명언은 당신의 이야기를 빛낼 기회를 빼앗는다.

### 묘사할 수 있는 디테일에 주목하기

"말하지 말고 보여주어라"는 글쓰기뿐만 아니라 말하기에도 적용되는 황금 법칙이다. 훌륭한 연사는 단순히 정보를 전달하는 데 그치지 않고 그림을 그리듯이 사람과 장소, 사물을 생생하게 묘사한다. 백악관 연설문 작성팀의 일원이었던 스티븐 크루핀은 말했다. "작은 디테일을 보고 듣고 느낄 수 있으면 더 큰 이야기를 전달하는 데 도움이 됩니다. 말을 잘하고 싶다면 이 점을 명심해야 합니다."

오바마는 디테일에 주목하는 말하기를 잘했다. 그는 미군의 베트남 참전 50주년 연설에서 유가족을 향해 "여러분은 그들을 사랑했습니다"라고 상투적인 위로의 말을 건넬 수도 있었다. 그러나 그는 유가족이 추모비 앞에 남겨둔 기념품들을 묘사하는 방법을 택했다. "어렸을 때 휘둘렀던 야구방망이, 결혼반지, 한 번도 만나보지 못한 손자의 사진, 진흙이 그대로 묻어 있는 군화, 여전히 빛나는 훈장."

연설에 감동과 여운을 담고 싶다면 전달하려는 메시지나 기리고자 하는 인물 혹은 말하고 싶은 내용을 생생하게 떠오르게 하는 것이 무엇인지 찾아라. 디테일의 차이가 성공적인 연설을 만든다.

### 마음을 울리는 이야기 찾기

마음을 움직이는 이야기를 이용하면 당신의 말은 더욱 강력해진다. 어떤 이야기가 사람들의 마음을 울릴지 판별할 수 있을까? 답은 간단하다. 자신에게서 찾으면 된다. 당신이 듣고 감동하거나 놀라움을 느끼는 이야기라면 다른 사람의 마음도 움직일 수 있다.

대통령 연설비서관으로 승진하기 전 수석 조사원으로 일하던 시절

카일 오코너가 찾아낸 놀라운 이야기를 소개할까 한다. 2011년 애리조나주 투손에서 총기 난사 사건이 발생해 여섯 명이 목숨을 잃고 열세 명이 부상을 입었다. 오바마 대통령의 추모 연설에 앞서 카일은 희생자 한 명 한 명을 철저히 조사했고, 그중 아홉 살 소녀인 크리스티나테일러 그린이 2001년 9월 11일에 태어났다는 사실을 발견했다. 세계무역센터 쌍둥이 건물이 비행기 테러로 무너진 바로 그날이었다. 9·11 테러 당일 태어난 아기들에 관한 책도 찾았는데, 놀랍게도 그 책에 크리스티나가 등장했다. 저자는 책에 크리스티나의 사진과 함께 자신의 바람을 적어놓았다. "빗물 고인 웅덩이에서 즐겁게 뛰놀기를."

카일은 그 순간을 떠올리며 말했다. "보는 순간 바로 알았어요. 이거다." 며칠 후 열린 추모식에서 오바마는 크리스티나의 이야기를 전했다. 그의 연설에서 그렇게 감동적인 순간은 없었다. 북받쳐 오르는 감정을 다잡으려 잠시 말을 멈추어야 할 정도였다. 그러고 나서 자신의 바람을 덧붙였다. "만약 천국에 빗물 고인 웅덩이가 있다면 크리스티나는 지금 그 웅덩이에서 뛰어놀고 있을 겁니다."

크리스티나의 이야기는 비극의 무게를 고스란히 전달하면서도 아이들에게 더 안전한 세상을 만들어야 한다는 더 큰 메시지를 말할 수 있게 해주었다.

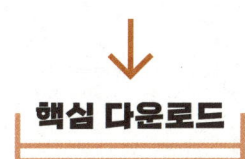

## 핵심 다운로드

발표나 프레젠테이션을 앞두고 있다면 50-25-25 법칙에 따라 준비 시간의 50퍼센트는 말할 내용을 구상하고 조사하는 데 사용한다. 처음 50퍼센트의 시간 동안 해야 할 일은 다음과 같다.

- 💬 **행사의 전반적인 정보를 파악하라.** 무엇을 위한 행사이고 어떤 청중이 참석하는지 관련 정보를 사전에 완벽하게 파악해야 한다. 그 무엇도 당연하게 여기지 말고 질문을 많이 하라.
- 💬 **핵심 메시지를 깊이 생각하라.** 말하고 싶은 내용을 충분히 고민하고 사람들과 상의도 해보자. 어떤 이야기를 전달하고 싶은지 확실하게 알아야 한다. 그 메시지를 10단어 이하로 압축한다.
- 💬 **철저하게 조사하라.** 말할 주제에 대해 최대한 많은 정보를 수집하라. 과거 같은 주제로 다른 사람들이 한 발언을 찾아보고 가족, 친구, 동료의 의견을 들어라. 마음을 움직이는 이야기를 찾아라.

자, 이제 본격적으로 원고를 써보자. 좋은 시작을 하려면 당연히 연설의 도입부가 매력적이어야 한다.

2부

# 무조건 통하는 말하기의 구조

## 5장 | 첫마디로 사로잡아라

> 세상에는 되돌릴 수 없는 것이 두 가지 있다.
> 바로 시간과 첫인상이다.
>
> – 신시아 오직 Cynthia Ozick (작가)

발표할 때 말할 내용을 미리 작성하거나 원고에 적힌 그대로 읽지 말라고 조언하는 스피치 코치들이 종종 있다. 하지만 내가 보기에는 최악의 조언이다. 물론 상황에 따라 다르긴 하다. 가령 가족이나 친구들과 함께하는 자리에서 개인적인 이야기를 할 때는 대본을 그대로 읽기보다 자연스럽게 말하는 편이 더 낫다. 이럴 때는 이야기의 흐름을 되새길 수 있는 개요나 키워드, 짧은 문장 몇 개만으로도 충분하다.

이와 같은 상황을 제외하고는 대개 말할 내용을 단어 하나하나까지 철저하고 완전하게 작성하기를 강력히 권한다. 즉흥적으로 말하려다가 예상치 못한 상황을 맞닥뜨릴 수 있기 때문이다. 오바마가 젊은 시절 시카고에서 커뮤니티 조직자로 활동하던 시절에 발표 도중 갑자기 얼어버렸던 것처럼 말이다.

오바마는 종종 그날을 떠올리며 웃곤 했다. "내용을 반드시 글로 써둬야 해. 원고를 그대로 읽으면 카리스마가 없어 보일까 봐 걱정되기도 하지. 하지만 도중에 내용을 까먹더라도 최소한 계속 읽을 수는 있잖아. 절대 얼어붙을 일은 없지!"

한편 글로 써보지 않으면 말하려는 내용을 깊이 생각하기 어렵기도 하다. 생각을 떠올리고 머릿속에서 이리저리 굴려보더라도 글로 옮기지 않는 한 논리의 강점과 약점을 발견하고 부족한 부분을 채울 기회를 만나기는 어렵다. 이는 AI로 원고를 써서는 안 되는 이유이기도 하다.

원고 작성은 청중에 대한 존중의 표현이기도 하다. 청중은 최고의 발표를 들을 자격이 있다. 내 친구 중 하나는 가족 식사 자리에서 하는 건배사도 미리 써둔다. 개요를 짜고 원고를 쓰고 수정하고 연습한 뒤, 실전에서는 원고 없이 최선을 다해 전달한다. 그러면 즉흥적으로 말하는 것보다 훨씬 완성도가 높아진다. 이렇게 탄생하는 건배사는 가족 모두에게 소중한 선물이 된다.

조직의 리더라면 연설문 작성 과정을 통해 구성원들을 특정한 방향으로 이끌 수도 있다. 대통령의 연설문을 쓸 때 국민뿐만 아니라 400만 명이 넘는 연방 정부 소속 공무원과 군인까지 청중으로 고려하는 이유도 같다. 모두가 대통령의 정책을 이해하고 같은 방향으로 나아가기 위함이다. 조직을 이끄는 리더라면 연설을 준비할 때 반드시 원고를 작성해서 모든 구성원에게 당신이 전달하고자 하는 메시지를 정확하게 전달해야 한다.

게다가 연설문을 작성하면 어려운 결정을 내릴 때도 도움이 된다. 이를테면 2010년에 아프가니스탄 주둔 미군 사령관이었던 스탠리 매크리스털 장군이 기자 앞에서 오바마 행정부 인사들을 강도 높게 비판했을 때였다. 무례하고 하극상에 가까운 발언이 언론에 대대적으로 보도되었기에 좌시하고 넘어갈 수 없었다. 오바마는 대응 방안을 고민하면서 연설문 작성팀에 두 가지 초안을 요청했다. 하나는 매크리스털 장군을 해임하는 연설문, 다른 하나는 유임하는 연설문이었다. 두 가지 선택지를 글로 정리하자 각각의 논지가 명확해졌고, 오바마는 그로 인해 결정을 내릴 수 있었다. 다음 날 그는 매크리스털의 경질을 발표했다.

## 원고를 쓰기 전 알아야 할 글의 구조

원고를 쓰는 일은 매우 지난하다. 오바마 대통령의 연설문을 쓰는 일은 더더욱 그랬다. 한번은 그가 보좌관에게 이렇게 말했다고 한다. "내 연설비서관들보다 내가 연설문을 더 잘 써." 이 말을 전해 듣고 마음이 편하지 않았지만 반박할 수 없는 사실이었다. 대중에게서 반응이 좋았던 연설문은 오바마가 직접 쓴 경우가 많다.

글쓰기는 왜 그렇게 어려울까? 이는 단순히 기술적인 문제만은 아니다. 글을 쓸 때는 앞에서 살펴본 본질적인 질문과 대면해야 하기 때문이다. 나는 누구이고 무엇을 믿는가? 듣기만 해도 거창한 질문이라 답을 하기가 쉽지 않다. 하지만 바로 이것이 핵심이다. 흔히 말하는 "작가의 벽"은 글을 쓸 수 없는 상태가 아니라 자기 의심에 빠진 상태다. 내가 이런 말을 할 자격이 있을까? 내게 이 일을 해낼 수 있는 능력이 있을까? 우리는 글을 쓰는 중에도 끊임없이 의심의 목소리에 시달린다.

오바마의 첫 번째 임기 동안 수석 연설비서관을 맡은 존 패브로는 당시를 이렇게 회상했다. "이틀에 한 번씩 머리를 쥐어뜯었죠." 오바마의 두 번째 임기에 수석 연설비서관이었던 코디 키넌은 압박감에 시달리다가 고혈압으로 병원 신세를 졌다. 나 역시도 극심한 스트레스로 편두통에 시달린 나머지, 사무실의 불을 끄고 바닥에 쓰러져 누워 있곤 했다. 극심한 자기 의심에 시달린 나머지 심리상담을 받은 동료도 있었다. 역대 백악관 연설비서관 중에서 얼마 안 되는 유색 인종이었던 사라다 페리는 다른 사람들과 똑같은 실수를 해도 더 큰 문제가 될까 봐 늘 불안감에 시달렸다. "정말 무서웠어요. 누군가가 '넌 백인 남자가 아니니까 이 일을 제대로 해내지 못할 거야'라고 생각할까 봐 두려웠죠."

하지만 당시에는 우리 모두가 불안과 씨름하느라 동료들도 모두 같은 상황이라는 사실은 미처 깨닫지 못했던 것 같다. 카일 오코너는 이렇게 말했다. "도움을 요청하는 것 자체가 제 무능을 인정하는 것처럼 느껴졌죠."

이렇게 극심한 어려움을 겪고 있다면 억지로 스스로를 몰아붙여 글을 쓰기보다는 잠시 뇌를 쉬게 하는 것이 좋다. 다음에 소개하는 방법을 이용하면 잠시 한숨 돌리면서 새로운 아이디어를 떠올리는 데 도움이 될 것이다.

- **음악 듣기**: 음악 감상은 수동적인 행위처럼 보여도 실은 매우 적극적인 활동이다. 집중하고 있던 과제에서 잠시 주의를 돌리고 여유를 되찾을 수 있다.

- **몸 움직이기**: 산책이나 달리기 혹은 운동이 도움이 된다. 실제로 나는 러닝머신 위에서 멋진 아이디어를 떠올린 적이 많다.
- **낮잠 또는 잠자기**: 자는 동안에도 뇌는 계속 움직인다. 자고 일어났을 때 전날 밤 고심했던 문장이 완성되어 있을 때도 많다.
- **샤워하기**: 물을 맞으면서 생각이 자연스럽게 흘러가도록 내버려두면 새로운 생각이 떠오르기도 한다. 전문가들은 이를 "샤워 효과"라고 부른다.

백악관에서 일한 지 2년째 되었을 무렵, 대통령의 인도 의회 연설을 준비하는 내게 한 백악관 직원이 농담처럼 말했다. "걱정하지 마세요. 이번 연설을 볼 사람은 고작 10억 명뿐이니까."

도저히 웃음이 나오지 않았다. 전혀 도움도 되지 않았다. 내가 하는 일에 얼마나 어마어마한 책임이 뒤따르는지 갑자기 실감이 나면서 내가 과연 그 일을 해낼 수 있을지 의심이 밀려왔다. 아무것도 할 수 없었다. 어디에서 시작해야 할지, 어떤 내용을 넣어야 할지, 어떻게 끝내야 할지조차 알 수 없었다. 한 글자도 쓰지 못한 채 자료 조사의 늪에 빠져 허우적거렸다. 며칠이 지나도 원고는 백지였다.

그때 내 생애 처음이자 마지막으로 공황발작을 겪었다. 퇴근했는데 숨이 잘 쉬어지지 않았다. 온몸에 소름이 돋았고 금방이라도 가슴이 터질 것만 같았다. "내가 왜 이러지?" 나는 아내 메리에게 절박하게 외쳤다. 아내는 내가 정신적으로 완전히 지쳐 잠들 때까지 옆에서 조용히 이마를 쓰다듬어주었다.

며칠 후 나는 어떻게든 초안을 완성했다. 실패에 대한 두려움 때문에 가능했던 것 같다. 대통령이 내 작업물에 만족하지 않는 일만큼은 무슨

수를 써서라도 피해야 했다. 그리고 무엇보다 중요한 사실을 떠올리자 글쓰기가 한결 수월해졌다.

즉, 발표는 언제나 세 부분으로 이루어진다는 점이다. 바로 시작, 중간, 끝이다. 오바마를 비롯해서 선거운동 때부터 그와 함께해온 연설문 작가들은 늘 이렇게 말했다. 연설에 명확한 구조와 서사적 흐름이 필요하는 의미였다. 이야기처럼 말이다. 우리가 학교에서 배우는 기본적인 이야기 구성 요소가 말하기에도 적용되는 것이다. 배경, 등장인물, 갈등, 전환점, 클라이맥스, 결말 같은 것 말이다. 이 요소들은 발표나 연설을 이루는 세 부분, 즉 시작, 중간, 끝에 자연스럽게 끼워넣을 수 있다.

이 사실을 떠올리자 연설문에 대한 엄청난 부담감이 크게 줄어들었다. 나는 연설을 다음과 같이 나누었다.

- **시작**: 배경을 설정하고 주요 인물을 소개한다.
  → 인도와 미국의 우호 및 동반 관계를 설명한다.
- **중간**: 문제를 제기한다.
  → 우리가 직면한 문제와 이를 해결하기 위한 협력 방안을 제시한다.
- **끝**: 해결책과 결론을 제시하며 끝맺는다.
  → 인도와 미국의 협력이 어떻게 두 나라뿐만 아니라 세계의 평등과 번영, 안전에 도움이 되는지 강조한다.

구조를 정리하자 글쓰기가 막막하게 느껴지지 않았다. 연설이 어디로 향해야 하는지 명확해졌기 때문이다. 원고는 4천 단어가 넘는 분량이었지만 기본적으로는 시작, 중간, 끝의 세 부분으로 이루어졌다. 그로부터 몇 주 후, 오바마 대통령은 뉴델리의 인도 의회에서 10억 명의 인도 국민에게 성공적인 연설을 했다.

## 좋은 첫인상을 만드는 검증된 비법

시작부터 '이 사람의 이야기는 지루하겠구나' 하는 생각이 들 때가 있다. 예를 들어 고등학교 졸업식에서 〈위풍당당 행진곡〉이 울려 퍼지고 졸업생들이 입장할 때를 떠올려보자. 설렘과 흥분감이 가득한 가운데 진행자가 마이크를 잡고 이렇게 말을 시작한다.

"스미스 교장 선생님, 존슨 교감 선생님, 존스 교무 부장님, 가르시아 수학 부장 선생님, 밀러 영어 부장 선생님, 데이비스 교육감님, 로드리게스 부교육감님, 앤더슨, 에르난데스, 응우옌 교육위원님들께 감사드립니다. 이 자리를 빛내주신 귀빈 여러분께도 감사 인사를 전합니다. 토마스 시장님, 테일러 부시장님, 무어, 잭슨, 마틴 시의원님들. 또 우리 지역의 후원자 여러분도 함께하고 계십니다. 상공회의소 회장 캐서린 화이트, 로터리클럽 회장 마이클 해리스, 여성유권자연맹 회장 올리비아 클라크…."

이제 막 시작했을 뿐인데 벌써 시계를 보고 싶어질 것이다. 한참 뒤에 본격적으로 식이 시작되면 '드디어 끝났구나' 하는 안도감이 몰려들지도 모른다.

분명히 밝히건대 감사의 말로 시작하는 것은 단연코 최악의 방법이다. 분위기가 완전히 망가진다. 듣는 사람들에게는 고문에 가깝다. 한때 오바마 대통령도 자리에 참석한 국회의원의 이름을 전부 나열하며 연설을 시작한 적이 있다. 그러자 연설을 생중계하던 CNN은 중간에 끊어버렸다. 그렇게 해도 달리 할 말이 없었음은 물론이다.

발표의 모든 부분에는 목적이 있다. 그중에서도 시작 부분의 목적은 듣는 사람과 감정적인 연결고리를 만드는 것, 즉 좋은 첫인상을 주는 것이다. 과연 어떤 말로 시작하는 것이 가장 좋을까?

처음부터 강한 인상을 주어야 한다는 중압감에 첫마디를 떼기도 어렵게 느껴질 때가 있다. 하지만 연단에서 말하는 행위도 기본적으로는 대화와 비슷하다. 청중이 많든 적든 마찬가지다. 도무지 첫 마디를 고르기 어렵다면 아래의 조언을 참고해보라.

### 인사 건네기

인사는 간단하지만 효과는 매우 강력하다. 그 자체로 친절한 행동이며 우호적인 인상을 주기 때문이다. 대면, 전화, 화상 회의 등 모든 형태의 소통에서 언제나 통한다. 게다가 문화까지 초월해 효과를 발휘한다. 추도사도 예외가 아니다. "안녕하세요"에는 보편적인 힘이 있다.

듀크대학교에서 수행된 연구에 따르면 "안녕하세요"라고 인사하는 것만으로도 청중이 연사를 신뢰할 수 있는 사람으로 인식한다. "안녕하세요"라는 말은 사람들에게 '나는 당신의 친구입니다. 나를 믿어도 됩니다'라는 메시지를 보낸다.

다른 조직의 구성원들 앞이나 낯선 지역에서 말할 때는 청중을 직접 호명하며 애정 어린 인사를 건네보라. 그것만으로도 곧바로 교감이 이루어진다. 생각해보라. 콘서트에서 가수들이 가장 먼저 하는 말이 무엇인가? "안녕, 로스앤젤레스!" 오바마도 늘 이런 식으로 말을 시작하곤 했다. "안녕하세요, 런던 시민 여러분!" 회의나 콘퍼런스, 기업 행사 등에서도 마찬가지다. "안녕하세요, 미국 간호사 협회 여러분!", "안녕하세요, 철강 노조 여러분!", "안녕하세요, 애플 임직원 여러분!"

오바마가 호주 연설에서 그랬듯, 당신을 초청한 조직에서 자주 사용하는 응원 구호를 써보는 것도 좋다. 플로리다대학교에 연사로 초청받았다면 "고 게이터스 Go Gaters!"*라고 외치는 식이다. 아마 몇 마디 하지도 않았는데 즉각적인 연결이 이루어져 환호성이 주변을 가득 채울 것이다.

### 현지 언어 사용하기

청중이 다른 나라 사람들이거나 혹은 외국에서 이야기해야 할 일이 생긴다면 오바마가 자주 사용하는 방법을 참고해보는 것도 좋다. 오바마는 해외에서 연설할 때면 환한 미소를 지으며 청중에게 익숙한 언어로 인사를 건넸다. 똑같이 "안녕하세요"라는 인사를 해도, 멕시코에서는 "올라 Hola!" 케냐에서는 "하바리 제누 Habari Zenu!"라고 하는 식이다.

물론 오바마가 항상 외국어를 정확하게 발음한 것은 아니다. 때로는 어색하게 발음하고는 자신이 제대로 말했는지 청중에게 질문을 던지기도 했다. 그러면 사람들은 그 태도에서 느껴지는 인간적인 면모에 더 열광적으로 반응했다. 현지 언어로 인사하는 것은 의례적인 태도가 아

---

• 악어가 마스코트인 플로리다대학교의 응원 구호.

니라, 오바마와 연설문 작성팀이 의도적으로 선택한 말하기 전략이었다. 듣는 사람들의 언어를 쓰는 것은 존중을 표현하는 최고의 방법이기 때문이다.

### 발언하는 이유 또는 자격 소개하기

공청회 같은 자리에서 말할 때처럼 사람들이 당신이 누구인지 모를 때도 있을 것이다. 또는 당신을 소개해줄 사람이 없을 때도 있을 것이다. 그렇다면 직접 자기소개를 해야 한다. 따분하게 느껴질 수도 있지만 자기소개는 즉각 신뢰를 줄 수 있는 효과적인 방법이다. 게다가 당신이 원하는 방식으로 스스로를 소개할 수 있으니 얼마나 좋은가.

일례로 페이스북이 혐오와 폭력을 조장하며 잘못된 정보를 퍼트리고 있다는 사실을 고발한 프랜시스 하우젠 Frances Haugen은 미 의회가 개최한 청문회에서 증언을 시작하며 이렇게 말했다.

> 제 이름은 프랜시스 하우젠입니다. 저는 페이스북에서 일했습니다. 제가 페이스북에 입사한 이유는 페이스북이 사람들에게서 긍정적인 면을 끌어내는 힘이 있는 기업이라고 믿었기 때문이었습니다. 하지만 제가 오늘 이 자리에서 증언하는 이유는 페이스북이 아이들에게 해를 가하고 분열을 조장하며 민주주의를 무너뜨린다고 믿기 때문입니다.

프랜시스는 단 네 문장만으로 자신이 누구인지, 청중이 왜 자기 말에 귀를 기울여야 하는지, 자신이 왜 이 자리에 서 있는지를 분명하게 밝혔다. 약 2천 년 전에 아리

> 페이스북 고발
> 미국 의회
> 청문회 스피치
> 프랜시스 하우젠
> 2021

스토텔레스는 이것을 에토스ethos라고 불렀다. 에토스는 '성격' 또는 '관습'이라는 의미의 고대 그리스어로, 수사학에서는 연사가 자신의 인격이나 권위를 바탕으로 청중을 설득하는 것을 말한다. 아리스토텔레스는 에토스를 수사학의 세 가지 요소 중 하나로 꼽을 정도로 중요하게 여겼다.

대통령들도 권위라는 에토스를 사용한다. 대통령이 군사 작전을 발표할 때 "대통령이자 최고사령관으로서" 같은 식으로 말하는 이유가 그 때문이다. 국민들은 이미 그가 대통령이자 최고사령관이라는 사실을 알고 있는 데 왜 굳이 언급할까? 자신의 권위를 상기시키고 자신의 말과 행동이 신뢰할 만하다고 설득하기 위함이다.

우리는 "이 지역에서 평생을 살아온 사람으로서"라든가 "이 조직에서 오랫동안 근무한 직원으로서" 혹은 "청정에너지를 추구하는 기업의 CEO로서" 같은 방식으로 사용할 수 있다.

### 강렬한 문장으로 시작하기

훌륭한 작품은 첫 문장으로 우리를 사로잡고 호기심을 자극한다. 문학이나 영화, 노래에서도 마찬가지다.

> 최고의 시대이자 최악의 시대였다. ─ 찰스 디킨스, 『두 도시 이야기』
> 그들은 먼저 백인 여자를 쐈다. ─ 토니 모리슨, 『파라다이스』
> 옛날 옛적 머나먼 은하계에… ─ 영화 《스타워즈》 시리즈 도입부

말할 때도 마찬가지다. 오바마는 2008년 대선 레이스의 1차 관문인

아이오와주 당원대회에서 승리했을 때 연단에 올라 단 일곱 마디로 승리의 순간을 압축했다. "그들은 이런 날이 오지 않을 거라고 말했습니다." 오바마의 선거운동 초기에 연설문 작가로 일한 애덤 프랭클은 이 한 문장에 오바마의 핵심 메시지가 담겨 있다고 말한다. "좋은 연설은 반드시 그 순간을 반영해야 합니다. 그 문장은 당시 대선과 미국 사회의 가장 큰 이슈였던 인종 문제를 건드리면서도 희망과 이상주의를 담고 있었죠."

또 다른 예를 보자. 2011년 오사마 빈 라덴을 제거하는 넵튠 스피어 작전이 성공으로 끝난 뒤 오바마는 그 사실을 발표하면서 이렇게 서두를 뗐다. "오늘 밤, 드디어 저는 미국 국민과 전 세계에 이렇게 보고할 수 있습니다. 미국이 작전을 수행해 알카에다의 지도자 오사마 빈 라덴을 제거했습니다."

그 순간을 짧고 강렬한 문장으로 압축할 수 있다면 망설이지 말고 서두에 활용하라. 하지만 완벽한 첫 문장을 찾으려고 너무 많은 시간을 쓰는 것은 추천하지 않는다. 나는 그동안 수많은 연사와 연설문 작성자들이 역사에 길이길이 남을 만한 끝내주는 첫 문장을 만들겠다며 머리를 쥐어뜯는 모습을 많이 보았지만, 그만한 결과를 내는 경우는 드물었다.

게다가 문장 하나가 좋다고 발언의 모든 부분이 훌륭하다고 단정할 수도 없다. 발표나 스피치는 결국 이야기다. 강력한 한마디를 만드는 데만 집착한다면 거꾸로 된 접근법이다. 많은 사람들이 오바마 하면 떠올리는 문장은 "Yes, we can!"이다. 하지만 그의 연설은 이 한마디로 구성되지 않았다. 백악관 집무실에서 회의할 때 우리가 기발한 문장을 만드는 데 지나치게 집중하고 있으면 오바마는 이렇게 말했다. "문장에 집착하지 마. 이야기를 제대로 만드는 게 먼저야. 그러면 문장은 자연스럽게 따라오게 되어 있어."

### 본론부터 시작하기

9·11 테러 이후 10여 년이 지난 어느 날, 오바마 대통령은 뉴욕에서 열린 9·11 추모 박물관 헌정식에서 생존자와 유가족을 만났다. 그는 연단에 올라 사람들을 바라보며 그 자리의 모두를 그날 아침의 참혹한 순간으로 데려갔다.

> 남쪽 타워가 공격당한 후, 일부 부상자들은 78층의 잔해 속에 몸을 웅크리고 있었습니다. 불길이 빠르게 번지고 있었고 공기 중에는 연기가 자욱했습니다. 사방이 어두워 제대로 보이지도 않았습니다. 출구가 전혀 없는 듯한 상황이었습니다.

오바마는 장황한 서론 없이 곧바로 그날의 이야기를 시작했다. 그것도 비행기가 건물을 직격하는 처음부터가 아니라, 이미 건물이 무너지기 시작해 한창 사건이 진행 중인 순간에서 시작했다. 이렇게 사건의 도입부가 아닌 한가운데에서 시작하는 기법을 라틴어로 '인 메디아스 레스in medias res'라고 하는데 '사건들의 한가운데서'라는 뜻이다. 이 방법을 사용하면 청중을 단숨에 끌어당길 수 있다. 게다가 그는 테러 당시의 끔찍한 순간을 단순히 나열하는 대신 단 하나의 이야기에 집중했다. 붉은 반다나를 두른 청년 웰스 크라우더Welles Crowther가 남쪽 타워의 사람들을 구하고 숨을 거둔 일화다. 오바마는 그의 용기와 희생이야말로 "진정한 9·11 정신"이라고 말했다.

발언의 서두에 쓸 이야기를 골랐다면 질문을 던져보자. '이 이야기에서 가장 강렬한 순간은 언제일까?' 사람들은 즉각 귀를 기울이고 눈을 반짝일 것이다. 그다음에 어떤 일이 벌어질지 궁금하기 때문이다.

### 성경 인용하기

행사의 성격과 청중의 특징에 따라 성경 구절을 인용하는 것도 좋은 방법이다. 특히 비극과 상실의 순간에 효과적이다. 연사의 말에 깊고 신성한 차원의 의미를 부여할 수 있기 때문이다.

2014년 텍사스주 포트 후드 군기지에서 총기 난사 사건이 일어나 군인 세 명이 목숨을 잃고 열 명 이상이 부상을 당했다. 사흘 뒤 열린 추모식에서 오바마 대통령은 성경 구절을 인용하며 추모 연설을 시작했다. "사랑은 모든 것을 참고, 모든 것을 믿으며, 모든 것을 바라며, 모든 것을 견딥니다. 사랑은 끝이 없습니다."

다만 성경을 인용할 때는 신중해야 한다. 세상에는 다양한 사람들이 존재한다. 미국인의 36퍼센트는 기독교인이 아니며, 그중 약 30퍼센트는 종교 자체를 믿지 않는다. 유교, 이슬람교, 힌두교를 믿는 사람들 성경 구절을 듣고 감동하리라 기대하기는 어려운 노릇이다.

### 행사의 의의를 강조하는 감사 인사로 시작하기

감사 인사를 아예 하지 말라고 조언하는 전문가도 있지만, 내 생각에는 말도 안 되는 방식이다. 나를 초대한 사람들과 행사 주최자 그리고 청중에 대한 감사 표현은 기본적인 예의다. 존중과 감사의 표현이자 신뢰와 유대감을 형성하는 데도 도움이 된다. 반드시 주최 측과 청중에게 감사의 말을 전하자.

우리가 주의해야 할 것은 감사를 표현하는 방식이다. 감사 인사는 가급적 발언 중간이나 뒷부분에 짧게 넣되, 어쩔 수 없이 감사 인사로 시작해야 한다면 행사의 메시지를 강화하는 기회로 활용하는 것이 바람직하다. 단순히 감사하는 대상의 이름을 나열하는 대신 그들이 하는 일을 찬미해보라. 마음을 담아 표현하면 듣는 이들도 자연스럽게 집중한다. 이 방법을 사용하면 앞서 소개했던 지루하기 짝이 없는 졸업식 연설 속 감사 인사를 이렇게 바꿀 수 있다.

> 안녕하세요, 사랑하는 졸업생 여러분! 4년 동안의 노력이 열매를 맺은 오늘을 축하합니다! 오늘은 여러분이 인생의 중요한 지점에 이를 수 있도록 도와준 모든 분에게 감사하는 날이기도 합니다. 스미스 교장 선생님, 졸업생들을 이끌어주신 모든 선생님과 직원 여러분께 감사드립니다! 토머스 시장님, 데이비스 교육감님을 비롯해 졸업생들을 지원해주신 모든 지도자들께도 감사드립니다! 그리고 지역사회의 모든 이웃들, 무엇보다도 졸업생들을 곁에서 늘 응원해준 가족과 친구들에게 깊은 감사를 전합니다!

이름을 언급하며 감사 인사를 할 때 기억해야 할 원칙이 두 가지 있다. 첫째, 시대에 뒤떨어진 성별 고정관념을 무심코 반복하지 않도록 주의하라. 이를테면 실제로 한 일과 관계없이 그저 기계적으로 여성에게는 "헌신적이다", "열정적이다", "공감 능력이 뛰어나다"와 같은 표현을 쓰고, 남성에게는 "자신감 있다", "결단력 있다", "강인하다"와 같은 표현을 쓰는 것이다. 그 어떤 미덕이나 자질도 한 성별만 가질 수 있는 것은 아니며, 자칫 잘못했다가는 감사를 표하고도 좋지 못한 반응을 얻을 수 있다.

둘째, 상대방이 원하는 호칭을 미리 확인해두라. 이는 공개석상에서 호명할 때의 예의다. 어떤 직책으로 소개되기를 원하는지 알아두라.

### 사람들이 좋아하는 대상 격찬하기

내 이야기를 듣는 사람들과 즉각적인 연결고리를 만들고 싶을 때는 상대가 좋아하는 것을 함께 찬양하는 방법도 효과적이다. 나는 이 방법을 '3F 법칙'이라고 부르는데, 여기서 3F는 최초 First, 음식 Food, 팬심 Fan 이다. 청중이 사랑하는 대상에 대한 존중을 보여주면 매우 호의적인 반응이 돌아온다.

- **최초**: 청중이 자랑스럽게 여기는 역사적인 "최초"의 순간이 있는가? 오바마는 뉴올리언스 지역을 방문했을 때, 미국에서 최초로 노숙 재향군인 문제 해결에 큰 진전을 이룬 도시라는 점을 언급했다. 사람들은 자부심을 느끼며 환호를 보냈다.
- **음식**: 지역의 대표 음식을 칭찬하며 이야기를 시작해도 좋다. 오바마는 멕시코인들의 축제일인 싱코 데 마요 Cinco de Mayo를 기념하는 백악관 행사에서 멕시코계 미국인들의 업적을 기념하는 연설을 했다. 그가 앞에 놓인 타코와 추로스, 마가리타를 보니 신이 난다고 하자 청중 속에서 누군가 "테킬라도요!"라고 외쳤다.

- **팬심**: 청중이 응원하는 스포츠팀이 있는가? 오바마는 샌프란시스코에서 열린 행사에서 샌프란시스코가 연고지인 농구팀을 언급했다. "여러분의 NBA 챔피언, 골든스테이트 워리어스를 응원합니다!"라고 말하자 열렬한 환호가 돌아왔다.

### 충격적인 사실로 열기

2022년 백악관 리셉션에서 바이든 대통령이 연설을 마친 후 청중과 악수를 나누던 중이었다. 한 여성이 그를 똑바로 바라보며 불쑥 말했다. "저는 미국 시민입니다. 그런데 제 어머니는 강제수용소에 계십니다." 바이든은 그 즉시 걸음을 멈추고 여성의 사연을 들었다.

그 여성의 이름은 지바 무라트Ziba Murat로, 중국에서 탄압받는 위구르족 출신의 미국인이었다. 지바의 가족은 수백만 명의 위구르족과 마찬가지로 강제수용소에 갇힌 상태였다. 지바는 강렬한 두 문장으로 대통령의 주의를 끌었다.

이처럼 예상치 못한 놀라운 말로 서두를 시작하면 청중의 관심을 모을 수 있다. 충격적인 사실이나 숫자를 폭로하는 방식도 좋다. 경제적 불평등 문제를 다룰 때는 다음과 같은 불편한 현실을 꼬집으며 서두를 여는 식이다. "미국인의 3분의 1 이상이 400달러의 긴급 지출을 감당할 저축이 없습니다."

저렴한 가격으로 음식을 판매하는 식당을 창업하기 위해 투자자를 모집하려 하는가? 그럼 이렇게 시작해보라. "매일 밤, 지구에서 가장 부유한 나라 미국에서 수백만 명의 어린이가 굶주린 배를 움켜쥐고 잠자리에 듭니다."

총기로 인한 위험과 폭력 사건을 비판한다면 다음과 같은 서두가 효과적이다. "지난 50년 동안 총기로 인해 사망한 미국인의 숫자는 미국 역사상 모든 전쟁에서 희생된 사람들의 숫자를 합친 것보다 많습니다."

기본적으로 통계 자료를 이용해 사람들의 생각을 바꾸는 일은 불가능에 가깝다(이에 대해서는 8장에서 자세히 다룰 것이다). 하지만 통계에서 인상적인 부분을 뽑아 도입부에 적절히 배치하면 사람들의 관심을 확실하게 끌어당길 수 있다.

## 섣불리 청중을 웃기려 하지 말라

유머를 사용하면 경직된 분위기를 부드럽게 풀고 바로 청중과 공감대를 형성할 수 있어서 농담으로 서두를 시작하라고 조언하는 전문가도 있다. 하지만 내 생각은 다르다.

물론 농담은 제대로 사용하면 이야기의 요점을 강조하는 데 도움이 된다. 오바마가 2011년 연두교서*에서 복잡한 행정 조직으로 인한 정책 실현의 어려움을 꼬집었을 때처럼 말이다. 그는 이렇게 농담했다. "연어가 민물에 있을 때는 내무부 담당이지만, 바닷물에 있을 때는 상무부 담당입니다. 그런데 연어가 훈제되면 문제가 복잡해진다고 하더군요."

---

• 미국 대통령이 매년 초 연방의회에서 발표하는 공식 연설.

이쯤이면 아주 성공적인 농담이다. 하지만 당신은 대통령이 아니고 연설문을 써주는 전담 작가가 있는 것도 아니다. 무엇보다 아무도 당신에게 그 정도 수준을 기대하지 않는다. 그러므로 발표할 때 재치 있는 한마디로 시작해야 한다는 중압감에 시달릴 필요는 전혀 없다. 다들 아는 뻔한 농담을 반복해서 시간을 낭비하는 일도 피해야 한다. "신부, 랍비, 목사가 술집에 들어갔는데"* 와 같은 고전적인 농담 말이다.

역대 미국 대통령 중에 로널드 레이건 대통령은 유머를 아주 잘 사용한 연사로 손꼽힌다. 레이건 대통령은 이야기를 점층적으로 쌓아가다가 마지막에 결정적인 문장으로 웃음을 터트리게 만들곤 했다. 하지만 그가 정치인이 되기 전에는 여러 코미디 영화에도 출연했던 배우였으며 농담을 수첩에 적어두고 오랜 시간을 들여 다듬는 과정을 반복했던 인물이라는 사실을 잊어서는 안 된다.

이야기할 때 꼭 농담을 넣지 않아도 된다. 그저 약간의 유머만으로 족하다. 농담 Joke 과 유머 Humor 가 무엇이 다르냐고? 백악관 기자 만찬 연설의 코미디 부분을 자주 담당했던 존 러벳은 이렇게 설명한다. "유머는 수단입니다. 말로 표현하기 어려운 공통점을 드러내서 사람들을 놀라게 하고 즐겁게 만드는 도구죠. 유머는 우리가 서로 연결되어 있다는 느낌을 갖게 합니다. 사람들이 함께 웃는 순간, 바로 그 순간에요."

배꼽 잡게 웃기는 농담이 아니라 살짝 웃음을 자아내는 유머 정도로

---

• 영미권에서 자주 사용되는 유머. 술집 농담 Bar Joke 이라고 하며, "한 남자가 술집에 들어갔는데" 같은 식으로 시작해 엉뚱한 일이 벌어진다는 전개로 이어진다. 주로 다음과 같은 농담이 자주 인용된다. "신부, 목사, 랍비가 술집에 들어갔다. 바텐더가 그들을 보며 말했다. '이게 뭐야, 농담이야?'"

충분하다. 오바마의 기자 만찬 연설을 여러 차례 담당했던 데이비드 릿도 말한다. "사람들을 박장대소하게 할 필요는 없습니다. 따뜻하고 인간적인 면을 드러내면 됩니다."

### 자신을 살짝 낮추기

이를테면 자기비하 유머는 누구나 효과적으로 활용할 수 있지만 특히 높은 자리에 있는 사람일수록 효과적이다.

오바마는 가끔 사람들이 자기보다 퍼스트레이디의 연설을 더 좋아할 거라는 농담을 하곤 했다. 딸들이 자신의 연설을 지겨워한다거나 딸 말리아가 그의 노벨평화상 수상보다 집에서 기르는 반려동물의 생일에 더 큰 관심을 보인다고 말하는 식이었다. 누구나 공감할 수 있는 이야기였다. 오바마가 이런 농담을 할 때마다 청중은 웃음을 터뜨렸다. 실제로 어느 정도는 사실이기도 하다. 알다시피 자식들에게 관심받는 부모는 거의 없으니까. 대통령이라 해도 예외는 아니다.

### 틈새에 가벼운 유머를 덧붙이기

오바마는 상원과 하원 모두 모인 영국 의회에서도 농담을 한 적이 있다. 역대 미국 대통령 중 처음으로 초청받은 자리였고, 심지어 세계에서 가장 유명한 국회의사당 건물인 웨스트민스터 궁의 가장 큰 홀에서였다. 엄숙하기 그지없는 자리에서도 그의 유머 감각은 빛났다.

"제가 듣기로 이 자리에서 마지막으로 연설한 세 사람이 교황, 여왕 폐하, 넬슨 만델라라고 하더군요. 이 자리에 서기 위해 엄청난 기준을 충족시켜야 한다는 뜻인지, 아니면 미국에서 흔히 하는 '교황과 여왕과 만델라가 술집에 들어갔는데' 농담의 도입부인지 헷갈리네요."

일본 총리가 백악관에 방문했을 때 오바마는 일본이 세계에 이바지한 혁신과 예술에 경의를 표하고 이렇게 말했다. "아, 물론 이모지도 빠뜨릴 수 없지요."

북유럽 국가 지도자들을 환영하는 자리에서는 각국이 세계 안보와 번영에 공헌한 바에 찬사를 보낸 뒤 이렇게 덧붙였다. "또한 〈마인크래프트〉, 〈앵그리 버드〉, 〈캔디 크러시〉*를 만들어주신 데에도 진심으로 감사드립니다."

배꼽 잡을 만큼 웃기지는 않지만 피식 웃음이 난다. 짧은 농담들은 실제로도 청중들의 가벼운 웃음을 자아냈다. 때로는 사람들이 예상하지 못한 말을 던지는 것만으로도, 심지어 엄숙한 분위기에서도 미소와 웃음을 끌어낼 수 있는 것이다.

### 최고의 농담 인용하기

미국의 전설적인 코미디언 멜 브룩스가 케네디 센터 공로상을 수상했을 때 오바마는 백악관에서 그를 치하하는 연설을 했다. 그러면서 브룩스가 직접 했던 농담을 그대로 인용했다. 브룩스는 제2차 세계대전 당시 미 육군 유럽 작전전구 European Theater of Operations에 배치되었는데, 이때 "작전 Operation은 많았지만, 극장 Theater은 거의 없었다"라고 농담한 것이다. 청중은 열광했다.

---

• 감정을 나타내는 그림 문자인 이모지는 일본의 휴대전화 문자 메시지에서 비롯되었다. 〈마인크래프트〉와 〈캔디 크러시〉는 스웨덴에서, 〈앵그리 버드〉는 핀란드에서 개발된 게임이다.

코미디언의 대사나 다른 사람이 했던 농담을 빌려오는 것 자체는 전혀 문제 되지 않는다. 이미 시험 주행을 거친 확실한 물건인 셈이므로 확실하게 웃음을 끌어낼 수 있다. 다만 반드시 출처를 밝혀야 한다. 누구의 아이디어인지 밝히지도 않고 가져다 썼다가는 당신을 나쁘게 생각하는 이들의 비웃음거리로 전락할 수도 있다.

**말장난 활용하기**

미국에서 매년 11월이면 대통령은 오래 이어져온 전통인 추수감사절 칠면조 사면식에 참여한다. 대통령이 칠면조를 골라 사면을 선포하면 그 칠면조는 도축되지 않고 평생 보호받으며 살아가는 조금 웃긴 행사다. 오바마는 "칠면조에 대한 아저씨 개그로 딸들을 민망하게 만드는 시간"이라고 칭하면서도 "한순간에 끊을 cold turkey* 생각은 없다"라고 덧붙였다. 또한 사면받지 못한 수많은 칠면조들을 떠올리면서 "녀석들은 자유로 가는 '그레이비 트레인 gravy train'을 타지 못했지만 최소한 자신들이 겁쟁이 chicken가 아니라는 사실은 증명한 셈이죠."**

오바마는 만약 추수감사절 식탁에서 누군가가 그만 먹으라고 말린다면 "배고픈 민족의 정신을 담은 이 신조로 응답하시길 바랍니다. 'Yes,

---

* 단번에 습관을 끊는다는 의미의 숙어. turkey가 '칠면조'라는 의미를 지닌 것을 이용한 말장난이다.
** gravy train은 쉽게 돈을 벌거나 성공하는 상황을 뜻하는 숙어로, 칠면조에 곁들이는 그레이비 소스를 떠올리게 하는 말장난이다. 또한 chicken에는 겁쟁이라는 뜻도 있지만 말 그대로 닭이라는 뜻도 있다.

We Cran'"*이라고 대답하라고 농담했다.

말장난은 재미있다. 함께 언어유희를 풀어가는 과정 자체가 공감대를 형성해주기 때문이다. 물론 너무 지나치거나 즉흥적으로 하면 오히려 일을 그르칠 수 있어 미리 적어두고 연습하는 것이 좋다.

**유머에 분명한 목적 담기**

제대로만 사용한다면 유머는 심각하거나 민감한 상황에 대처하는 지혜로운 방법이다. 대표적인 예로 어느 고등학교 졸업식 연설에서 일어난 일을 살펴보자.

학생회장으로 졸업식에서 연설할 예정이었던 잰더 모리츠<sup>Zander Moricz</sup>는 졸업식을 불과 몇 주 앞두고 교장실로 호출을 받았다. 당시 플로리다주는 "특정 학년에서 성적 지향이나 성 정체성에 대한 교실 내 토론을 금지"하는 내용을 담은 법을 막 통과시킨 터였다. 잰더는 동성애자이면서 학교에서 해당 법안에 반대하는 집단 퇴장 시위를 주도했고 법정 소송에도 참여한 전력이 있었다. 비록 새로운 법이 아직 발효되지 않았고 어떤 종류의 토론이 금지되는지, 어느 학년에 적용되는지 명확히 규정되기 전이었지만 교장은 잰더가 졸업식 연설에서 공개적으로 그 법을 비판할까 봐 걱정한 것이다.

"검열을 당하는 기분이었죠. 교장 선생님은 저라는 사람 자체는 지지하지만 연설에서 성적 지향이나 그 법안 혹은 제 시위 활동에 대해 말

---

* "Yes, We Can"이라는 오바마의 유명한 구호와 추수감사절 식탁에 빠지지 않는 크랜베리를 합친 말장난이다.

하는 것은 '적절하지 않다'라고 했어요. 만약 그런 말을 하면 '마이크를 꺼버리겠다'라고 했죠."

잰더는 자신이 놓인 곤란한 상황을 SNS에 공유했다. 일부 친구와 지지자들은 마이크가 끊기든 말든 학교에 맞서라고 부추겼다. 그는 심한 갈등에 휩싸였다.

"저는 제 본모습에 솔직하고 싶었어요. 하지만 저만의 졸업식이 아니잖아요. 졸업을 위해 몇 년 동안 열심히 노력한 동급생들과 그 가족들을 생각하면 제 연설로 축하 분위기를 망치고 싶진 않았죠."

졸업식이 다가올수록 긴장감은 더욱더 고조되었다. SNS의 글을 보고 분노한 사람들의 항의 전화가 학교에 빗발쳤고, 잰더는 살해 협박까지 받았다. 등교는 물론이고 혼자서는 외출도 불가능할 지경이었다.

졸업식 당일, 그가 연단에 오르자 모두가 숨죽이고 지켜보았다. 처음 몇 분 동안 그의 연설은 여느 졸업반 학생회장의 연설과 크게 다르지 않았다. 그는 졸업생들이 열심히 참여한 활동과 프로젝트, 코로나 시기에 힘들었던 원격 수업, 모두 함께 인종 정의와 기후 변화 대응 촉구 시위에 참여한 일 등을 이야기하며 추억을 되새겼다. 그러고는 공동체와 시민권을 훼손하려는 움직임에 맞서야 한다고 말했다.

"저는 제 정체성 중에서 가장 공개적인 부분에 대해 언급하려고 합니다. 아마도 여러분이 저라는 사람을 생각할 때 가장 먼저 떠올리는 부분일 거예요. 아시다시피 저는…" 잰더는 학사모를 벗고 갈색 곱슬머리를 만졌다. "곱슬머리입니다."

플로리다 고등학교 졸업식 연설
잰더 모리츠, 2022

긴장하고 있던 청중석에서 웃음과 박수가 터져 나왔다. 그가 말한 "곱슬머리"가 사실은 무엇을 의미하는지 모두 정확하게 알고 있었다. 잰더는 계속해서 말했다. "저는 제 곱슬머리가 싫었어요. 이 머리가 너무 부끄러워서 아침저녁으로 어떻게든 쭉 펴보려고 애썼습니다. 아시다시피 플로리다에서 곱슬머리들의 삶은 쉽지 않아요. 습도 때문이죠."

다시 웃음이 터졌다. 하지만 그는 "자신처럼 곱슬머리를 가진 사람들과 교류하고 싶어서" 용기를 내어 먼저 체육 선생님에게 커밍아웃했다고 밝혔다.

"제가 가족에게 커밍아웃할 수 있었던 것은 저를 둘러싼 모든 사람에게 받은 사랑 덕분이에요. 지금 저는 행복합니다."

그는 지지해줄 공동체가 필요한 수많은 곱슬머리 아이들을 위해 학교에서부터 목소리를 내자고 호소했다.

잰더는 농담을 하지도, 재치 있는 말을 던지지도 않았다. 하지만 사람들에게 웃음을 끌어냈다. 그는 분명한 목적을 위해 유머를 사용했고, 그 사실을 스스로도 잘 알고 있었다. "곱슬머리를 제 정체성의 은유로 삼아서 플로리다의 법이 얼마나 터무니없고 위험한지 보여줄 수 있었어요." 잰더는 기립박수를 받았고 지켜보던 부모는 눈물을 흘렸다. 잰더의 연설은 순식간에 화제가 되어 온라인에 퍼졌다. 그 뒤로도 잰더는 계속해서 평등을 위해 목소리를 내고 있다.

"바뀌어야 하는 이유를 이야기하지 않으면 세상은 절대로 변하거나 평등해지지 않을 거예요. 그래서 다른 사람에게 저의 이야기를 전하는 겁니다. 그러다 보면 때로는 유머가 필요할 때도 있죠."

사람들 앞에서 공개적으로 말해야 하는 자리라면 시작부터 관심을 사로잡아 청중과 교감해야 한다. 듣는 상대를 단숨에 끌어당기는 훌륭한 첫 문장을 뽑아내는 방법은 다음과 같다.

- **원고를 써라.** 먼저 즉흥적으로 말하려고 하지 말라. 말할 내용을 한 단어 한 단어 직접 쓰는 과정 자체가 내 말을 들어줄 사람들에 대한 존중의 표현이다. 발표 내용이 시작, 중간, 끝의 세 부분으로 이루어진다는 사실을 기억하라.
- **인사하라.** "안녕하세요"와 같은 간단한 인사말이나 애정이 담긴 인사말을 건넨다. 자신과 다른 지역이나 집단에 속한 사람들에게 이야기할 때는 "간호사 여러분 반갑습니다"처럼 청중을 호명하는 방법도 도움이 된다. 다른 나라 청중이나 외국에서 발언할 때는 현지 언어로 인사를 건네보라.
- **발언하는 이유나 자격을 소개하라.** 자신의 권위나 신뢰도를 드러내서 청중이 당신의 이야기에 귀 기울여야 하는 이유를 강조하라.
- **흥미로운 이야기로 시작하라.** 강력한 첫 문장, 흥미진진한 이야기, 감

💬 동적인 성경 구절 혹은 충격적인 사실 등으로 관심을 사로잡아라.

💬 **감사 인사는 행사의 의의를 강조하라.** 주최 측이나 내빈에 대한 감사 인사는 시작 부분보다는 중간 부분에 자연스럽게 넣는 것이 좋다. 서두에 감사 인사를 해야 한다면 가급적 짧게 언급하되 그들이 하는 일이나 이번 행사의 의미를 함께 축하하라.

💬 **3F 주제로 시작하라.** 청중의 정체성과 관련 있거나 그들이 자랑스럽게 여기는 3F, 즉 역사적으로 자랑스럽게 여기는 최초의 순간, 좋아하는 음식, 팬심을 언급해 관심을 표하라. 공동의 관심사를 언급함으로써 놀라움과 즐거움을 선사할 수 있다.

💬 **억지로 농담하려고 애쓰지 말라.** 분위기를 부드럽게 만들고 싶다면 실소가 나오는 정도의 가벼운 유머로 족하다.

# 6장 사람을 움직이게 만드는 말의 특징

> 인간은 자신보다 더 큰 무언가를 위해 살 때
> 비로소 존재의 의미를 느낀다.
> – 호세 안토니오 바르가스 Jose Antonio Vargas(저널리스트)

흥미로운 도입부로 청중의 관심을 집중시켰다면 이젠 당신이 말하고자 하는 핵심을 전달해야 한다. "무엇을 말하느냐보다 어떻게 말하느냐가 중요하다"라는 시대에 뒤떨어지고 끔찍한 조언은 잊어버리기 바란다. 연설이나 발표가 길이 길이 남는 이유는 전달 방식이 뛰어나서가 아니라 그 내용이 훌륭하기 때문이다. 오바마는 이렇게 말했다. "사람들의 마음에 울림을 주고 실제로 영향을 미치는 메시지를 전달해야 해."

건배사를 한다면 그 자리에 참석한 사람들이 결속력을 느끼게 하고, 추도사를 할 때는 추모하는 사람의 삶과 가치관, 업적을 되새기는 것이 목적이 되어야 한다. 직장에서 하는 프레젠테이션이라면 동료들의 자부심을 고취하고 나아가 고객들의 삶을 나아지게 하는 것이 목표다.

공개적인 주민 회의에서 발언한다면 지역사회 사람들을 한데 모아 삶을 개선하는 방안을 제시하고 설득하는 것이 목적일 것이다. 사회적 대의나 자선 단체를 위해 지지를 호소하는가? 그렇다면 도움이 필요한 사람들을 위해 청중을 하나로 모아 자원봉사와 기부를 유도하는 것이 목적이어야 한다. 공직에 출마하기 위한 자리라면 가능한 한 많은 유권자를 하나로 모으는 것이 목적이어야 한다. 하지만 이는 단순히 당선을 위해서가 아니라, 보다 평등하고 안전하며 번영하는 사회를 만드는 데 당신의 힘을 활용하기 위함이어야 한다.

다시 말해 우리가 진정으로 선한 목적을 지니고 말할 때만 사람들의 마음을 움직이고 하나로 모을 수 있다는 뜻이다. 메시지를 통해 울림을 전달하고 사람들을 하나로 모아 행동하게 만드는 방법에는 크게 세 가지가 있다. 모두가 함께 직면한 어려움을 이야기하거나, 서로가 공유하는 정체성을 강조하거나, 모두가 동의하는 신념을 내세우는 것이다.

## 문제는 구체적으로 묘사할수록 좋다

주변 사람들과 하나가 된 느낌을 가장 강하게 느꼈던 순간을 떠올려보자. 아마도 같은 시련을 마주했을 때일 것이다. 지역사회에 큰 사고나 자연재해가 발생해 주민들이 자발적으로 나서서 서로를 도왔을 때나 국가적인 위기가 닥쳐서 국민들이 한마음 한뜻으로 힘을 합쳤을 때가 대표적이다.

스탠퍼드 경영대학원에서 문화심리학을 가르치는 미셸 겔팬드 교수

## 듣는 사람의 마음에 불을 지피는 묘사법

| 모호한 표현 | | 구체적이고 생생한 표현 |
|---|---|---|
| 우리 사회는 총기 폭력의 영향에 놓여 있습니다. | → | 총기 폭력으로 인해 아이들이 희생되고 있습니다. 우리 아이들은 학교에서 살해당할 이유가 없습니다. |
| 오염이 우리 마을에 영향을 주고 있습니다. | → | 이 치명적인 화학물질이 우리 지역의 식수를 오염시키고 주민들의 생명을 위협하고 있습니다. |
| 우리 회사의 시장 점유율이 줄어들고 있습니다. | → | 새로운 경쟁사가 우리 회사의 생존을 위협하고 있습니다. |
| 기후 변화는 우리 모두에게 영향을 미칩니다. | → | 기후 변화로 인한 폭풍, 산불, 가뭄이 우리의 집을 파괴하고 지역사회를 황폐화시키고 있습니다. |

는 "집단이 위협을 크게 인식할수록 그 집단은 더욱 단결하고 협력하게 됩니다"라고 설명한다. 겔팬드 교수는 전쟁, 전염병 발발, 자연재해 같은 위협에 대한 공동체의 반응을 연구하다가 이러한 결론에 이르렀다.

또한 겔팬드 교수는 단결을 촉구하기 위해서는 가급적 생생한 언어를 사용해야 한다고 말한다. "위협을 구체적으로 표현해야 합니다. 눈앞에 닥친 문제를 너무 추상적으로 묘사하면 사람들이 실감하지 못하니까요." 겔팬드 교수와 동료들은 지난 100여 년간 인쇄물과 온라인에서 사용된 수백만 개의 단어를 분석해서 사람들이 난관을 설명할 때 자주 사용하는 단어 240개를 추렸다. 〈위협 사전Threat Dictionary〉이라고 명명된 이 목록에는 분노, 공격, 혼란, 붕괴, 치명적, 파괴적인, 두려운, 부상, 살인, 폭풍, 고통, 테러리스트, 희생자 등의 단어들이 수록되어 있다.

실제로 리더들은 자연재해나 기타 위기 상황에서 사람들을 결속시켜야 할 때 이와 같은 생생한 단어를 사용한다. 조지 W. 부시 대통령이 9·11 테러가 발생한 당일 밤에 한 연설의 첫 두 단락만 보아도 알 수 있다.

오늘, 우리 시민들의 생활과 자유가 치명적인 테러 행위의 공격을 받았습니다. 희생자들은 비행기에 타고 있었거나 사무실에 있었습니다. 모두 회사원, 사업가, 군인과 연방 공무원, 누군가의 엄마와 아빠, 친구와 이웃이었습니다. 수천 명의 생명이 사악하고 비열한 테러 행위로 순식간에 희생되었습니다. 비행기가 건물로 돌진해 불길이 치솟으면서 거대한 구조물이 무너지는 광경은 우리를 충격과 슬픔에 빠지게 하는 한편, 조용하지만 꺾이지 않는 분노를 불러일으켰습니다. 그들은 이 대량 학살 행위로 우리나라를 혼란에 빠뜨리고 후퇴시키려 했습니다. 그러나 실패했습니다. 우리는 강합니다.

미주리주의 도시 조플린을 강타한 대규모의 토네이도로 160명 이상이 목숨을 잃었을 때 오바마 대통령이 한 연설도 비슷하다.

이번 피해는 앨라배마주 터스컬루사에서 몇 주 전 발생한 피해와 비슷하거나 그 이상이 될 수도 있습니다. 현재까지 확인된 사망자는 100명이 넘습니다. 아직 실종 상태인 사람들도 있고 부상자도 수백 명에 이릅니다. 지금 이 순간도 고통 속에 놓인 가족들이 있습니다. 우리 모두의 마음과 간절한

기도가 함께하고 있다는 사실을 전합니다.

색으로 표시한 단어를 비교해보자. 두 대통령은 서로 다른 상황에서 연설했지만 비슷한 언어를 사용했다. 지도자들은 어려움을 표현할 때 "전쟁"이라는 표현을 곧잘 사용한다. "빈곤과의 전쟁", "에이즈와의 전쟁", "마약과의 전쟁", "범죄와의 전쟁", "테러와의 전쟁" 등이 대표적이다. "전쟁"이라는 표현은 강력한 은유로 작용해 사람들의 동기를 자극하는 효과가 있기 때문이다.

## 편견과 분열을 부추기는 말은 힘이 없다

사람들의 힘과 마음을 모아 당면한 문제를 극복하려면 동기를 부여해야 한다. 다만 순간적인 감정에 휩쓸려 무례한 태도를 보이거나 선동적인 발언을 하지 않도록 조심해야 한다. 집단의 문제를 해결하기 위해 문제 집단을 표적으로 공격을 퍼붓는 소위 '마녀사냥'이 일어나는 일도 적지 않기 때문이다. 물론 역사적으로 문제에 대한 책임이 있고 경멸받아 마땅한 개인과 집단은 항상 존재했다. 대표적인 예로 피에 굶주린 폭군과 테러 조직이 있다. 이들이 초래하는 위험은 분명히 지적되어야 한다. 그러나 폭력과 살인을 하지 않는 이상 특정 집단 전체를 악당으로 몰아서는 안 된다. 그것은 사람들의 부정적인 감정과 편견을 부추겨 분열을 조장하는 일일뿐이다. 실제로 여론 조사에 따르면 놀라울 정도로 많은 미국인이 공공 담론 속의 독설과 적대감으로 인해 피로감을 느끼고, 나아가 품위 있는 대화를 원한다. 선동의 함정에 빠지지 않기 위해서는 다음의 것들을 주의하라.

### 다른 사람의 동기를 넘겨짚지 말 것

한번은 민주당 소속의 다른 의원의 연설문을 작성한 적이 있다. 그 의원은 연설에 "공화당은 아이들을 해치려 하고 민주당은 아이들을 돕고자 합니다"라는 말을 넣고 싶어 했다. 대표적인 선동가적 표현이다. 나 역시 민주당 당원이며 공화당보다는 민주당의 정책이 아이들에게 더 좋다고 생각하지만 "공화당이 아이들을 해치려 한다"라는 주장은 타당하다고 볼 수 없다. 공화당 당원 중에도 아이를 기르는 부모는 많고 아이를 위하는 마음은 같다.

물론 세상에는 분명 악한 사람이 존재한다. 악한 사람은 이념을 불문하고 모든 진영에 존재하고 그의 행동과 정책은 사람들에게 실제로 해를 끼친다. 다만 다른 사람의 진정한 동기를 완전히 파악하기란 사실상 불가능에 가깝다. 다른 사람의 마음을 훤히 아는 것처럼 말하는 것을 피해야 하는 이유다.

반대 의견을 가진 사람들이 우리를 "증오"하거나 "나라를 망치려" 한다고 주장하는 순간, 불신과 분열의 장이 열린다. 사회의 균열이 심해지고, 타인의 마음을 얻기도 불가능에 가깝다. 이 사실을 알고 있던 오바마는 이라크 전쟁 종료를 선언하는 연설에서 이렇게 말했다. "이라크 전쟁을 반대한 사람 중에도 애국자가 있고, 이라크 전쟁을 지지한 사람 중에도 애국자가 있습니다." 스스로는 이라크 전쟁에 반대하는 입장이었지만, 이라크 전쟁에 찬성했던 사람들의 의도를 지레짐작하거나 넘겨짚지 않으면서 모두를 포용한 발언이었다.

### 상대의 인격을 공격하지 말 것

누군가가 나를 깎아내리고 모욕하고 비하하면 똑같이 되갚아주고 싶은 충동이 든다. 때로 실제로 그렇게 했을 때 청중은 쾌감을 느끼면서 더욱 환호하기도 한다. 그러나 셰익스피어 이후 최고의 영국 극작가로 손꼽히는 조지 버나드 쇼가 말했듯, 돼지와 씨름하면 둘 다 몸이 더러워질 뿐이다.

게다가 말의 목적이 설득이라면 대놓고 "당신은 편협하다"라고 말하는 것은 백전백패에 가깝다. 상대가 이웃이든 직장 동료든 고용주든 선출직 공무원이든 명절에 만나는 유별난 친척이든 대상을 가리지 않고 모두에게 적용되는 원리다.

스탠퍼드대학교 사회심리학적 실생활 문제 해결 센터 Social Psychological Answers to Real-World Questions 의 연구원 얼래나 코너는 인신공격성 발언에 대해 이렇게 설명한다. "인종차별주의자라거나 성차별주의자라는 식으로 상대를 몰아세우면 아무런 결과도 얻을 수 없습니다. 이는 매우 위협적인 메시지이기 때문입니다. 사람은 위협을 느끼면 변할 수도, 다른 이의 말에 귀 기울일 수도 없죠."

미셸 오바마도 2016년 민주당 전당대회에서 이렇게 말했다. "저들이 저급하게 나와도 우리는 품위 있게 나갑시다."

### 갈라치기하는 말을 쓰지 말 것

요즘은 의견이 다른 사람들을 주류에서 벗어난 존재로 몰아가는 경향이 있다(솔직히 말하면 나 역시 그런 실수를 한 적이 있다). 개인이 자주 사용하는 단어를 살펴보면 그 경향성이 드러난다. 실제로 2022년 뉴욕대학교에서 정치적으로 편향적인 성격을 띠는 소셜미디어 계정들이 자주 사용하는 단어 약 200개를 조사했는데, 거기에는 "바보", "거짓말쟁이", "범죄자", "극우 파시스트", "좌파 급진주의자"와 같은 것들이 포함되어 있었다. 그리고 뉴욕대학교는 이 목록을 〈분열 사전Polarization Dictionary〉이라고 이름 붙였다. 지역사회와 국가의 분열을 조장하는 언어 사용을 줄이고 싶다면 이 목록에 포함된 단어들을 피하라.

애석하게도 현실에서는 정치인과 평론가들이 빈번하게 갈라치기 발언을 일삼는다. 자신과 의견이 같은 사람을 "우리"라고 부르고 특정 인종, 종교, 민족, 성적 지향, 성별 집단을 "그들"이라고 칭하며 구분 짓고 타인을 배척한다. 또한 토론을 제로섬 게임으로 여기거나 흑백논리로만 보는 듯하다. 많은 사람들이 정치에 환멸을 느끼는 이유도 여기서 기인할 것이다. 현실은 무 자르듯 단순히 나눌 수 없다는 사실을 상기하자. 자신과 의견이 다른 사람을 낙인찍어 손쉽게 논리를 만들려는 유혹에 빠지지 말자. 마치 그것은 두 절벽 사이에 놓인 연결 다리에 불을 지르는 행위와 같다.

**의견이 다른 사람을 악마화하지 말 것**

선동가들 중에는 "비열하다"거나 "사악하다" 같은 표현을 사용해 타인을 악마화하는 이들도 있다. 다른 집단의 사람들을 "해충", "짐승"이라고 부르며 인간 이하로 몰아가기도 한다. 자신과 생각이 다른 사람들의 사상을 "바이러스" 혹은 "독"이라고 표현하는 사람도 있는데, 이들은 특히 조심해야 한다. 대개 그들을 "제거해야" 한다는 위협적인 발언으로 이어지기 쉽기 때문이다.

말은 그냥 말일 뿐이라고 주장하는 사람도 있지만 언어에는 반드시 결과가 따른다. 나치는 유대인을 "쥐"라고 불렀기 때문에 600만 명이 넘는 무고한 유대인 남성, 여성, 어린이들을 아무런 죄책감 없이 학살했다. 르완다에서 벌어진 내전에서 후투족은 투치족을 "바퀴벌레"라고 부르며 약 80만 명의 목숨을 빼앗았다.

한편 미국에서는 흑인 범죄자들을 "슈퍼 포식자"라고 부르며 흑인들을 과도하게 위험한 존재로 낙인찍었고, 그 결과 흑인이 다른 인종보다 훨씬 높은 비율로 체포 및 구속되는 사태가 벌어졌다. 뿐만 아니라 최근 수년간 라틴계, 유대인, 무슬림, 아시아계, 성소수자 공동체에 대한 혐오 발언이 늘어나면서 이들을 대상으로 한 증오 범죄도 늘어난 사실도 말의 힘을 뒷받침한다.

오늘날처럼 소셜미디어를 통해 말이 순식간에 퍼져나가는 시대에는 말이 칼이 되기도 한다. "엎질러진 물은 주워 담을 수 없다"라는 말의 기본을 잊지 말고 자신의 말에 책임을 져야 할 것이다.

### 폭력을 부추기지 말 것

2021년 1월 6일, 조 바이든의 대선 승리를 공식 인증하는 의회 합동 회의를 앞두고 열린 집회에서 트럼프는 "싸우다", "전투"라는 단어를 약 20회나 사용했다. 그 후 트럼프 지지자들은 선거 결과를 뒤집으려 의사당에 난입해 폭동을 일으켰다.

정치적 반대 세력으로부터 나라를 "구하기" 위해 폭력을 행사하는 것이 정당하다고 믿는 미국인들이 점점 늘고 있다. 전체 인구의 약 4분의 1에 해당할 정도다. 지금처럼 정치적 동기에 의한 폭력이 명백하고 현실적인 위협으로 떠오르는 상황에서는 언어를 더욱 신중하게 다루어야 한다. 폭력을 부추길 수 있기 때문이다.

의견이 다른 사람들을 "적"이라고 부르며 "파괴해야 한다" 또는 "짓밟아야 한다"라고 말해서는 안 된다. "싸워라" 또는 "나라를 되찾자"와 같은 말로 사람들을 자극하는 방법도 좋지 않다. "하지만"이라는 단어도 조심해서 사용해야 한다. "폭력은 용납될 수 없다, 하지만" 같은 표현 말이다. "하지만"이 들어가는 순간 앞에서 말한 내용은 무효가 된다.

## 청중과 가장 가까운 나의 정체성을 강조하라

인간은 사회적 존재로서 본인과 비슷한 집단에 자연스럽게 끌린다. 특히 불안하거나 두려움을 느낄 때 그런 경향이 강해진다. 때문에 대부분의 선동가들은 인종, 종교, 민족, 성별, 성적 정체성 같은 요소를 이용해 대중을 분열시킨다.

이 사실을 이해하면 같은 원리를 활용해서 선한 메시지를 전할 수도 있다. 사람들이 공유하고 있는 정체성을 강조해서 의견을 하나로 모으는 것이다. 뉴욕대학교의 심리학 및 신경과학 교수 제이 반바벨은 "집단이 필연적으로 외부 집단을 배척한다는 오해가 있지만 항상 그렇지만은 않다. 사람들이 다양성과 포용을 중시하는 집단에 속하면 외부 집단을 받아들이기도 한다"라고 설명한다.

다시 말해, 포용을 가능하게 만드는 것은 스스로 정의하는 정체성에 달려 있다는 뜻이다.

### 나는 어떤 사람일까?

여기 두 사람이 있다. 첫 번째 남자는 미국 남부인 버지니아에 사는 백인으로 아버지는 군인 출신이다. 친구와 동료 중에도 군인 출신이 많다. 그는 가족의 안전을 무엇보다 중요하게 여기며 자신이 미국인이라는 사실을 자랑스럽게 여긴다.

두 번째 남자는 스스로 진보적이고 개혁적인 사람이라고 여긴다. 그는 흑인 조지 플로이드가 경찰에 의해 살해된 후 경찰 폭력과 인종차별 반대 집회에 참여했으며 미국에서 진정한 평등을 이루기까지 아직 갈 길이 멀다고 생각한다.

이 설명을 읽으면 아마도 즉각적으로 두 인물에 대한 판단을 내릴 것이다. 어쩌면 읽는 사람에 따라 어느 한쪽에 더 호감을 느끼고 어느 한쪽에는 부정적인 인상을 받기도 할 것이다. 나아가 만약 두 사람이 서로 다른 의견을 말한다면 처음 받은 인상에 기초해 어느 한 사람의 발언에 더 귀를 기울일 것이다.

그런데 사실 이 두 사람은 같은 인물이다. 바로 나다. 세상에 한 가지 모습만 지닌 사람은 없다. 시인 월트 휘트먼도 말하지 않았는가. "내 안에는 내가 너무도 많다"라고.

청중은 말하는 사람이 자신과 비슷하다고 여길수록 더 귀를 기울인다. 여기서 우리가 얻을 수 있는 힌트는 자신을 어떻게 소개하느냐에 따라 사람들의 반응이 달라진다는 것이다. 이를 집단 충성도라고 하는

데, 인간이 본능적으로 자신과 비슷하거나 같은 집단에 속한다고 느끼는 사람을 더 신뢰하고 그 사람의 말에 공감하는 경향을 뜻한다.

다시 말해 설득은 말하는 사람, 즉 당신으로부터 시작된다. 내가 가진 다양한 정체성 중에서 이야기를 듣는 사람들과 가장 가까운 정체성이 무엇인지 고민하는 것이 설득하는 말하기의 출발인 것이다. 당신의 정체성은 아이들을 키우는 엄마일수도 있고, 어느 공동체의 일원일 수도 있으며, 신앙을 가진 사람이거나 이민자의 자녀일 수도 있다. 재향군인, 가족 중 처음으로 대학에 진학한 사람일 수도 있다. 당신이 지닌 모든 정체성은 진실된 것이다. 매번 같은 정체성을 내세워야 진실된 사람이라는 오해에서 벗어나라. 사람들 앞에서 이야기할 일이 있을 때마다 스스로에게 질문하라. 사람들에게 나를 어떻게 소개해야 가장 효과적으로 공감대가 형성될 수 있을까?

### 쓰면 쓸수록 좋은 말

"우리"라는 말에는 공통점을 일깨워 하나로 모아주는 힘이 있다. "우리"는 가족일 수도 있고 이웃, 직장 동료, 같은 나라 사람일 수도 있다. 오바마도 앨라배마주 셀마에서 열린 민권 운동 50주년 기념식에서 "우리"에 대해 이렇게 말했다.

"미국의 민주주의에서 가장 강력한 단어는 '우리'입니다. '우리 시민', '우리는 극복할 것이다', '우리는 할 수 있다', '우리'라는 단어는 누구의 소유도 아닙니다. 그것은 우리 모두의 것입니다."

"우리", "우리의", "우리 모두"처럼 포용하는 언어를 사용하면 더 많은 사람을 당신의 목표로 끌어들일 수 있다. 뉴욕대학교 심리학과 교수 제이 반바벨과 리하이대학교 심리학 교수 도미닉 패커는 공저『아이덴티티』(상상스퀘어, 2024)에서 모두가 공유하는 정체성을 상기시키는 것만으로도 반대 정치 진영에 대한 부정적인 감정을 줄일 수 있다고 말한다. "우리 미국인"이라는 표현을 사용하는 것처럼 말이다. 이 책에서 소개한 또 다른 연구에서는 "우리"라는 단어를 연설에서 자주 사용하는 후보일수록 선거에서 좋은 성과를 거두는 경향이 있다는 사실을 밝혀냈다. 비단 정치뿐만 아니라 모든 조직에서 효과적이다.

가급적 많은 사람들을 설득하고 싶다면 일부 사람들이 불편해하거나 반감을 느낄 수 있는 정치적·사회적 분류에 속하는 명칭은 잠시 접어두고, 좀 더 포괄적인 정체성을 강조해야 한다. "진보", "보수", "민주당원", "공화당원"과 같은 좁은 범위를 지칭하는 표현 대신 "펜실베이니아 주민 여러분"이나 "조지아 주민 여러분", "우리 미국인들" 같은 광범위한 표현을 사용하는 것이다.

그렇다면 청중과 공통점이 거의 없는 지구 반대편의 사람들을 돕자고 설득할 때는 어떻게 해야 할까? 그럴 때는 세상 모든 사람이 공유하는 "우리 인류"라는 표현을 사용해서 가장 근본적인 정체성을 일깨워야 한다.

### 동사보다는 명사로!

펜실베이니아대학교 와튼스쿨의 마케팅 교수 조나 버거는 정체성을 강조하는 표현을 하고 싶다면, 동사를 줄이고 명사를 많이 사용하라고 조언한다. 자신을 "투표하는 사람"이라고 지칭한 사람들이 "나는 투표한다"라고 말한 사람들보다 실제로 투표할 가능성이 더 높았던 실험도 있었다. 버거는 이를 "행동을 정체성으로 바꾸기"라고 부른다.

발표할 때도 같은 원리를 적용할 수 있다. 학교 위원회에서는 참석자들이 지닌 "교육자"로서의 정체성을 강조하고, 경찰을 향해서는 "민중의 지팡이"로서의 역할을 일깨우는 식이다. 직장 동료들에게는 "문제 해결사"나 "창작자", "혁신가"의 정체성을 강조해 자부심을 느끼게 할 수 있다. 당신의 이야기를 들을 사람들이 누구이며, 그들이 스스로를 어떻게 인식하는지, 무엇에 자부심을 느끼는지 생각해보라. 정체성을 이용하면 사람들이 당신의 메시지에 공감하고 실제 행동으로 옮길 가능성이 커질 것이다.

## 듣는 사람의 신념에 호소하라

청중이 지닌 신념을 강조하는 방법도 설득에 효과적이다. 신념 또는 비전은 크면 클수록 좋다. 오바마가 대통령 후보 및 재임기에 했던 연설은 대부분 단순하면서도 중대한 개념을 다루고 있다. "모든 인간은 평등하게 창조되었으며 창조주로부터 양도할 수 없는 권리를 부여받았다. 그 권리에는 생명, 자유 그리고 행복을 추구할 권리가 포함된다"라는 미국의 건국 이념이 바로 그것이다.

만약 인종 프로파일링*이나 증오 범죄의 위험성을 이야기한다면 그

---

• 인종을 근거로 사람을 의심하거나 단속하는 차별 행위.

보다 더 큰 개념을 이용해 사람들을 설득할 수 있다. 이를테면 이런 식이다. "우리는 안전한 공동체를 원합니다. 모든 사람이 거리에서 자유롭게 걸어 다닐 수 있고 정체성이나 외모 때문에 범죄의 대상이 되지 않는 사회를 원합니다."

회사가 새로운 제품을 출시한다고 해보자. 발표에서 신제품의 최첨단 기능과 장점을 강조하겠지만 그것만으로는 부족하다. 기업의 제품이나 서비스가 흥미진진한 경우는 그리 많지 않기 때문이다. 이때 단순한 제품 소개에서 더 나아가 중요한 가치나 비전을 강조하면 메시지를 효과적으로 전달할 수 있다. 만약 데이터 기술 기업이라면 이렇게 말하는 것이다. "우리는 세상 모든 사람이 사생활을 침해받지 않고 자신의 데이터를 직접 통제할 권리가 있다고 믿습니다."

당신이 환경 보호를 위한 제품을 개발하는 친환경 기업가이며 투자 자금을 유치하기 위한 자리에 참석했다고 해보자. 투자자들에게 탄소 배출량을 줄이는 기술이 실제로 돈이 된다는 사실을 알려주는 것도 중요하지만, 기업의 커다란 사명을 전달할 기회도 놓치면 안 된다. "우리는 미래 세대를 위해 지구를 더 안전하고 건강한 곳으로 만들어야 할 책임이 있다고 믿습니다."

종류를 불문하고 모든 발표에서 크고 대담한 신념, 개념을 강조하면 사람들을 효과적으로 설득할 수 있다.

**기존의 통념을 반박하거나**

나아가 단순히 신념을 전달하는 데서 그치지 않고 사람들의 사고방식까지 바꾸고 싶다면, 기존의 통념을 새로운 시각으로 해석하거나 반박하는 방식을 사용해보라. 대표적인 예로 마틴 루서 킹 주니어의 〈나에게는 꿈이 있습니다〉 연설을 들 수 있다. 마치 그의 연설은 모든 인간은 평등하다는 신념을 실천하라고 강력하게 촉구하는 강렬한 도전장 같았다.

또 다른 예로 미국에서 자녀 양육과 교육에 대한 전국적인 논쟁을 불러일으킨 연설도 있다. 매사추세츠주의 고등학교 교사 데이비드 매컬로David McCullough가 졸업식 연설에서 졸업생을 향해 "너희들은 너무 애지중지 자랐다", "너희들은 특별하지 않다"라고 말한 것이 바로 그것이다. 아이들은 한 사람 한 사람이 모두 특별하다는 미국의 통념을 정면으로 반박하는 말이었기에 폭발적인 갑론을박을 양상해냈다.

한편 비영리단체 코딩하는 여자들Girls Who Code의 설립자 레시마 사우자니Reshma Saujani도 스미스대학교 졸업식 연설에서 널리 퍼진 고정관념을 반박하며 새로운 시각을 제시했다. "여성과 남성이 같은 일을 해도 여성이 임금을 적게 받는 현실이 문제입니다"라며 임금 격차가 단순히 개인의 문제가 아니라 사회적 불평등에서 비롯된 구조적인 문제라고 일갈한 것이다. 때문에 "구조를 고치는 것"은 남성을 포함한 모든 사람이 나서야 할 일이라고 말했다.

### 위협받는 신념을 옹호하거나

중요한 가치를 위협하는 사안에 맞서 목소리를 내야 할 때는 어떻게 해야 할까? 극우 성향의 단체로부터 도서관을 지켜낸 루이지애나주 사서 어맨다 존스Amanda Jones의 사례를 보자.

어맨다의 정체성은 여러 가지로 설명할 수 있다. 어맨다는 루이지애나주의 작은 마을에서 나고 자랐으며, 10대 딸을 둔 어머니이자 독실한 기독교 신자다. 평생 공화당을 지지해왔고 2016년 대선에서도 도널드 트럼프에게 표를 던졌다. 또한 교육자이기도 하다. 어맨다는 사서로 일하면서 학교 도서관의 장서를 다양하게 구성하려고 노력해왔다. 모든 학생이 여러 분야의 책을 읽으며 자신을 발견했으면 했다.

문제는 극우 성향의 단체가 학교 내 도서관에서 유색 인종, 성소수자가 쓴 작품 또는 그와 관련된 책을 검열하려는 운동을 전개하면서 발생했다. 어맨다가 일하는 학교 도서관에도 특정 도서들을 비치하지 말라는 민원이 들어왔다. "가만히 있을 수 없었어요. 목소리를 내야 했죠." 어맨다는 결심했다.

해당 안건을 논의하기로 예정된 회의 전날 밤, 어맨다는 소파에 앉아 회의에서 이야기할 내용을 문서로 정리했다. 초안에는 어맨다가 느끼는 강한 분노가 그대로 드러나 있었다. 글을 동료들에게 보여주자 덜 공격적인 방식으로 접근하는 것이 좋겠다는 피드백이 돌아왔다. "과격한 표현을 쓰긴 했어요." 어맨다는 솔직하게 인정한 뒤 화합을 강조하는 좀 더 부드러운 어조로 원고를 수정했다. "처음에는 속에서 분노가 치밀었어요. 하지만 연단에서는 최대한 목소리를 가다듬고 감정을 조절하려고 노력했죠."

다음 날 연단에 오른 어맨다는 반대 의견을 지닌 사람들을 공격하거나, 그들의 행동 동기를 폄하하지 않았다. 대신 그 안건을 회의에 올린 위원에게 문화 검열이 청소년들에게 미치는 해로운 영향을 설명했다. 동시에 그 자리에 참석한 사람들과 자신이 공유하는 정체성을 강조했다. "저는 리빙스턴에서 평생을 살아온 주민이자 이곳에서 학교를 다니는 아이를 둔 학부모이며, 이 지역에 세금을 내는 시민으로서 이 자리에 섰습니다."

또한 도서관 어린이 열람실에 포르노가 배치되어 있다는 사실과 다른 소문도 바로잡았다. 마지막으로는 읽을 자유를 옹호하고 그 중요성을 강한 어조로 설명했다.

우리 지역의 주민들은 다양한 배경과 삶의 방식을 지니고 있습니다. 백인, 흑인, 유색 인종, 동성애자, 이성애자, 기독교인, 비기독교인 등 다양하지요. 그들 중 누구에게도 다른 주민들이 무슨 책을 읽을 수 있는지 결정할 권리는 없습니다. 당신이 어떤 책을 읽고 싶지 않거나 보고 싶지 않다고 해서 다른 사람들이 그 책을 읽지 못하도록 금지할 권리가 있는 것은 아닙니다.

어맨다와 다른 연사들의 열정적인 호소는 성공적이었다. 도서관 위원회가 그 어떤 책도 건드리지 않기로 결정한 것이다.

다만 그 이후 어맨다에게는 SNS를 통해 공격과 살해 협박 등이 날아들었다. 그래도 어맨다는 물러서지 않고 계속 목소리를 냈다. 결과적으로 전국 각지에서 어맨다를 지지하는 편지가 수백 통 날아들었고 많은 이들이 어맨다의 행동에 영감을 받았다. 매사추세츠에서 사서로 일하는 내 여동생 캐서린도 마찬가지였다. "어맨다가 표현의 자유를 지키기 위해 나서는 모습을 보면서 내가 이 나라의 기본 가치를 수호하는 직업에 종사하고 있다는 게 자랑스러웠어."

신념을 지키기 위해 발언한 사람에게 아마 이보다 큰 보상은 없을 것이다. 어맨다는 그날 이후 독서의 자유를 지켰을 뿐만 아니라, 아이들이 다양한 책을 통해 삶의 아름다움을 느끼게 만들었다. 위원회의 발언으로부터 1년 후, 나와의 인터뷰에서 어맨다는 이렇게 말했다.

"저는 아이들을 지지해줄 책임이 있어요. 아이들은 있는 그대로 받아들여지고 사랑받는다고 느껴야 합니다. 자신을 지켜야 할 책임은 공격받는 당사자에게만 있는 것이 아니에요. 모두가 나서서 함께 목소리를 내야 합니다."

## 핵심 다운로드

발표나 연설을 할 때는 도입부 직후에 바로 핵심으로 들어가야 한다. 무슨 이야기를 할 것이며 그 이유는 무엇인지, 목적을 명확히 알리는 것이다. 모든 발표나 연설의 목적은 결국 하나다.

- **문제를 구체적으로 밝혀라.** 문제를 생생하게 설명함으로써 사람들이 공동의 문제에 맞서도록 독려한다. 특정 집단을 배제하거나 악마화하거나 비인간적으로 취급하는 선동적 표현은 반드시 피해야 한다.
- **공동의 정체성을 부각하라.** 청중과 가장 가까운 정체성을 찾아 공감대와 유대감을 형성한다. 청중에게 바라는 행동을 명사형으로 표현하면 정체성 강화에 도움이 된다.
- **공통의 신념에 호소하라.** 사람들의 행동을 이끌어내고 싶다면 단순한 사실 나열이나 의견 전달에 그치지 말고 모두가 공유하는 신념을 강조하라. 기존의 통념을 정면으로 반박하는 방법도 좋다.

# 7장 | 생각이 다른 사람을 설득하려면

> 우리는 같은 세상을 보고 있지만
> 서로 다른 눈으로 본다.
>
> – 버지니아 울프 Virginia Woolf(작가)

여기까지 읽은 내용을 충실히 실천했다면 강렬한 도입부로 관심을 끌고 공동의 목표와 정체성, 신념을 강조해서 사람들을 단결시켰을 것이다. 이제 당신의 주장 혹은 메시지를 전달하는 일이 남았다.

과연 나와 다른 생각을 지닌 사람을 설득하려면 어떻게 말해야 할까? 스탠퍼드대학교와 토론토대학교 연구진이 진행한 흥미로운 실험을 살펴보면 그 답을 얻을 수 있다. 연구는 우리가 다른 사람의 생각을 바꾸려 할 때 어떤 방식을 사용하는지를 조사한 것으로, 참가자는 약 200명이었다. 그중 절반은 정치적으로 진보 성향이었으며 나머지는 보수 성향이었다. 먼저 연구진은 진보 성향의 참가자들에게 보수 성향의 사람들이 동성 결혼을 지지하도록 설득하는 짧은 글을 써달라고 요청했다. 그리고 보수 성향의 참가자들에게는 진보 성향의 사람들이 영어를 미국의 공식 언어로 지정하는 의견에 찬성하게 만드는 짧은 글을 써달라고 했다.

진보 성향의 참가자들의 74퍼센트는 공정성과 평등 같은 진보적인 가치를 근거로 동성 결혼을 지지해야 한다고 말했다. "그들도 다른 미국인과 동일한 권리를 누릴 자격이 있습니다"와 같은 주장이었다. 반면 "그들도 같은 미국 시민이고 우리와 함께할 자격이 있습니다"라며 보수 성향의 사람들이 중요하게 여기는 충성심과 단결을 내세운 진보 참가자는 단 9퍼센트에 불과했다. 무려 34퍼센트가 보수 진영의 사람들이 중요시하는 가치와 정면으로 충돌하는 논리를 사용해 설득하려 했다는 것이다. 이를테면 "당신은 종교적 믿음에 따라 동성 결혼에 반대해야 한다고 생각할 수도 있지만 (…) 종교는 법에 아무런 영향을 미쳐서는 안 됩니다"라고 말한 것이다. 이 정도면 분위기 파악을 전혀 못했다고 할 수 있다!

그렇다고 보수 성향의 참가자들이 좋은 결과를 낸 것도 아니다. 대다수인 약 70퍼센트가 영어를 미국의 공식 언어로 지정해야 한다는 주장을 펼치면서 보수적 가치인 충성심과 단결을 강조했다. "영어를 공식 언어로 지정하면 모두가 같은 언어를 사용해 소통할 수 있으므로 국가의 결속력이 더 강해질 것입니다"와 같은 식이었다. 진보 진영에서 선호하는 공정성 같은 가치를 활용해 "영어를 공식 언어로 지정하면 차별이 줄어들 것입니다"라고 설득한 보수 성향 참가자는 단 8퍼센트에 불과했다. 뿐만 아니라 보수 성향 참가자의 14퍼센트는 진보적 가치와 정면으로 충돌하는 논리를 사용했다. 이를테면 "다양성과 평등을 외치면서 보수 진영의 불이익을 당연하게 여긴다면 다시 한번 깊이 생각해 보길 바랍니다"와 같은 식이었다. 설득이 아니라 공격에 가까운 말이었다.

살면서 한 번쯤은 누구나 이들처럼 행동한 적이 있을 것이다. 명절 가족 모임에서든 주민 회의에서든 당신에게 논리적으로 타당해 보이는 주장과 가치관을 바탕으로 타인을 설득하려고 했을 것이다. 물론 타인도 똑같이 자신의 논리를 펼쳤을 것이고, 결국 대화는 빙빙 돌기만 하고 절대로 서로를 이해하지 못한 채 끝맺는다.

보수 진영과 진보 진영의 설득의 논리를 비교하는 이 연구를 주도한 토론토대학교 조직행동학 교수 매슈 파인버그는 이렇게 결론지었다. "다른 사람을 설득할 때 상대방이 중시하는 가치를 효과적으로 활용하는 사람은 매우 드물다."

대화가 길어질수록 의견이 다른 사람의 생각을 바꾸기가 오히려 어려워지는 이유도 상대가 중요시하는 가치를 사용하지 않기 때문이다. 실제로 또 다른 연구에서 수백 명의 진보 성향 참가자들에게 SNS에서 유명한 보수 인사들을 팔로우하도록 했다. 보수 성향 참가자들에게는 유명한 진보 인사들을 팔로우하도록 했다. 과연 누군가는 설득당했을까? 천만에! 한 달이 지나자 보수 성향 참가자들은 오히려 더 보수적으로 변했고, 진보 성향 참가자들도 진보적인 태도를 더욱더 굳건하게 고수했다.

그렇다면 설득하고자 하는 사람이 중요시하는 가치를 사용하면 설득이 쉬워질까? 여기에도 난관이 있다.

캘리포니아대학교 어바인 캠퍼스의 연구진에 따르면 많은 사람이 "도덕적 공감 격차"를 가지고 있으며, 다른 사람들이 자신과 전혀 다른 도덕적 세계관을 지니고 있다는 사실을 이해하지 못한다고 한다. 즉, 다른 사람이 느끼는 감정을 그대로 느끼지 못하기 때문에 상대가 중시하는 가치를 사용하기 자체가 어렵다는 뜻이다.

그래도 희망은 있다. 뉴욕대학교에서 사회심리학을 연구하는 조너선 하이트 교수와 유타대학교의 제시 그레이엄이 주창한 도덕적 기반 이론에 따르면, 사람들은 몇 가지 주요하고 공통된 도덕적 기반을 바탕으로 세상을 바라본다고 한다.

- **돌봄**: 타인을 돌보고 해악으로부터 보호하고 싶어 한다.
- **공정**: 평등한 대우를 중요시하고 부정행위를 반대한다.
- **권위**: 위계질서와 권위를 존중하며 체제 전복을 반대한다.
- **충성**: 가족, 공동체, 국가에 대한 헌신을 중요시하고 배신을 경멸한다.
- **신성**: 육체, 제도, 삶의 신성함을 지켜야 한다고 믿는다.
- **자유**: 독립성을 강조하며 억압을 거부한다.

물론 모든 사람의 신념이나 문제에 대한 견해를 이 여섯 가지 도덕적 기반만으로 완벽하게 설명할 수는 없다. 대부분의 사람들은 여러 도덕적 가치를 중시하고, 어느 덕목을 더 중요하게 보느냐는 성향에 따라 다르기도 하다. 진보적이거나 개방적인 성향의 사람은 돌봄과 공정성을 더 중요하게 여길 것이며 전통적이거나 보수적인 시각을 지니고 있다면 권위, 충성, 신성함 같은 덕목을 중시할 것이다.

백악관을 떠난 후 도덕적 기반 이론을 처음 접했을 때 나는 매우 중대한 깨달음을 얻은 듯한 기분을 느꼈다. 수십 년 동안 연설문을 쓰면서 반대 의견을 지닌 청중을 설득하기 위해 내가 실천해왔던 기술의 이론적 근거를 찾은 것이다. 나는 도덕적 기반이라는 개념을 가치와 같은 의미로 사용한다. 보편적 가치는 오늘날처럼 극도로 분열된 시대에 그 누구와도 연결될 수 있는 다리를 놓아준다.

## 보편적 가치로 말하라

몇 년 전 어느 토요일, 나는 버지니아의 어느 교회에서 약 열두 명의 미국인이 자신의 삶과 신념, 조국에 대해 토론하는 것을 들었다. 그들 중 절반은 스스로 보수 성향이라 밝혔고, 나머지 절반은 진보 성향이었다. 예상했던 대로 분위기는 빠르게 뜨거워졌다. 일부 참가자들은 상대방을 비하하지 않고서는 자신의 견해를 이야기하지 못했고, 일부는 정치인이나 TV의 전문가들에게서 들은 뻔한 주장을 반복했다.

　이 토론은 미국인들이 정파적 갈등을 극복하도록 돕는 비영리단체 브레이버 엔젤스Braver Angels가 주최했는데, 나는 여기서 뜻밖의 상황을 목격했다. 7시간에 걸쳐 격렬하고 감정 소모적인 대화를 나누는 동안 일부 보수주의자들과 진보주의자들이 점점 서로 닮아가는 듯한 모습을 보인 것이다. 진보주의자들은 자신들의 깊은 종교적 믿음과 군 복무 경험을 자랑스럽게 이야기했고 가족이 그 무엇보다 소중하다고 말했다. 그런가 하면 보수주의자들은 배경을 막론하고 모든 이민자를 환영하는 것이 공동체에 중요하며 미국은 인종과 종교에 상관없이 모두가 번영할 수 있는 나라가 되어야 한다고 말했다.

심지어 양 진영의 사람들은 자신의 신념과 목표를 똑같은 단어를 사용해서 표현하기도 했다. "개인의 존엄성", "모든 사람에 대한 존중", "더 많은 미국인이 성공할 기회를 만드는 것"과 같은 표현이었다. 그리고 누군가가 농담처럼 말했다. "상대편이 예상만큼 비합리적이지는 않더군요." 이것은 사실이다. 우리가 미처 깨닫지 못하는 경우가 많지만, 특정 문제에 대해 극명하게 의견이 갈릴 때조차도 대부분의 사람은 기본적인 가치를 공유하고 있기 때문이다.

한편 공화당원과 민주당원들을 대상으로 자신의 견해와 상대 진영의 견해에 대해 질문한 설문 조사를 살펴보는 것도 재미있을 것이다. 놀랍게도 "공화당원들은 미국이 발전하기 위해 과거에서 깨달음을 얻어야 한다고 믿는다"라는 질문에 "예"라고 대답한 민주당원은 3분의 1도 되지 않았다. 반면 실제로는 91퍼센트에 달하는 공화당원이 그런 믿음을 가지고 있었다. 마찬가지로 "민주당원들은 정부가 국민을 책임져야 한다고 생각한다"라는 질문에 "예"라고 대답한 공화당원도 약 3분의 1뿐이었다. 그러나 실제로는 그런 믿음을 가진 민주당원이 90퍼센트에 달했다. 기본적인 가치에 대해 같은 의견을 지니는 현상은 다른 가치에서도 똑같이 나타난다. 같은 조사에서 공화당원과 민주당원을 막론한 약 90퍼센트가 개인의 책임, 공정한 법 집행, 연민, 차이에 대한 존중심이 중요하다고 답한 것을 봐도 알 수 있다.

다시 버지니아의 교회로 돌아가면 토론 중 누군가가 이렇게 말했다. "우리는 분명한 의견차이가 있지만, 결국 서로 깊이 공유하는 원칙에 의해 움직인다고 생각합니다." 그 원칙은 배려, 공정함, 권위, 충성심, 신성함, 자유와 같은 것으로 특정 집단이나 공동체에만 국한되지 않는 특징이 있다. 다시 말해 이 가치들은 가족, 회사, 공동체, 국가 내 갈등의 경계를 뛰어넘는 데 도움이 된다.

물론 같은 가치를 소중히 여긴다고 해서 특정 문제에 대한 견해가 완전히 같다는 의미는 아니다. 예를 들어 보수 진영에서 "자유"는 지나친 정부 규제로부터의 자유를 의미하는 반면, 진보 진영에서는 교육과 의료 같은 분야에 정부가 더 많이 개입함으로써 사람들이 자유롭고 안전한 삶을 영위할 수 있도록 돕는 것을 뜻한다. 마찬가지로 보수주의자들에게 "타인을 돌보는 것"과 "생명을 보호하는 것"은 낙태를 금지해 태아의 생명을 지키는 것을 의미하지만, 진보주의자들에게는 여성의 생명과 선택권을 보호하는 것을 의미한다.

그럼에도 불구하고 더 넓고 깊은 차원에서 공유하는 가치를 통해 서로의 공통점을 발견하고 신뢰를 쌓을 수는 있다. 그것이 바로 보편적인 가치가 지닌 힘이다.

오바마는 사람들 앞에서 자신의 의견을 말하고자 한다면 "가치에 호소하는 법"을 배워야 한다고 말한 적이 있다. 스스로도 그 방법을 배우는 과정을 지나왔다고 덧붙이면서 말이다.

일례로 오바마는 대선 캠페인 중에 기금 모금 행사에서 이런 말을 한 적이 있다. "수십 년 동안 일자리를 잃고 고통받아온 작은 지역에서는 사람들이 총기나 종교, 자신과 다른 사람들에 대한 반감 또는 반이민 정서 등으로 좌절감을 해소하려 한다"라는 편파적인 발언을 한 것이다. 오바마는 이 발언이 첫 대선 캠페인에서 저지른 자신의 "가장 큰 실수"였다고 평했다.

나중에 그는 사람들이 왜 신앙과 같은 전통적인 요소에서 안정감을 느끼고 힘을 얻는지 설명하려는 의도였다고 해명했지만, 그가 스스로 인정했듯 "부적절한 단어의 연속"이었던 이 발언은 의도와는 전혀 다른 메시지를 전달하고야 말았다. 오바마는 당시를 회고하며 "할 수만 있다면 그 말을 다시 주워 담고 싶다"라고 말했다.

보편적인 가치에 호소하는 방식은 오바마가 세계 각국, 특히 우방국이나 동맹국에서 한 연설에 두드러지게 나타난다. 이를테면 2016년 캐나다 하원에서 했던 의회 연설은 두 나라가 공유하고 있는 가치가 중심이었다. 캐나다인과 미국인 모두가 믿는 "자유"의 가치, 군인들의 "헌신"과 "희생"이 만들어낸 군사 협력, "평화"를 증진하기 위한 국제 동맹, "개방성"과 "혁신", "기회"를 촉진하는 경제 협력, 그리고 "다원주의, 관용, 평등"을 수호하기 위한 민주주의와 인권에 대한 투자를 강조한 것이다.

당시 오바마의 연설을 직접 들은 국가안보회의NSC 소속 연설문 작성자 제브 칼린뉴먼은 이렇게 말했다. "오바마는 민주주의의 가치를 강력하게 옹호하면서 민주주의가 이상적으로 구현될 때 어떤 가치를 지킬 수 있는지를 되새겨주었습니다." 캐나다 의원들도 공감하는 듯했다. 연설이 끝날 무렵 일제히 "4년 더!"라고 외쳤으니 말이다.

한편 오바마는 2004년 보스턴 전당대회에서 "노력, 자유와 기회, 사랑, 다양성, 평등, 권리, 자유, 변화, 선택, 신념, 봉사, 개인주의"라는 단어를 사용했었다. 그리고 13년 후 백악관을 떠나며 시카고에서 한 고별 연설에서도 비슷한 단어들을 사용해 호소했다. "신념, 변화, 권리, 자유, 개인, 평등, 변화, 다양성, 기회, 노력, 사랑, 봉사, 선택"이 그것이다. 두 연설은 10년이 넘는 시간 차이를 두고 있지만 그 뿌리는 똑같이 대다수 미국인이 공유하는 근본적인 가치에 기인한다. 이처럼 대다수가 공유하는 가치를 언급하면 서로 다른 문화권 사람들과의 소통에도 도움이 된다. 다음은 오바마가 세 차례의 연설에서 사용한 문장이다.

- "우리 모두는 자유를 원합니다. 우리 모두는 목소리를 내고 싶어 합니다. 우리 모두는 두려움이나 차별 없이 살기를 원합니다."
- "우리에게는 같은 바람이 있습니다. 평화롭고 안전하게 교육과 기회를 누리며 가족과 공동체 그리고 신앙을 소중히 여기는 것입니다."
- "우리는 이것들의 가치를 믿습니다. 표현의 자유, 원하는 방식으로 신앙을 실천할 자유, 기본적인 인간 존엄성에 대한 권리, 모든 사람이 두려움 없이 살아갈 권리."

오바마는 이 연설을 각각 브라질, 가나, 미얀마에서 했다. 세 나라는 역사, 문화, 인구 구성이 서로 다르지만, 그가 사용한 언어는 놀라울 정도로 비슷했다. 그리고 세 나라 모두에서 열렬한 박수갈채를 받았다. 세상에는 진정으로 보편적인 가치들이 있다. 그 가치를 호소하면 어디에서든, 누구와든 연결될 수 있다. 치열한 경쟁이 벌어지는 비즈니스 세계도 예외가 아니다.

## 가치 지향적 기업의 매출 상승이 가파른 이유

클라우드 기반 소프트웨어 기업으로 연매출이 400억 달러에 달하는 세일즈포스 Salesforce의 창립자이자 CEO인 마크 베니오프 Marc Benioff는 회사를 처음 세운 20여 년 전부터 이렇게 말했다.

"이제 CEO가 이윤만을 생각하던 시대는 끝났습니다. 나는 우리 회사의 모든 이해관계자들에게 책임이 있습니다. 주주뿐만 아니라 우리 직원들, 우리가 일하는 지역사회, 나아가 세계의 모두가 의존하는 지구도 포함됩니다. 그렇기에 우리는 이윤을 창출하는 동시에 신뢰, 혁신, 고객 성공, 평등, 지속 가능성이라는 핵심 가치를 지켜야 하지요."

베니오프는 해마다 수십 차례 연단에 선다. 주요 청중은 세일즈포스의 직원, 고객 투자자들이며, 국제 콘퍼런스 연사로 초청받을 때도 있다. 대개는 자사의 제품에 초점을 맞추어 이야기하지만, 회사가 추구하는 보편적 가치를 언급하는 것도 잊지 않는다. 의도는 명확하다.

기업의 일을 더 큰 가치와 연결 지으면 비즈니스에 도움이 되기 때문이다. 글로벌 회계법인 언스트앤영에서 실시한 2022년 설문에 따르면, 직장인의 약 3분의 2는 자신과 비슷한 가치를 추구하는 기업에서만 일하겠다고 응답했다. 또한 오늘날 대다수의 젊은 직장인들은 회사가 다양성, 형평성, 포용성을 지지하지 않으면 퇴사할 의향이 있다고 공공연히 말한다. 베니오프도 자신의 행동에 대해 이렇게 설명한다. "요즘 직원들은 기업이 보편 가치를 추구해야 한다고 생각해요. 유능한 인재를 채용하고 유지하려면 기업이 추구하는 가치를 세워야 하죠."

한편 고객이 중시하는 가치를 강조하면 수익 측면에서도 긍정적인 효과를 얻을 수 있다. 2022년에 『컨슈머 굿즈 테크놀로지*Consumer Goods Technology*』 웹진에서 실시한 조사에서 소비자의 80퍼센트 이상이 자신이 추구하는 가치와 일치하는 브랜드를 선호한다고 응답했다. 또한 맥킨지와 딜로이트 등 기업 컨설팅을 도맡는 글로벌 기업들이 각각 수행한 조사에 따르면 이윤 추구 이상의 목적을 가진 기업일수록 빠르게 성장하고 높은 매출을 올리는 경향이 있었다.

보편적 가치가 기업 이윤을 창출하는 예시는 그 밖에도 많다. 세계적인 컨설팅 기업 액센츄어Accenture의 CEO인 줄리 스위트Julie Sweet는 기업의 형평성과 다양성에 앞장서면서 임원들에게 "기업이 지역사회를 위하려면 사무실을 넘어 더 넓은 시각에서 생각해야 한다"라고 강조했다. 미국의 유제품 기업 초바니Chobani의 CEO 함디 울루카야Hamdi Ulukaya는 공동체의 가치를 실천하기 위해 전쟁으로 고통받는 지역 출신의 난민을 적극적으로 고용한다.

파타고니아의 창립자 이본 취나드Yvon Chouinard도 "기업의 가치 수호"를 강조한다. 여기에는 지구에 대한 책임을 다하는 것도 포함된다. 그는 회사의 미래 수익이 기후 변화를 막는 데 사용될 수 있도록 기업 소유권을 비영리단체와 신탁에 넘기기까지 했다. 취나드는 "우리는 지구를 지키기 위해 사업을 합니다"라고 말한다. 이러한 가치 중심적 메시지가 파타고니아를 미국 소비자들에게 가장 존경받는 브랜드로 만들었다.

반대로 고객이 중요시하는 가치를 지키지 못하면 브랜드에 큰 타격을 입는다. 페이스북의 모기업인 메타와 X(구 트위터)가 대표적인 사례다. 두 기업 모두 표현의 자유 수호를 핵심 가치로 내세우며 자사 플랫폼 내에서 자행되는 음모론, 혐오 발언, 아동 착취를 막으려는 조치에는 소홀했다. 그뿐만 아니라 사용자의 신뢰와 개인정보 보호, 취약 계층의 안전이라는 또 다른 중요한 가치도 지키지 못했다. 최근 몇 년 동안 소비자 대상 설문조사에서 메타와 X의 평판이 급락한 것도 그리 놀라운 일이 아니다.

　물론 기업 경영자들이 기업의 가치에 대해 언급하는 데 회의적인 시선을 보내는 비평가들도 있다. 불평등을 경고하는 CEO들이 대다수의 직원보다 수백 배나 높은 연봉을 받고, 세금을 제대로 내지 않으며 더 큰 경제적 불평등을 조장한다고 말이다. 또한 지속 가능성에 대한 기업들의 캠페인이 실제로는 그린워싱*을 감추기 위한 수단에 불과한 경우도 있다. 따라서 경영자가 기업이 추구하는 가치에 관해 이야기하려면 반드시 행동이 뒤따라야 한다.

　그렇다면 기업이 핵심 가치를 경영에 통합하고 이를 공개적으로 지지하는 행동이 부정적인 결과를 불러왔을 경우, 경영자는 어떻게 대응해야 할까? 예를 들어 디즈니가 플로리다주의 동성애 교육 금지법에 공개적으로 반대한 후 진보 진영에서는 디즈니의 평판이 올라갔지만 보수 진영에서는 하락한 것이 그 예다. 미국 맥주 시장에서 부동의 1위를 유지하던 버드라이트가 트랜스젠더 소셜 미디어 인플루언서에게 바이럴 광고를 진행했다는 이유로 보수층에서 불매 운동이 일어나 매출이 크게 떨어진 적도 있다.

　내가 제안하는 방법은 간단하다. 1장에서 말한 자기 자신을 파악하기 위한 핵심 질문을 던져보는 것이다. 이 질문은 기업이나 조직이 어떻게 발언하고 행동할 것인지 정하는 데도 도움이 된다.

---

*　겉으로 친환경적인 척하면서 실질적으로 환경을 해치는 행위.

- 나는 누구인가?
- 나는 어떤 환경에서 자라왔는가?
- 나는 무엇을 향해 나아가고 있는가?
- 나는 무엇을 중요하게 생각하는가?
- 나를 이끄는 가치는 무엇인가?
- 나는 무엇을 믿는가?
- 나는 왜 지금의 일을 하는가?
- 나를 실망시키거나 두렵게 하는 것은 무엇인가?
- 내 삶과 일에서 이루고 싶은 것은 무엇인가?
- 내 삶이나 내가 하는 일이 다른 사람에게 어떤 영감을 줄까?

나아가 다음과 같은 질문도 결정을 용이하게 한다.

- 우리의 직원과 고객들은 내가 어떤 가치를 대변하기를 기대하는가?
- 우리가 믿는 가치를 위해 나섰을 때 반발이 따른다면, 나는 그 대가를 감수할 준비가 되어 있는가?
- 우리가 믿는 가치를 위해 목소리를 내지 않았을 때 반발이 따른다면, 나는 그 대가를 감수할 준비가 되어 있는가?

질문에 대한 답은 저마다 다를 것이다. 디즈니와 버드라이트의 제조사인 앤하우저부시는 2024년 6월 한 달 동안은 성소수자 관련 상품을 축소했지만, 이후 일부 소비자와 정치인의 비판에도 굴하지 않고 성소수자 커뮤니티에 대한 지지를 다시 표명했다.

결국 당신의 선택을 도와줄 가장 좋은 길잡이는 함께 일하는 동료와 직원들이다. 베니오프 역시 차별적 법안을 검토 중인 지역에서 평등의 가치를 공개적으로 지지한 것은 성소수자 직원들의 요청에 따른 것이었다고 고백한다. "나는 언제나 우리 직원들을 지지할 것입니다. 오늘날 기업 경영자는 모두를 배려하고 모두가 공유하는 핵심 가치를 지켜야 합니다. 이것은 비즈니스의 필수 요소입니다."

## 첨예한 대립에도 효과적인 도덕적 프레이밍

가치를 활용하면 주장의 정당성을 강화할 수 있을 뿐만 아니라 상대를 설득하는 데도 효과적이다. 이런 기법을 "도덕적 프레이밍"이라고 부른다. 앞서 소개한 정파적 갈등 해결 실험에서 대다수 참가자들이 제대로 활용하지 못한 방법이기도 하다.

스탠퍼드대학교의 사회학자 롭 윌러가 발표한 연구에 따르면, 합법적 이민을 주장할 때 보수 진영에서 중시하는 충성심과 애국심을 강조하는 방식으로 논리를 전개하니 그들도 수긍하는 반응을 보였다. 성실한 이민자들이 미국의 경제와 세계적인 리더십 강화에 공헌한다는 논리였다. 반대 성향의 진보주의자들도 마찬가지였다. 롭 윌러가 수행한 또 다른 연구에서 군사비 증액에 대해 공정성을 강조해 주장을 펼치니 진보 성향 참가자들의 찬성률이 올라갔던 것이다. 군대가 다양한 배경을 지닌 사람들이 모인 기관이며, 빈곤과 불평등을 극복하는 기회를 제공한다는 논리였다.

이 방법은 현실에서도 효과적이다. 이를테면 보수주의자들은 오랫동안 자신들의 정책의 "법과 질서"의 유지나 "가족" 보호 같은 커다란 가치의 틀 안에서 주장했다. 정교분리의 원칙에 상충되는 '종교 학교에 대한 공적 자금 지원'을 두고 가족에게 "선택권"을 주는 정책이라고 논리를 펼치고, 학교 도서관에서 특정 도서를 검열하는 정책은 "아이들을 보호하는 것"이라고 주장하는 것이 대표적이다.

진보 진영의 대표자인 오바마 역시 프레이밍 전략을 잘 사용했다. 취임 첫해에 의료보험 개혁을 추진하면서 "열심히 일하는 사람"에게 "공정한 경쟁"을 보장하고, 미국 가정에 더 많은 "기회"와 "보호", "안정"을 제공할 것이라고 말한 것이 그 예다.

자신의 의견에 반대하는 사람들이 중시하는 가치를 강조하는 전략을 사용해 미국 역사상 여론 변화를 가장 신속하게 끌어낸 사건도 있다. 바로 동성 결혼 합법화 관련 논의다.

2010년 전후 여론 조사에 따르면 미국인의 과반수가 동성 커플의 합법적인 결혼을 지지하는 경향을 보였다. 그러나 동성 결혼을 옹호하는 인권단체 프리덤 투 메리Freedom to Marry의 설립자 에번 울프슨Evan Wolfson 같은 운동가들에게는 그 정도의 지지율에는 만족하지 못했다. 동성 결혼 합법화를 확실하게 추진하려면 최소한 국민의 5~10퍼센트를 추가로 설득해야 했다.

우선 반대 의견을 가진 사람들이나 아직 입장을 정하지 못한 사람들을 적으로 몰지 않는 것을 대원칙으로 삼았다. 울프슨은 당시의 입장을 이렇게 회고했다. "우리는 사람들을 설득하려고 했습니다. 반대자들을 비난하며 대화의 문을 차단하면 그들이 완전히 등을 돌릴 가능성이 컸습니다."

먼저 프리덤 투 메리는 자신들이 사용하는 언어를 자세히 분석했다. 그들은 오랫동안 동성 결혼을 지지해야 하는 이유를 강조했는데, 핵심은 평등한 권리와 자유를 수호하고 차별에 반대하며, 법적·의료·세금 혜택뿐만 아니라 결혼이 주는 사랑, 헌신, 가족의 가치를 동성 커플도 누릴 수 있도록 하자는 것이었다.

메시지를 면밀히 점검한 결과, 그들은 더 많은 사람을 설득하려면 법적·세금 혜택과 같은 일부 메시지가 오히려 걸림돌이 될 수 있음을 깨달았다. 오히려 설득력이 가장 큰 메시지는 동성 커플도 결혼이라는 가치를 함께 누리고 싶어 한다는 내용인 것으로 밝혀졌다.

그 후 그들은 "사랑, 헌신, 가족"의 개념을 강조했다. 소셜미디어 계정을 #LoveIsLove(사랑은 사랑이다) 해시태그로 가득 채웠고, 강연과 인터뷰에서는 동성 커플들이 서로에게 얼마나 헌신적인지를 보여주는 이야기를 공유했다. 그들의 부모와 형제자매들이 직접 나서서 같은 공간에서 함께 생활할 때 느끼는 가족의 유대감에 대한 감동적인 증언도 했다.

그 결과는 놀라웠다. 이전까지는 약 30개 주에서 유권자들이 동성 결혼을 거부했지만, 2012년 말에는 그중 4개의 주에서 동성 결혼 합법화가 주민투표에 부쳐졌고 모두에서 과반수의 찬성이 나왔다. 2015년에는 미국인의 60퍼센트 이상이 동성 결혼을 지지하게 되었으며 미국 연방대법원도 동성 커플의 결혼할 권리를 공식적으로 인정했다. 2022년에는 동성 결혼 지지율이 70퍼센트가 넘었고 미국 의회는 동성 결혼을 보호하는 연방법을 통과시켰으며 대통령이 서명했다.

물론 이러한 여론 변화를 전적으로 운동가들의 말하기 방식 변화 때문이라고 볼 수는 없다. 사람들의 인식이 바뀐 데는 시위, 입법, 소송 등 여러 요인이 작용했다. 수많은 사람들이 용기 있게 가족과 친구들에게 커밍아웃한 것도 크게 일조했을 것이다. 다만 말의 힘은 절대 간과할 수 없다. 울프슨은 자신이 선택한 말하기 방식에 대해 이렇게 말했다.

"우리는 동성 결혼이 사람들이 추구하는 사랑, 헌신, 가족의 가치와 일치한다는 사실을 보여주었습니다. 자신의 가치를 다시 생각해보게 만든 것이죠. 이것은 사람들의 마음을 움직이는 방법일뿐더러 핵심 가치에 충실하는 보다 나은 미국을 만드는 방법이기도 합니다."

낙태에 대한 권리 역시 동성 결혼 합법화 못지않게 첨예한 의견 대립이 나타나는 사안이다. 낙태권을 인정한 1973년의 '로 대 웨이드 판결'이 49년 만에 뒤집힌 날, 캔자스에 사는 애슐리 올Ashley All은 화를 참을 수 없었다. 당시 애슐리는 다섯 아이를 둔 엄마였고 그중 셋은 아직 어린 딸들이었다. "제 딸들이 자기 몸과 건강에 대한 권리를 저보다도 누리지 못하게 될 거라는 사실에 화가 났어요. 절대로 용납할 수 없는 일이었죠."

다행히 캔자스는 연방대법원의 판결 이후 낙태권 문제를 주헌법에서 삭제할지 여부를 주민투표에 부쳤다. 그러나 캔자스는 미국에서도 전형적인 보수 지역으로 손꼽히는 지역이며, 이곳에서 민주당 후보가 마지막으로 대통령 선거에서 승리한 것은 무려 60년 전이었다. 애슐리는 어떻게 움직였을까?

애슐리를 포함한 진보 성향의 운동가들은 반대 의견을 가진 사람들을 적으로 몰아세우지 않았다. 연설을 할 때나 유권자들과 대화할 기회가 있을 때도 "평등"이나 여성의 "선택권"처럼 진보 진영에서 선호하는 가치를 강조하지 않았다.

대신 보수적인 유권자들을 고려해서 캔자스 주민들이 가장 폭넓게 공감할 수 있는 가치에 호소했다. 애슐리가 속한 단체인 헌법적 자유를 옹호하는 캔자스인들Kansans for Constitutional Freedom이 전한 메시지는 "의료적 결정을 내릴 수 있는 개인의 자유"에 초점을 맞추었다. 여성의 임신 중단 권리를 제한하는 것은 정부의 과도한 간섭으로 개인의 권리와 자유를 침해한다는 논리였다. 그들은 "정치인들이 여러분의 자유를 빼앗도록 두지 말라"고 호소하며 "정부의 개입을 거부하고 자유를 지키자"라고 촉구했다.

결과는 대성공이었다. 이례적으로 높은 투표율 속에서 59퍼센트 대 41퍼센트라는 놀라운 차이로 승리를 거두었다. 보수적이기로 유명한 농촌 지역의 강경한 유권자들까지도 여성의 선택권을 보호하는 쪽에 투표해 전국을 놀라게 한 것이다. 이후 켄터키와 몬태나를 포함한 다른 보수 성향의 지역에서 이루어진 투표에서도 도덕적 프레이밍 전략은 결정적 역할을 했다. 애슐리는 이렇게 말했다.

"무조건 동의하라고 소리치고 강요해서 될 일이 아닙니다. 그렇게 하면 사람들은 오히려 등을 돌려버려요. 상대와 내가 함께 공유하고 있는 가치와 이상을 이용해 사람들을 하나로 모을 수 있는 언어를 사용해야 합니다. 진정한 변화를 이루는 유일한 방법이죠."

사람들을 설득하고 싶다면 자신이 옳다고 믿는 논리를 일방적으로 주장해서는 안 된다. 상대가 중요하게 여기는 가치에 기반한 접근이 필요하다. 사회심리학의 도덕 기반 이론을 바탕으로 강조하면 좋은 보편적인 가치를 아래에 정리했다.

| 가치 | 프레이밍 키워드 |
| --- | --- |
| 돌봄 | 자선, 공동체, 연민, 존엄성, 공감, 평화, 취약 계층 보호, 책임, 희생, 안전, 안정, 이타심, 봉사, 지속 가능성, 관용, 이해 |
| 공정 | 수용, 접근성, 이타심, 공동체, 연민, 존엄성, 공감, 평등, 형평성, 공정한 경쟁, 포용, 개별성, 개방성, 기회, 취약 계층 보호, 상호성, 존중, 권리, 사회 정의, 신뢰 |
| 권위 | 연속성, 규율, 위계 질서, 합법성, 리더십, 복종, 질서, 존경, 희생, 보안, 안정, 강인함, 끈기, 전통, 신뢰 |
| 충성 | 용기, 담대함, 시민의식, 공동체, 조국, 규율, 가족, 명예, 의무, 애국심, 신뢰성, 책임감, 희생, 이타심, 봉사, 연대, 단결 |
| 신성 | 헌신, 존엄성, 규율, 신앙, 신, 겸손, 순수, 청렴함, 순종, 신중함, 겸허, 도덕성, 존중, 절제, 희생, 자기 통제, 전통 |
| 자유 | 선택, 창의성, 호기심, 기업가 정신, 유연성, 자유, 독립, 개인주의, 혁신, 정의, 기회, 권리, 자립, 자급자족 |

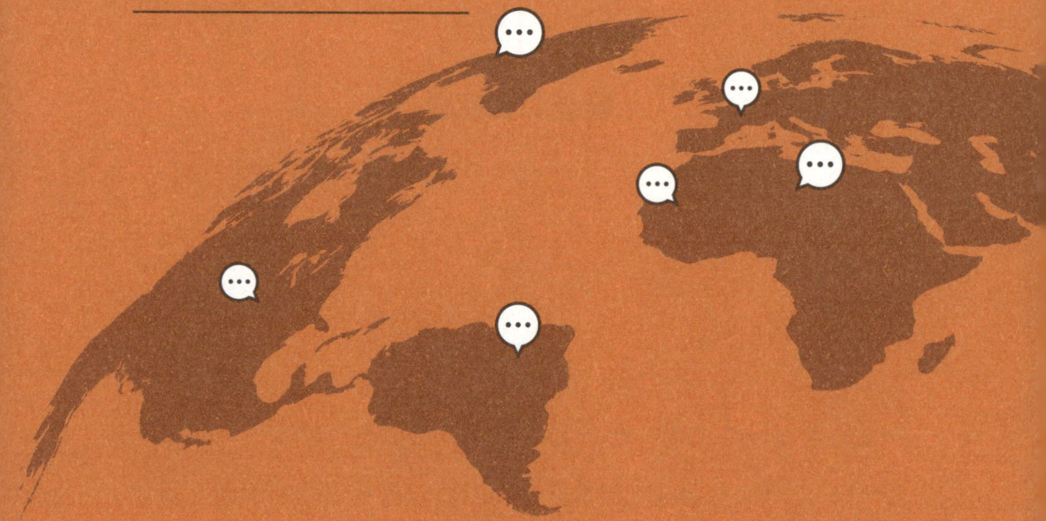

3부

# 원하는 것을 얻어내는 말하기 기술

## 8장 말에 진심을 담는 법

> 진실을 가슴에 품고 있으면서도
> 말로 전하지 않는 이들이 있다.
>
> – 칼릴 지브란 Kahlil Gibran (시인)

2019년 12월 스페인 마드리드에서 제25차 UN기후변화협약 당사국총회가 열렸다. 정치 지도자, 기업 경영자, 사회운동가 수천 명이 기후 변화 대응 방안을 논의하기 위해 모인 자리였다. 그곳에는 겨우 열여섯 살밖에 되지 않았지만 세계에서 가장 영향력 있는 기후 운동가인 그레타 툰베리도 있었다. 툰베리는 기후변화에 관한 정부간 협의체 IPCC의 보고서를 인용하며 말했다.

작년에 발표된 IPCC SR 1.5 보고서의 2장 108쪽에는, 지구 평균 기온 상승을 1.5도 이하로 제한할 확률을 67퍼센트로 유지하려면 2018년 1월 1일 기준으로 배출할 수 있는 이산화탄소 총량은 420기가톤이라고 명시되어 있습니다. 물론 현재 이 수치는 훨씬 낮아졌습니다. 토지 이용을 포함하여 우리는 매년 약 42기가톤의 이산화탄소를 배출하고 있기 때문입니다.

무슨 말인지 바로 이해되는가? 이 짧은 발언에 포함된 숫자와 통계 자료로 인해 바로 고개를 갸웃하게 되는 것은 당연하다. 툰베리 본인도 통계 자료를 쏟아내는 전달 방식이 좋지 않았다고 인정했다. "저는 기본적으로 사실과 숫자만 이야기했어요. 그런데 아무도 제 말을 이해하지 못한 것처럼 느껴졌죠." 일찍이 전 세계의 수많은 젊은이들을 기후 변화 대응 행동에 나서게 했던 툰베리도 마드리드에서는 흔하디흔한 실수를 저지르고 만 것이다. 수많은 데이터와 통계 자료로 누군가를 설득할 수 있다는 착각 말이다.

우리는 아리스토텔레스 시대부터 우리는 로고스logos, 즉 논리가 효과적인 수사학의 세 가지 핵심 요소 중 하나라고 배웠다. 학교에서도 주장을 명확한 증거로 뒷받침해야 한다고 가르친다. 연설에서 가장 중요한 요소는 화려한 언어나 감성이 아니라 논리적 주장이라고 말하는 연설문 작가들도 있다. 때문에 많은 이들이 발표를 통계 자료로 빼곡히 채운다.

## 통계로는 마음을 얻을 수 없다

말을 할 때는 너무 많은 사실과 수치에 의존하지 않도록 조심해야 한다. 특히 주장을 펼칠 때는 더더욱 그렇다. 주장에 숫자가 너무 많이 들어가면 사람들은 본능적으로 발표자가 제시하는 수치 자체를 의심하기 때문이다. 가짜 뉴스와 허위 정보가 넘쳐나는 시대를 살고 있는 우리는 통계나 그래프, 차트가 연사의 목적에 맞게 조작될 수도 있다는 사실까지 잘 알고 있다. 관련 내용을 다루는 『새빨간 거짓말, 통계』(청년정신, 2022)는 빌 게이츠가 두 번이나 강력 추천한 책으로 유명하다.

또한 사람들은 발표자가 보여주는 증거를 거부하고 싶을 때도 있다. 알다시피 우리는 자신의 관점과 일치하지 않는 정보를 접하면 가장 먼저 불편함을 느낀다. 심리학에서는 이를 인지 부조화라고 하는데, 그 불편함을 피하려는 방어 기제로 내면에서 확증 편향이 작동하는 것이다. 20세기 미국의 포크 듀오 사이먼 앤 가펑클의 노래 〈The Boxer〉에 등장하는 "사람은 듣고 싶은 것만 듣고 나머지는 무시하지"라는 가사가 이 개념을 정확하게 설명한다. 상대가 특정한 신념을 굳게 믿고 있다면 아무리 많은 통계와 근거를 내놓아도 그 생각을 바꾸는 것은 쉽지 않은 일이다.

게다가 통계는 두려움을 이기지 못한다. 내가 백악관에서 근무하던 당시, 서아프리카에서 발생한 에볼라 바이러스가 미국 본토로 넘어오면서 전국적인 공포를 불러일으킨 적이 있었다. 그런데 미국에서 실제로 에볼라에 감염된 사람은 과연 몇 명이었을까? 자그마치… 두 명이었다! 그마저도 병원에서 일하던 간호사들였다. 우리는 국민의 불안이 가라앉도록 증거를 바탕으로 대통령의 연설문을 작성했다. 오바마는 미국에서 에볼라에 감염될 가능성이 극히 낮다는 기본적인 사실을 강조했다. 하지만 그것만으로는 사람들의 공포를 잠재우기에 역부족이었다. "사람들이 무언가를 믿게 된 과정이 이성적인 사고에서 비롯되지 않았다면 이성으로 설득하려 해서는 효과를 기대하기 어렵다"라는 천체물리학자 닐 타이슨의 지적은 타당하다.

한편 때로는 데이터가 역효과를 일으키기도 한다. 2014년 다트머스대학교에서 실시한 연구에 따르면 백신에 대해 회의적인 부모들에게 백신의 안전성과 효과에 대한 정보를 충분히 제공하자, 오히려 자녀에게 백신을 접종하는 것에 대해 더욱 회의적인 태도를 보였던 것이다. 유니버시티칼리지 런던, 매사추세츠공과대학교MIT의 인지신경과학 교수인 탈리 샤롯은 이와 관련해 다음과 같이 말했다. "숫자와 통계는 진실을 밝히는 필수적인 도구이지만, 신념을 바꾸기에는 충분하지 않으며 실제 행동으로 이어지게 만드는 데는 사실상 무용지물이다."

나아가 통계가 중요한 대의를 덜 지지하게 만드는 역효과를 낳을 때도 있다. 사람들에게 기부를 요청한다고 해보자. 문제의 규모를 강조하면 더 많은 돈을 모을 수 있을까? 놀랍게도 케임브리지대학교 등에서 수행된 다수의 연구에 따르면 기부를 요청할 때 도움이 필요한 아이들의 수가 많을수록 기부액은 오히려 줄어드는 결과가 나타났다. 예일대학교 경영대학원의 데버라 스몰 교수가 이끈 연구도 주목할 만하다. 실험은 여러 그룹으로 참가자들을 나누고, 조건을 달리 주고 기부하도록 했다. 그 결과, 참가자들은 로키아라는 특정한 소녀를 돕자며 아프리카 식량 위기 문제를 아주 작은 개인의 차원으로 좁혔을 때 더 많은 금액을 기부하는 경향이 있었다. 또한 로키아를 돕자는 호소와 함께 더 광범위한 통계가 주어진 그룹에서는 오히려 기부 금액이 줄어들었다. 문제의 규모가 크다는 사실을 드러내는 통계가 로키아의 고통에 대한 공감도를 낮춘 것으로 보인다. 심리학자들은 이러한 현상을 "정신적 마비"라고 부른다. 고통의 규모가 커질수록 사람들이 압도감을 느껴서 도움을 주지 않게 된다는 것이다. 스몰 교수는 다음과 같은 결론을 내렸다. "통계로는 감정을 불러일으키기가 어렵다."

그렇다고 통계를 절대로 사용하지 말라는 뜻이 아니다. 직장에서 투자자를 설득하거나 고객을 유치할 때나, 지역사회의 새로운 프로젝트에 대한 지지를 요청할 때는 주장을 뒷받침할 수 있는 수치가 꼭 필요하다. 다만 일부 특수한 경우를 제외하고는 사실과 수치를 최소한으로, 그리고 전략적으로 사용하는 것이 좋다는 뜻이다. 통계는 어디까지나 이야기를 전개하기 위해 필요한 보조 자료다.

오바마는 대통령 임기 마지막 해에 경찰의 총격으로 비무장 상태의 흑인들이 잇따라 사망하는 비극적인 사건이 일어났을 때, 통계를 이야기에 적절히 활용해 연설했다.

> 아프리카계 미국인은 운전 중 교통 단속에 걸려 차를 세울 확률이 백인보다 30퍼센트 더 높습니다. 흑인과 히스패닉계가 차를 세운 뒤 경찰에 수색 당할 가능성은 백인보다 세 배 높습니다. 지난해에 경찰의 총에 맞아 사망한 흑인은 백인보다 두 배 이상 많습니다. 또한 흑인은 백인보다 두 배 더 많이 체포됩니다. 판사의 재량이 허용되지 않는 의무적 최소형으로 기소된 확률도 흑인 피고인이 75퍼센트 더 높습니다. 또한 같은 범죄로 체포된 백인과 비교했을 때 흑인은 약 10퍼센트 더 긴 형량을 선고받습니다.

통계가 꽤 많이 인용되었지만 수치들이 모여서 하나의 이야기가 되었다. 그리고 마침내 오바마는 이렇게 말했다. "결론적으로, 전체 인구에서 30퍼센트밖에 차지하지 않는 흑인과 히스패닉이 전체 수감 인구의 과반을 차지합니다." 핵심을 전달하는 강력한 빌드업 수단으로 통계를 사용한 것이다.

여기서 잊지 말아야 할 것은 말을 할 때 통계를 사용하려면 그 수치가 문제를 명확히 하는지, 데이터를 인용했을 때 사람들이 행동에 나설 가능성이 더 높아지는지, 통계가 모여 하나의 이야기가 되는지를 반드시 확인해야 한다는 것이다. 이 세 가지 중 어느 하나라도 만족하지 않는다면 그 통계 자료는 인용할 필요가 전혀 없다.

## 사람들은 인간미를 원한다

다시 그레타 툰베리의 사례로 돌아가보겠다. 툰베리는 마드리드에서 연설하기 몇 달 전, UN 본부에서도 연설했다. 그 연설은 매우 감정적이었고 불같은 분노가 담겨 있었다. 그녀는 UN에 모인 세계 지도자들을 향해 "우리는 당신들을 지켜볼 것"이라는 말로 시작했다.

> 당신들은 빈껍데기에 불과한 말로 내 꿈과 유년기를 빼앗았습니다. 그래도 저는 운이 좋은 편입니다. 많은 사람들이 고통받고 죽어가고 있습니다. 온 생태계가 무너지고 있습니다. 대규모 멸종이 시작되고 있는데, 당신들은 돈과 영원한 경제 성장이라는 허황된 이야기만 하고 있습니다. 어떻게 감히!

툰베리는 문장 하나하나를 손짓으로 강조했고, 목소리는 떨렸으며,

눈가에는 눈물이 맺혔다. 당시 수많은 연사가 나와서 말했지만 열여섯 살 소녀만큼 세계적인 관심을 불러일으킨 연사는 없었다. 마음에서 우러나온 말에 힘을 담아 전달했기 때문이다.

미셸 오바마도 감정을 자극하는 말하기에 능숙했다. 미셸과 버락 오바마의 연설문을 모두 작성해본 연설비서관 타일러 레치텐버그에 따르면, 미셸이 한번은 연설 초안에 불만을 표시하며 "이게 맞는 걸까요?"라고 물었다고 한다. "그 말은 '감정을 자극하는 핵심 요소가 없다'라는 뜻이었어요. 미셸의 강점은 말에 감정을 싣는다는 점입니다. 아무런 감정도 느껴지지 않는 연설은 하지 않았어요. 그렇게 하면 마침내 청중도 그 감정을 함께 느끼곤 했죠."

사람들의 감정을 건드리는 것은 아리스토텔레스가 말한 수사학의 세 번째 핵심 요소인 파토스<sub>pathos</sub>를 활용하는 일이다. 말에 감정을 담으려면 화자가 먼저 감화되어야 한다. 말에서 가장 감동적인 요소는 논리가 아닌 말에 담겨 있는 감정이라는 사실을 기억하라. 느낌, 진정성, 진실함으로 사람들과 이어지고 끝내 설득하여 행동을 이끌어내고 싶다면 파토스를 제대로 활용할 줄 알아야 한다.

이는 개인적인 성격이 강한 자리일수록 발표 내용을 작성할 때 챗봇에 의존해서는 안 되는 이유와 맞닿아 있다. 앞서 언급했듯이, 발표는 말하는 사람(당신)과 듣는 사람(청중) 사이에서 이루어지는 인간적인 경험이다. 아무리 정교한 기계라도 당신의 마음을 읽을 수는 없다. 사람들은 인간미를 원한다.

## 감정은 언제나 논리를 이긴다

감정을 담아 말하면 더 강력한 영향력을 행사할 수 있다는 사실은 점점 더 많은 연구를 통해 입증되고 있다. 와튼스쿨의 조나 버거 교수와 캐서린 밀크먼 교수는 사람들이 특정 온라인 기사를 여타 다른 기사보다 더 많이 공유하는 이유를 조사했다. 두 연구자는 약 7,000건의 기사를 분석했는데, 경외심, 분노, 불안과 같은 강렬한 감정을 불러일으키는 기사일수록 사람들 사이에서 더 많이 공유된다는 사실을 발견했다. 버거와 밀크먼은 강렬한 감정이 신체적 반응을 일으키는 이 현상을 두고 "생리적 각성"이라고 명명하며, 이러한 각성이 경험을 다른 사람들과 나누고 싶게 만든다고 설명했다. 기본적으로 인간은 가족이나 친구와 감정적으로 연결되고 싶은 욕구가 있는데 "상대방도 그 기사를 읽고 같은 감정을 느낀다면 더욱 가까워질 수 있"기 때문이다.

총기 안전, 동성 결혼, 기후변화와 같은 이슈에 대한 56만 건 이상의 SNS 게시글을 분석한 뉴욕대학교의 연구도 있다. 연구팀은 "범죄", "자비", "옳은", "두려운", "사랑", "울다", "학대", "명예", "양심", "신앙", "죄"처럼 도덕적이고 감정적인 단어를 포함한 글과 보다 중립적인 언어가 담긴 글을 비교했다. 그 결과, 게시글에 도덕적·감정적 단어가 포함될 때 공유될 확률이 20퍼센트 더 높아지는 것으로 나타났다.

우리는 감정을 불러일으키고 마음을 흔드는 언어에 자연스럽게 끌린다. 그 시작은 우리가 사용하는 단어다. 발표를 준비할 때 인터넷에 "감정의 수레바퀴 Wheel of Emotions"를 검색해보자. 무지갯빛 원 안에 감정을 나타내는 다양한 단어가 담긴 이미지를 찾을 수 있을 것이다. 미국의

## 감정 이해와 표현을 돕는 도구, 감정의 수레바퀴

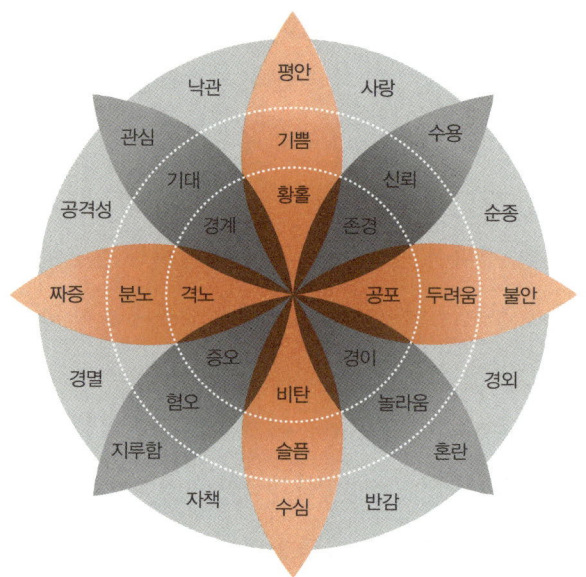

심리학자 로버트 플루치크가 고안한 감정의 수레바퀴는 카피라이터나 커뮤니케이션 전문가들 사이에서 널리 활용된다. 심리 상담을 하러 온 내담자들이 자신의 감정을 제대로 인식하고 표현할 수 있도록 만든 것이지만, 발표에 감정을 실어 전달하고 싶을 때도 활용하면 효과적이다.

 단순히 "행복하다"라고 말하지 말고 "자랑스럽다", "낙관적이다", "즐겁다", "희망적이다"라고 표현해보라. "화나다" 대신 "좌절감을 느끼다", "격분하다", "분개하다"라고 말해보라. "놀라다"라는 말은 "경악하다", "신난다", "감탄하다"라는 단어로 바꿔보라. 어떻게 표현할 때 감정을 더 생생하게 전달할 수 있는지 고민해야 한다. 그래야만 말로 사람들의 마음을 움직이고 더 깊이 연결될 수 있다.

수십 년 전까지만 해도 감정을 드러내는 태도는 그다지 환영받지 못했다. 하지만 오늘날에는 마음속 이야기를 솔직하게 나눌 때 진정성이 있다고 여겨지며 긍정적인 평가를 받는다. 가령 힐러리 클린턴이 2008년 민주당 대선 후보 경선에서 국가와 사회를 위해 일해온 자신의 신념을 이야기하다가 감정이 북받쳐 눈물을 보인 일이 있었다. 과거였다면 자격 미달로 여겨졌을지도 모르지만, 당시에는 오히려 힐러리의 인간적인 면모를 드러내는 일화로 받아들여져 사람들의 지지를 이끌어냈다.

오랫동안 리더들, 특히 여성들은 조금이라도 감정을 드러내면 "약하다"거나 "불안정하다"라는 부당한 평가를 받아왔다. 심지어 눈물이 맺힌 정도만으로도 조롱의 대상이 되곤 했다. 이런 고정관념은 완전히 사라지지 않고 여전히 남아 있어서 여성 지도자들이 분노, 두려움, 후회 같은 감정을 표현하면 "너무 감정적이다"거나 "능력이 부족하다"라는 멍에를 씌우기도 한다.

캘리포니아대학교에서 수행된 연구에 따르면, 유색 인종이 직장에서 분노를 표출할 경우 "과격하다"거나 "팀워크가 부족하다"라는 이유로 배제되기 쉬운 반면, 백인이 분노를 드러내면 오히려 "일에 대한 열정이 있다"라고 여겨지는 경향도 있었다. 백악관에서 나와 함께 연설문을 썼던 동료 사라다 페리는 직장과 지역사회에 뿌리 깊이 내려 앉은 편견에 대해 확인시켜주었다.

"감정을 드러내는 일은 쉽지 않아요. 특히 여성과 유색인종에게는 더 그렇습니다." 그럼에도 사라다는 이렇게 덧붙였다. "하지만 감정을 나누는 것은 사람들의 신뢰를 얻는 강력한 방법 중 하나예요. 감정이 담기지 않은 차갑고 공허한 연설은 누구에게나 실패할 위험이 크죠."

내 경험을 돌아보아도 그렇다. 나는 백악관에서 마음에서 우러나오는 연설이 얼마나 강력한지 직접 보았다. 오바마가 재임한 8년 동안 우리는 대통령을 위해 3,477건의 연설문과 성명을 준비했다. 모든 연설을 다 기억하지는 못하지만 지금 소개할 연설은 엄청난 반응을 이끌어내서 아직도 기억에 생생하다.

때는 2012년 코네티컷주 뉴타운의 초등학교에서 총기 난사 사건이 벌어졌을 때였다. 20명의 어린아이와 6명의 교직원이 목숨을 잃었다. 오바마는 사건 발생 직후 백악관 브리핑룸에서 그들을 애도하는 성명을 발표했다. 하지만 연설을 시작한 지 1분도 채 지나지 않아 그는 목이 메어 좀처럼 말을 잇지 못했다.

"오늘 희생자들은 대부분 아이들이었습니다. 다섯 살에서 열 살 사이의 아름다운 아이들이었죠." 오바마는 잠시 말을 멈추고 눈가의 눈물을 닦았다. 한숨을 내쉬며 연설문을 만지작거리다가 다시 말하려 했지만 또다시 멈추었다. 약 10초간 침묵 속에서 마음을 추스르려 애쓴 뒤에야 고개를 들어 눈물을 훔치며 말을 이었다. "이 아이들에게는 앞으로 아주 많은 시간이 기다리고 있었습니다. 생일도, 졸업식도, 결혼식도, 자신의 아이들을 낳아 기를 시간도."

이 연설 영상은 수백만 회나 조회되었다. 오바마 대통령 재임 기간 전반을 통틀어 가장 많이 시청된 영상 중 하나다. 유려하거나 세련된 표현 때문이 아니었다. 그는 간단하고 소박한 언어를 사용했다. 완벽한 논리 때문도 아니었다. 그는 순간적으로 마음에서 우러나온, 대본에 없는 인간적이고 진솔한 감정을 보여주었다. 그 순간만큼은 대통령이기

코네티컷주
총기 난사 사건
추모 연설
버락 오바마,
2012

이전에 한 아이의 부모였다. 마음에서 우러나는 감정을 숨기지 않고 진솔하게 드러냈기에 사람들의 마음을 얻을 수 있었다.

## 솔직한 말의 놀라운 힘

솔직해지려면 좌절이나 고통, 트라우마처럼 우리가 감추고 싶은 부분을 드러내야 한다. 물론 낯선 사람들 앞에서 이런 이야기를 꺼내기는 쉽지 않고, 때로는 두려움까지 느낄 것이다. 게다가 어떤 전문가들은 "너무 사적인 얘기는 꺼내지 말라"고 조언하기도 한다. 하지만 내 경험에 따르면 개인적인 이야기를 하면서 감정을 진솔하게 드러낼수록 사람들은 더 크게 공감하고 당신의 입장을 완벽히 받아들인다.

어느 열세 살 소녀가 자신의 감정을 진솔하게 드러내어 세계적인 반향을 일으킨 사례를 보자.

애리조나주에 사는 올리비아 벨라Olivia Vella의 학교생활은 겉보기에 아무런 문제가 없어 보였다. 성적도 우수했고 배구를 즐겨 했으며, 발레를 좋아해서 평일 저녁과 주말에는 지역 극단에서 주로 시간을 보냈다. 하지만 속으로는 무척 힘든 시간을 보내고 있었다. 많은 청소년, 특히 여학생들이 그렇듯 올리비아도 외모로 인한 압박감을 느꼈다. 단순히 신경을 많이 쓰는 수준이 아니라 신체이형장애,* 불안증, 우울증 진

---

* 자기 외모에 심각한 결점이 있다는 왜곡된 인식에 사로잡히는 정신건강 장애.

단을 받았을 정도였다. 친구를 사귀기도 어려웠고, 급식실에서도 따돌림을 당했다. 그러던 중 영어 수업에서 직접 쓴 시를 발표하는 기회가 주어졌다. 올리비아는 이 기회를 이용해 자신의 속마음을 전해야겠다고 결심했다.

최신 유행에 맞춰 옷을 골라야 해.
사람들 앞에 나서려면 화장을 해서 조금이라도 예뻐 보여야 해.
머리에 우아한 컬을 넣는 것도 잊으면 안 되지.
학교에서는 모두가 신는 컨버스 운동화에 뚱뚱한 발을 욱여넣어야 해.
발가락이 조이고 피멍이 들어도, 다들 신는데 너만 안 신을 수는 없으니까.
머리부터 발끝까지 모든 차림새가 불편해.
하지만 그렇게 몇 시간을 공들여도 다른 여자애들처럼 예뻐지진 않아.
눈물을 참으려 애쓰지만 마음속에 감정의 쓰나미가 몰아쳐.
"왜 난 충분하지 않은 걸까?"

시의 끝부분으로 갈수록 올리비아의 목소리는 더욱 격렬해지고 감정이 북받쳤다.

넌 스스로에게 말해.
"사람들이 나를 좋아해줬으면 좋겠어. 그저 받아들여지고 싶어."
밥을 굶는다고, 손목에 상처를 낸다고, 문제가 해결되진 않아.
넌 다른 여자애들을 부러워하지만, 정작 그 애들은 너를 부러워해.
잘못된 건 네가 아니라 세상이야.

넌 사랑받는 존재야.

넌 소중해.

넌 아름다워.

넌 재능이 있어.

넌 무엇이든 할 수 있어.

넌 존중받을 자격이 있어.

넌 그 밥을 먹어도 돼.

넌 70억 명 중 단 하나뿐인 존재야.

무엇보다, 넌 지금 이대로도 충분히 괜찮은 사람이야.


올리비아가 낭송을 마치자, 친구들은 눈물을 흘리거나 환호하면서 박수를 쳤다. 자신에게 못되게 굴었던 아이들을 포함한 주변 친구들은 변화했다.

"처음엔 다들 비웃을까 봐 떨리고 긴장됐어요. 하지만 제 감정을 온전히 표현할 기회였죠. 시를 낭송하는 동안 제 말이 친구들에게 어떤 영향을 미치는지 알 수 있었어요. 그 후로 아이들이 제게 '네가 그렇게 말해줘서 정말 다행이야. 나도 똑같이 느끼거든'이라고 했어요. 덕분에 저도 혼자가 아니라는 걸 깨달았죠. 모두가 서로를 좀 더 인간적으로 바라볼 수 있게 된 것 같아요."

올리비아가 시를 낭독하는 영상은 전 세계로 퍼져나갔고 10대 소녀들이 외모에 관해 겪는 사회적 압박감을 두고 폭넓은 대화가 일어났다. 전혀 예상하지 못한 일이었다. 와이오밍에 사는 한 여학생은 "네 시가 나를 구했어. 덕분에 이젠 행복해질 수 있어"라는 편지를 보내왔고, 하루도 빠짐없이 자신이 부족한 사람이라는 생각으로 힘들었다는 60대 여성은 "마치 나에게 직접 말을 건네는 것 같았다"라고 했다. 올리비아는 나와의 인터뷰에서 이렇게 말했다.

"사람들은 감정을 꼭꼭 숨긴 채 겉으로 괜찮은 척하는 것 같아요. 하지만 연약한 속마음을 드러낼 때 비로소 있는 그대로의 나를 보여줄 수 있죠. 사람은 완벽하지 않아요. 누구나 결점이 있어요. 감정을 존중한다는 건 곧 자신을 솔직하게 드러내는 일이고, 그렇게 하면 다른 사람들도 마음을 열 수 있어요. 더 깊은 공감대가 형성될 수 있죠."

## 아는 사람을 향해 말한다고 상상하기

그럼에도 불구하고 진정 어린 말을 꺼내기가 어렵다면 여기 한 가지 팁이 있다. 마음속으로 그 이야기를 전하고 싶은 사람을 한 명 떠올리고, 그를 앞에 두고 말한다고 생각해보는 것이다. 나 역시 연설문을 쓸 때 실제로 존재하는 특정 인물을 떠올리고 그 사람이 깊이 공감할 수 있도록 한다. 오바마 연설문 중에는 2013년 4월 15일에 보스턴에서 발생한 폭발 사고에 대한 추모 연설이 특히 그랬다.

당시 보스턴에서는 마라톤 대회가 열리고 있었는데, 결승 지점 부근에서 두 차례의 폭발이 발생했다. 300여 명이 다치고 세 명이 목숨을 잃은 끔찍한 사고였다. 사고는 월요일에 발생했는데, 다음 날 나는 오바마 대통령이 그 주 목요일 보스턴의 홀리크로스 성당에서 열리는 추모식에 참석해 연설할 예정이라는 소식을 들었다. 다시 말해 나에게는 연설문을 준비할 시간이 채 48시간도 남지 않았다는 뜻이었다.

이 참사는 오바마에게도 결코 남 일이 아니었다. 오바마 부부는 하버드 로스쿨 시절부터 보스턴시와 깊은 인연을 맺어왔다. 또한 오바마가 2004년 역사적인 전당대회 연설을 했던 곳도 보스턴이었다. 나도 마찬가지였다. 나는 보스턴에서 태어났고 가족이 케이프코드로 이사한 뒤에도 명절이나 세례식, 결혼식 때마다 친척들을 만나러 보스턴을 찾곤 했다.

폭발 사건 이후 연설문을 준비하는 동안 내 머릿속에는 보스턴에 사는 가족과 친구들, 특히 댄 삼촌이 계속 맴돌았다. 댄 삼촌은 뼛속 깊이 보스턴 사람이었다. 보스턴칼리지 미식축구와 하키 경기는 시즌권을 구매해서 보러 다녔고, 보스턴 시내 여러 술집의 단골이기도 했다. 행사가 성당에서 열린다는 점도 댄 삼촌을 떠올리는 데 한몫했다. 댄 삼촌은 어릴 때 성당에서 미사 집전을 돕는 복사 역할을 맡은 이력이 있었고, 가톨릭 학교를 졸업했기 때문이다(다만 댄 삼촌은 확고한 보수주의자여서 오바마를 좋아하지 않았고, 매년 추수감사절에 만날 때마다 그 사실을 나에게 기어이 상기시키곤 했다). 나는 댄 삼촌이 친구들과 술집에서 TV로 연설을 지켜보는 모습을 떠올렸다. 과연 댄 삼촌이라면 어떤 말을 듣고 싶어 할까?

나는 추모식 전날 저녁에 연설 초안을 보냈다. 오바마 대통령은 원고를 받은 직후부터 대통령 전용기가 보스턴에 착륙할 때까지 원고를 조금씩 수정해가면서 연설을 자신의 것으로 소화했다. 그렇게 추모식 당일, 정오가

보스턴 마라톤
대회 테러 희생자
추모식 연설
버락 오바마,
2013

조금 지난 시각에 성당의 설교단에서 오바마 대통령의 연설이 시작되었다.

맑은 아침 날 운동화 끈을 묶는 주자들의 모습을 묘사하며 그날의 이야기를 시작했다. 아름다운 하루를 산산조각 내버린 테러 사건을 언급하고, 그로 인해 목숨을 잃은 세 명의 무고한 희생자들을 기렸으며, 병원에 있을 부상자들에게 "여러분은 다시 달릴 수 있을 것입니다"라고 희망을 북돋았다. 그리고 연설이 중반에 접어들면서는 어조가 바뀌었다. 오바마는 보스턴 시민들에게 직접 말을 건네는 듯 말했다. 그 주 내내 보스턴 곳곳에서 울려 퍼진 단호함과 회복력의 상징인 "보스턴 스트롱Boston Strong" 정신을 다시 한 번 상기시킨 것이다.

여러분의 강인한 의지는 이 끔찍한 범행을 저지른 자들에 대한 가장 강력한 처벌입니다. 만약 우리를 위협하고 공포에 떨게 하며 미국인의 정체성을 상징하는 가치를 뒤흔드는 것이 그들의 목적이었다면, 이제 그들도 분명히 알았을 것입니다. 이 도시를 선택한 것이 큰 오산이었다는 것을 말입니다.

성당 안에서는 박수갈채가 터져 나왔다. 오바마는 마이크 앞으로 몸을 기울이며 환호 속에서 힘주어 외쳤다. "보스턴에서는 그런 일이 결코 일어나지 않습니다! 보스턴에서는 절대 용납되지 않습니다!" 그는 폭발로 인해 쓰러졌다가 다시 일어선 한 주자의 모습을 떠올리며 말했다. "우리는 다시 일어설 것입니다. 계속 전진할 것입니다. 그리고 경주를 끝마칠 것입니다!"

오바마는 설교를 집회로 바꾸고 있었다. 그는 단순한 추모가 아니라 삶을 어떻게 살아야 하는지에 대한 메시지를 전한 것이다. 연설이 절정에 다다르자, 그는 성당 안에 가득 찬 감정의 에너지를 타고 더욱 힘을 끌어올렸다. 청중의 환호 속에서 그는 소리 높여 외쳤다.

내년 이맘때, 4월 셋째 주 월요일에 열릴 제118회 보스턴 마라톤 대회에서, 전 세계 사람들은 이 위대한 미국의 도시로 돌아와 그 어느 때보다 힘차게 달리고, 더욱 큰 소리로 환호할 것입니다. 두고 보세요!

성당에 앉아 있던 보스턴 시민들은 자리에서 일어나 박수를 치며 환호했다. 몇몇은 불끈 쥔 주먹을 허공으로 치켜들었다. 그들은 위협에 굴복하지 않는 강인하고 회복력 있는 도시이자 나라 그 자체였다.

어느 백악관 직원이 이 연설을 두고 "보스턴에 보내는 러브레터" 같았다고 말했다. 나 역시 그렇게 느꼈고 보스턴 시민들도 그랬던 것 같다. 보도에 따르면 사람들은 성당 밖에 모여서, 혹은 식당이나 술집에서 함께 오바마의 연설을 들었다고 한다. 원래 연설이란 사람들이 함께 모여 나누는 공동체적인 경험이다.

그날 오후, 나는 댄 삼촌이 남긴 음성 메시지를 받고 깜짝 놀랐다. 댄 삼촌과는 평소 자주 연락하지 않았고, 내가 연설문을 쓰면서 삼촌을 떠올렸다는 사실을 알 리도 없었다. "테리, 댄 삼촌이다. 방금 대통령의 연설을 봤다. 모두가 봤지. 정말 훌륭한 연설이었어. 그 얘길 해주고 싶어서 전화했다." 보스턴 억양이 물씬 풍기는 목소리였다. 메시지 속에서 들려오는 시끌벅적한 소리로 보아, 아마도 삼촌이 좋아하는 술집에서 남긴 것 같았다. 내용은 별것 아니었지만, 그게 댄 삼촌에게서 나온 말이라면 이야기가 달랐다. 실로 엄청난 칭찬이었다. 명절마다 오바마 대통령을 비판해온 댄 삼촌이 연설을 통해 자신이 좋아하지 않던 사람과 교감을 느꼈다는 뜻이니 말이다.

## 국제적 난민 지원을 촉구하며 오바마가 한 말

사람들 앞에서 말할 때는 당신 역시 이야기를 듣는 사람들에게 공감해야만 한다. 오바마가 재임 마지막 해에 떠난 몇 번의 역사적인 해외 순방을 살펴보자.

  2016년 봄, 그는 미국 대통령으로서는 거의 90년 만에 처음으로 쿠바를 방문했다. 미국과 쿠바는 냉전으로 1961년 이래 국교를 단절한 상태였다. 오바마 정부에 이르러서야 관계를 정상화하는 노력이 시작되었고, 2015년에 결실을 맺었다. 오바마는 그 이듬해 쿠바의 수도 아바나에서 한 연설에서 쿠바 국민들이 의료, 교육, 민간 사업 분야에서 이룬 성취에 경의를 표했다. 쿠바 문화에도 찬사를 보내며 쿠바인과 미국인이 함께 나아가야 한다고 말했다. 그는 이 자리에서 역대 미국 대통령으로서는 처음으로 솔직하게 "미국의 쿠바에 대한 무역 금수 조치가 시대에 뒤떨어진 정책이며, 쿠바 국민들에게 오히려 해를 끼치고 있다"라고 인정했다.

  그로부터 몇 달 후에는 현직 미국 대통령으로서는 처음으로 히로시마를 방문했다. 알다시피, 히로시마는 미국이 제2차 세계대전을 끝내기 위해 첫 번째 원자폭탄을 투하했던 곳이다. 오바마는 나이 지긋한 생존자들을 만나 "하늘에서 떨어진 죽음"으로 목숨을 잃은 희생자들을 추모했다. 그리고 희생자들을 기리는 기념공원 앞에 서서, 그들이 겪은 공포를 깊이 생각해보자고 전 세계에 촉구했다.

히로시마 희생자 추모 연설
버락 오바마, 2016

왜 우리는 이곳, 히로시마에 오는 걸까요? 우리는 그리 오래되지 않은 과거에 터져 나온 끔찍한 폭력에 대해 생각해보기 위해 이곳에 옵니다. 10만 명이 넘는 일본인 남녀노소, 수천 명의 한국인 그리고 12명의 미국인 포로를 포함해 목숨을 잃은 이들을 애도하기 위해 이곳에 옵니다. 그들의 영혼이 우리에게 말을 건넵니다.

그해 말, 마지막으로 향한 나라는 라오스였다. 라오스는 베트남 전쟁 동안 미국의 대규모 폭격을 경험한 나라다. 연설문을 쓰면서 나는 미국 대통령이 지금까지 소위 비밀 전쟁 Secret War*이 초래한 파괴를 제대로 인정한 적이 없다는 사실에 충격을 받았다. 미국은 무려 9년 동안 라오스에 200만 톤이 넘는 폭탄을 투하했고, 그 결과 라오스는 인구 대비 세계에서 가장 많은 폭격을 당한 나라가 되었다. 오바마는 라오스를 방문한 최초의 미국 대통령이었다. 오바마는 수도 비엔티안에서 전임자들은 한 번도 입에 올리지 않았던 말을 솔직하게 했다.

---

* 베트남 전쟁 기간 동안 미국이 라오스에서 비밀리에 수행한 폭격 작전.

어느 라오스인이 말했습니다. "폭탄이 비처럼 쏟아졌다." 마을과 온 계곡이 흔적도 없이 사라지고 수많은 민간인이 목숨을 잃었습니다. 그 분쟁이 어떤 명분으로 시작되었든, 의도가 무엇이었든, 전쟁은 무고한 남녀노소에게 끔찍한 대가를 치르게 한다는 사실을 다시 한번 일깨워주었습니다. 오늘 저는 그 분쟁으로 인해 발생한 모든 고통과 희생을 인정하며, 여러분과 함께합니다.

일부 정치 평론가들은 오바마가 재임 기간 동안 해외를 방문할 때마다 미국이 전 세계에서 저지른 과거의 잘못에 대해 사과하고 다녔다며 "사과 투어"라고 비꼬았다. 하지만 이는 사실과 거리가 멀다. 오바마는 훌륭한 연사라면 마땅히 해야 할 일을 했을 뿐이다. 사람들에게 공감을 표하고 자신이 속한 나라가 그들에게 저지른 행위를 인정하는 것이다. 연사에게 이러한 공감 능력은 매우 중요하다. 이는 직장에서도 마찬가지다. 직장 내 성평등을 위한 체계적 변화를 이끄는 비영리단체 캐털리스트에서 발표한 연구 결과에 따르면 공감은 유능한 리더가 반드시 갖추어야 할 필수 역량이다.

나는 오바마가 해외에서 연설을 마치고 나면 청중 중 아무나 골라 연설이 어땠는지 묻곤 한다. 아마도 그들은 내가 기자인 줄 알았을 것이다.

청중: 아, 정말 좋았어요!

나: 특히 좋았던 문장이 있었나요?

청중: 글쎄요….

나: 그럼 인상적이었던 부분이라도?

청중: 음, 한 부분이 아니라, 들으면서 느껴진 감정 때문에 좋았어요. 그가 우리를 제대로 보고 이해한다는 생각이 들었거든요.

당신도 지금까지 들어본 가장 인상적인 연설을 떠올려보라. 대통령 취임 연설일 수도 있고, 형제가 조부모님의 장례식에서 한 추도사일 수도 있다. 어쩌면 훌륭한 문장 한두 개 정도를 기억할 수도 있지만, 아마도 기억에 남은 것은 들으면서 느꼈던 강렬한 감정일 것이다. 내 마음에 와닿거나, 진정으로 이해받는 듯한 느낌 말이다.

2016년 여름, 시리아에서는 5년 넘게 지속된 내전으로 수십만 명이 목숨을 빼앗겼고 1,100만 명 이상이 삶의 터전을 잃었다. 당시 전 세계에는 시리아 내전을 포함해 분쟁과 기근으로 난민이 된 사람들이 약 6,500만 명에 이르렀다. 제2차 세계대전 이후 가장 심각한 난민 위기였지만 전 세계의 수많은 사람들에게 이것은 그저 숫자에 불과했다. 피투성이 얼굴을 한 다섯 살짜리 남자아이의 영상을 보기 전까지는 말이다.

옴란 다크니시의 영상은 시리아 알레포에서 공습이 있었던 후 공개되었다. 반바지와 티셔츠를 입은 아이는 온몸에 먼지를 뒤집어쓴 데다가 한쪽 얼굴은 피로 범벅되어 있었다. 아이는 큰 충격에 빠진 듯 구급차 안에서 멍하니 앉아 있었고, 고사리 같은 작은 손에 묻은 피를 스스로 닦으려 하기도 했다. 충격적인 옴란의 영상은 순식간에 전 세계로 퍼져나갔다. 막연하게만 느꼈던 위기가 갑자기 현실적이고 공감할 수 있는 문제가 되었다. 부모들은 이 어린아이를 보며 자신의 아이들을 떠올렸다.

심리학자들은 이를 "인식 가능한 피해자 효과"라고 부른다. 우리는 규모가 큰 집단보다는 구체적이고 식별 가능한 개인에게 더 쉽게 공감한다. 앞에서 소개한 아프리카 식량 위기에 관한 연구도 이를 잘 보여 준다. 참가자들은 "300만 명 이상의 아이들"이 고통받고 있다는 말을 들었을 때보다, 로키아를 도와야 한다고 했을 때 기부할 가능성이 더 높았다.

클레어몬트대학원의 신경경제학자 폴 자크 박사가 진행한 실험도 인간 중심적인 이야기의 효과를 증명한다. 그는 연민, 관대함, 자신의 감정을 촉진하는 옥시토신이 체감 가능한 구체적인 이야기를 들었을 때 분비된다는 사실을 발견하고, 한 가지 실험을 진행했다. 참가자들에게 흡연, 음주, 과속 등 다양한 문제를 다루는 공익 광고를 12편 이상 보여 준 후 해당 문제를 해결하는 자선 단체에 기부할 의향이 있는지 묻는 실험이었다. 이때 절반의 참가자들에게 합성 옥시토신을, 나머지 참가자들에게는 위약을 투여했다. 결과는 예측한 대로였다. 옥시토신을 투여받은 참가자들은 위약군보다 공익 광고에 등장한 이들에게 더 큰 관심을 보였으며, 기부 금액도 56퍼센트나 더 많았다.

마더 테레사도 이렇게 말했다. "수많은 사람을 보면 나는 결코 행동하지 않을 것이다. 하지만 한 사람을 본다면 행동할 것이다." 만약 누군가를 움직이고 싶다면 당신이 돕고자 하는 사람들의 이야기를 들려주라. 특정한 한 명의 이야기를 전하면 더 효과적이다. 오바마는 종종 이렇게 말했다. "단순히 사실을 나열하지 말고, 이야기를 들려주면서 머리가 아니라 마음에 호소하라."

그렇다면 옴란 다크니시의 영상이 공개된 후에는 어떻게 되었을까?

뉴욕 스카스데일에 사는 여섯 살 소년 알렉스 마이테베리Alex Myteberi는 어머니가 휴대폰으로 뉴스 기사를 읽는 모습을 구경하다가 우연히 옴란 다크니시의 모습을 보았다. 알렉스는 시리아 소년에 대한 관심을 거둘 수 없었다. "알렉스는 몹시 속상해했어요. 눈물이 그렁그렁해서는 어떻게든 도와주고 싶어 했죠." 알렉스는 식탁 앞에 앉아 노란색 노트에 파란 펜으로 편지를 썼다. 받는 이는 오바마 대통령이었다. 알렉스는 옴란이 자신의 가족과 함께 뉴욕에서 살았으면 좋겠다고 적었다.

백악관 서신실은 알렉스의 편지를 읽자마자 이를 연설문 작성팀에 전달했다. 당시 우리는 오바마 대통령의 UN 난민 정상회담 연설을 준비 중이었는데, 알렉스의 말이 전 세계의 관심을 난민 위기에 집중시키는 데 큰 역할을 할 수 있을 것 같았다. 우리는 오마바 대통령의 연설에 이 편지의 내용을 포함시켰다.

오바마는 이주민과 난민에 대한 국제적 지원을 확대하자고 연설했다. 말미에는 알렉스의 편지를 인용하며 따뜻하고 관대한 어린 마음을 회의장에 있던 각국의 대통령과 총리들에게 전했다. UN에서 개최되는 정상회담은 대개 엄숙한 분위기로 진행되는데, 이례적으로 뜨거운 박수갈채가 터져 나왔다. 알렉스의 이야기는 전 세계 언론의 헤드라인을 장식했다.

우리 연설팀은 난민 정상회담이 있기 며칠 전, 백악관 촬영팀과 함께 알렉스의 집을 방문했었다. 알렉스는 편지를 썼던 식탁에 앉아 편지를 큰 소리로 낭독했다. 그것도 일종의 연설이었다. "우리는 형제가 될 거예요. 내 여동생 캐서린은 옴란을 위해 나비와 반딧불이를 모을 거예요. 우리는 다 함께 놀 거예요. 옴란이 장난감을 가져오지 않을 테니 제

자전거를 함께 쓸 거고, 자전거 타는 법도 가르쳐줄 거예요."

알렉스가 편지를 읽는 영상은 급속도로 퍼져나가면서 옴란 같은 아이들이 겪는 고통이 더 많은 사람들에게 알려졌다. 인도적 지원을 위한 기부도 증가했다. 몇 년 후, 나와의 인터뷰에서 알렉스가 한 말은 더욱 감동적이다.

"피부색이나 종교가 다르면 좀 어때요? 저는 연민이 숨 쉬는 것처럼 당연한 일이었으면 좋겠어요. 사람이라면 누구나 보살핌을 받고 행복하게 사는 걸 꿈꾸잖아요. 서로 도와준다면 그럴 수 있어요."

사람들이 구체적으로 행동에 나서도록 설득하고 동기를 부여하고 싶은가? 그렇다면 너무 많은 데이터를 인용해 혼란을 주는 대신, 마음에서 우러나오는 말로 공감을 이끌어내라.

- **감정은 논리를 이긴다.** 연설에서 가장 중요한 것은 논리가 아니라 감정이다. 어쩌면 훌륭한 문장 한두 가지를 기억할 수도 있지만, 내 마음에 와닿거나 진정으로 이해받는 듯한 느낌이 있어야 제대로 기억된다.
- **감정을 생생하게 표현하라.** 자신의 감정을 깊이 있게 전달할 수 있는 단어를 선택해 사람들과 공감대를 형성하라. 분노, 자부심, 좌절, 흥분과 같은 감정의 강도를 보다 정확하게 표현하는 단어들을 찾아보자.
- **약한 모습을 솔직하게 드러내라.** 직접 경험한 고통이나 어려움을 이야기하라. 의심, 불안, 실패를 진술하게 공유하면 청중도 자신을 돌아보면서 더 깊은 공감과 이해가 형성된다. 약해 보일까 봐 걱정할 필요는 없다. 강한 사람만이 마음속 깊은 감정을 드러낼 수 있기 때문이다.
- **특정한 사람에게 말한다고 상상하라.** 말할 내용을 준비할 때 마음을 움직여야 하는 대상 중 구체적인 한 명을 정해보자. 청중 앞에서 이야

기할 때는 직접 말을 건네듯 이인칭을 사용하는 것도 방법이다.

- **청중에게 공감하라.** 청중의 경험에 기반해 생각해보라. 그들의 삶에 영향을 끼친 경험이나 그들이 자랑스럽게 여기는 성취는 무엇인가? 반대로, 사람들이 고통 혹은 불공정에 대한 울분이나 분노를 품고 있다면, 그에 공감하면서 해결 방법을 함께 모색할 수도 있다.
- **개인의 이야기에 초점을 맞춰라.** 문제나 이슈를 막연한 용어나 통계로만 설명하기보다는 특정한 개인의 이야기나 구체적인 사례를 통해 문제를 생생하게 전달하라.

## 9장 | 쉽게, 더 쉽게 말하라

> 나만의 세계가 있다면 모든 것이 터무니없는 세계일거야. 모든 것이 이 세계와는 다를 테니까. 이 세계에 존재하는 것은 존재하지 않을 것이고, 존재하지 않는 것은 존재할 테니까. 무슨 말인지 알겠어?
>
> – 루이스 캐럴 『이상한 나라의 앨리스』 中

새로운 연설문을 준비하고 있던 나는 어느 날 백악관 관계자의 사무실을 찾았다. 그의 이름을 그렉이라고 하겠다. 나는 그렉에게 오바마 대통령이 연설에서 발표할 경제 정책이 어떤 것인지 물었다.

"기존의 경제 모델들은 효과적이지 못했습니다. 이제는 미국 정부가 적극적으로 개입해 위험을 감수할 필요가 있습니다. 우리는 혁신적인 민관 파트너십 모델을 제안할 겁니다."

나는 좀 더 자세히 설명해달라고 요청했다.

"하나의 만능 해결책은 없어요. 여러 부문의 협력을 이끌어내는 것이 중요합니다. 시너지를 창출해서 이를 바탕으로 대규모 해결책을 촉진하자는 겁니다."

협력? 시너지? 대규모? 나는 혼란스러워졌다. 뜬구름을 잡는 기분이었다. 설명을 듣는 내 눈이 점점 멍해지는 것을 보았는지, 그렉은 좀 더 분명하게 설명하려 했다.

"대통령에게는 실질적인 변화를 이끌 기회가 될 겁니다."

나는 그의 말을 받아 적고는 있었지만 점점 머리가 아파왔다. 내 얼굴에 드러난 회의적인 표정을 본 그렉은 한 번 더 설득을 시도했다.

"테리, 이건 진정한 패러다임의 전환입니다. 획기적인 변화를 일으킬 잠재력이 있어요."

그렉의 말을 30분이나 들어도 전혀 명쾌하지 않았다. 머릿속은 처음보다 더 혼란스러웠다. 머리가 지끈거려서 두통약이 간절했다. 도대체 왜 이런 식으로 말하는 걸까? 왜 쓸데없이 복잡하고 난해한 전문 용어, 유행어, 관료어를 사용하는 걸까? 심지어 이렇게 말하는 사람은 그렉 외에도 아주 많다. 쉽게 이해하기 어려운 무의미한 말들은 우리가 매일 듣는 수많은 대화와 발표에도 스며 있다.

CEO나 기업의 리더, 특정 분야의 전문가들은 특히 어려운 말을 즐겨 사용한다. 경영자들은 직원들을 "인적 자본"이라고 부르며, "핵심 역량을 중심으로 정렬"하고 "크리티컬"한 부분에 집중하는 동시에 "틀을 깨는 사고"를 하자고 말한다. 회사 사정이 어려워지면 직원들을 "해고"한다고 솔직하게 말하지 않고, 직원들이 "영향을 받는다"거나 "타격을 입는다"처럼 완곡한 표현을 사용한다.

비영리단체의 리더들은 어떤가? 팀원들에게 "한계를 넘어", "블루 스카이 사고"를 하라고 독려하고, "최선의 관행에 인센티브를 제공"하여 "긍정적인 결과를 이끌어내는 전체론적 접근 방식"을 추구하라고 말한다. 겉보기에는 그럴싸하지만, 정작 구체적인 알맹이는 하나도 없다.

금융 전문가들도 자기들만 알아들을 수 있는 말을 자주 사용한다. 전해지는 바에 따르면 경제학자인 앨런 그린스펀은 대통령 경제자문위원회 의장을 지낼 때 이렇게 말했다고 한다. "소득의 하락이 가져온 위험 프리미엄의 가속화를 억제하면서도, 인플레이션으로 인해 발생한 위험 프리미엄의 하락이 조기에 멈추지 않도록 미세하게 조율된 타이밍을 찾기란 매우 까다로운 일이다."

이들은 일종의 병을 앓고 있는 것으로 보인다. 이른바 '지식의 저주'다. 다른 사람들도 자신과 똑같은 수준의 지식과 어휘력을 가지고 있다고 가정하는 지독한 착각이다. 지식의 저주는 의료계를 비롯해 어디에서나 찾아볼 수 있다. 이를테면 의사가 온갖 전문 용어를 늘어놓으며 환자의 머릿속을 하얗게 만든 뒤, 마지막에 이렇게 덧붙이는 식이다. "그러니까 멍이 들었다고요." 처음부터 쉽게 말하면 무슨 큰일이라도 나는 걸까?

보스턴 매사추세츠 종합병원의 응급의사 로라 딘은 의사들이 환자들과 대화할 때 "지나치게 장황하고 복잡하게" 말하는 경향이 있다고 인정한다. 딘은 의과대학에 입학하기 전에 백악관 연설문 작성팀에서 활동한 경력이 있다. 아마도 세계에서 몇 안 되는 의사이자 연설문 작성자일 것이다. 딘은 "전문 용어가 이해를 방해하는 장애물이 되기도 합니다"라며 위험성을 지적했다.

실제로 코로나19 팬데믹 기간에 전문 용어 사용으로 인한 오해와 불통이 빈번하게 일어났다. 물론 공중보건 관계자들 입장에서 두려움에 사로잡힌 대중과 소통하기란 결코 쉬운 일이 아니었을 것이다. 게다가 바이러스에 대한 정보가 끊임없이 업데이트되는 상황에서는 더욱 그랬다. 하지만 뉴스에서 전문가들이 일부 변종은 "병원성이 강하므로 사람들이 단체로 모이는 장소를 피해야 한다"라고 설명할 때마다 나는 고개를 저었다. 그냥 사람들로 붐비는 장소라고 하면 되지 않을까? 또한 "일부 의료 대응책이 다른 것보다 효험이 있다"라는 말은 지나치게 난해하게 들렸다. 그냥 효과적인 방법이 있다고만 해도 좋았을 것이다. 생명이 걸린 상황에 대한 정부의 대응책을 이해하기 위해 의학 학위가 필요해서는 안 될 일이다.

정부를 대변하는 역할을 해야 했던 오바마는 "단순하고 강렬하게 말해야 하는데, 필요 이상으로 복잡하게 말할 때가 있다"라고 솔직하게 인정한 적이 있다. 그는 미소를 지으며 덧붙였다. "내 연설이 별로일 때는 꼭 그렇더라니까." 오바마는 자신의 좋지 않은 습관을 인지하고 있었다. "정책을 설명할 때 너무 많이, 지나치게 자세히 설명하는 거야. 변호사로 일했을 때 생긴 습관인데, 모든 내용을 빠짐없이 다루려고 하는 거지. 기질적인 영향도 있을 거고, 내가 배운 학문의 특성 때문일 수도 있을 거야. 그러니까 일할 때와 달리 사람들 앞에서 말할 때는 내 강점이 약점이 되고, 약점이 강점이 되기도 해."

오바마는 전직 대학 강사로 일했던 탓인지 때로는 지나치게 피상적으로 말하곤 했다. 예를 들어 그는 "국제 규칙과 규범" 준수의 중요성에 대해 자주, 너무도 당연하다는 듯 이야기했다. 나는 그가 그런 말을 할 때마다 의문이 들었다. 사람들이 실제로 '규범 norm'이라는 단어의 뜻을 제대로 알고 있을까? 그가 규범이라는 단어를 사용할 때마다, 연설문 작성팀의 코디 키넌은 마치 시트콤 《치어스》의 한 장면처럼 "규범!"이라고 외치곤 했다.*

오바마가 지나치게 어려운 용어를 썼던 또 다른 사례로는 2010년 한국에서 열린 G20 정상회담 연설을 꼽을 수 있다. 연설을 마치고 기자회견을 하는 중이었다. 오바마는 정상회의의 최종 합의문을 도출하는 과정에서 미국이 기여한 공로를 기자들이 간과하는 듯한 태도에 답답함을 느끼고 이렇게 답했다.

> 이번 정상회의를 잠시 돌아봅시다. "강하고 지속가능한 균형 성장을 위한 협력체계"는 우리가 주도적으로 만든 것입니다. 금융 개혁과 바젤 III 역시 우리가 내놓은 아이디어를 기반으로 하고 있습니다. 이번 합의문에 제시된 개발 관련 문서는 제가 제안한 개발 아이디어를 반영하고 있습니다. 합의문에 포함된 반부패 정책 역시 우리가 제안하고 권고한 내용을 바탕으로 추진되었습니다.

나는 지금도 바젤 III가 정확히 무엇인지 잘 모른다. 분명 바젤 II보다는 좋은 거겠지** 하고 짐작하는 정도다. 다만 오바마 대통령의 편을 들어주자면 당시 청중은 국제 경제 전문가들이었다. 그들은 "지속가능한 균형 성장을 위한 협력체계"라고 말해도 충분히 이해할 수 있었다.

---

* 술집을 배경으로 하는 시트콤으로, 규범을 뜻하는 Norm이라는 이름을 가진 단골이 술집에 들어올 때마다 다른 손님들이 그의 이름을 외치며 반기는 장면이 반복된다.
** Basel III, 2008년 세계 금융위기 이후 은행들의 부실 위험을 줄이고 위기 대응 능력을 강화하도록 마련된 국제 금융 규제 기준으로, 바젤 I(1988년)과 바젤 II(2004년)에 이어 2010년 발표되었다.

그런데 만약 이 발언을 미국 시민들이 들었다면 어땠을까? TV를 통해 연설을 듣던 평범한 미국 시민들이 "바젤 III! 바젤 III!"라고 열광할 리는 절대 없다.

내 말은 전문 용어를 아예 사용하지 말라는 것이 아니라, 모든 사람이 이해하지 못할 단어는 사용하지 않도록 주의해야 한다는 뜻이다. 만약 청중이 모두 해당 분야의 전문가라면 그들에게 익숙한 언어로 말하는 것이 좋을 것이다. 예를 들어 국제지질학회에서 연설한다면 얼마든지 전문적인 내용을 다루어도 괜찮다. 오히려 청중은 이를 반기고 환호할 것이다.

이와 같은 특수한 상황을 제외하면 대게 난해하고 장황한 말은 듣는 사람들에게 불필요한 부담을 준다. 암호를 해독하는 기분을 느끼게 하는 전문 용어도 마찬가지다. 전문 용어는 문제를 직접 다루기보다는 조심스럽게 회피하는 듯한 느낌을 준다. 뿐만 아니라 내부인과 외부인이라는 경계를 짓고 불필요한 장벽을 만든다. 때문에 전문 용어를 과도하게 사용하면 오히려 말하는 사람의 신뢰성이 떨어져 보이기도 한다. 화자가 솔직하지 않거나 주제에 대해 잘 이해하지 못하는 것처럼 보일 수도 있다. 특히 비원어민 등 다양한 배경의 사람이 모인 자리라면 더욱 조심해야 한다.

나는 사람들이 연설에 전문 용어나 무의미한 형식적 표현을 넣으려 할 때마다 늘 같은 조언을 건넸다. "로봇처럼 말하지 말라"고 말이다. 백악관에 들어간 후에는 수석 연설비서관인 존 패브로에게 이 표현을 대체할 더 세련된 표현을 배웠다. "사람처럼 말하라"는 것이다. 연설이나 발표는 비록 거창한 외피를 쓰고 있지만 한 인간이 다른 인간에게 말을 거는 대화일 뿐이다. 이 사실을 깨달으면 사람처럼 말하기는 생각보다 쉽다.

## 중학생도 이해할 수 있게 말하라

말을 잘하는 사람들은 청중에게 일방적으로 말하는 것이 아니라 그들과 함께 대화를 나눈다. 오바마는 연설이 사랑하는 사람, 가장 친한 친구 또는 동료와 대화하는 것과 같다고 표현한 적이 있다. "다들 정말 즐거워하고 있어. 아이디어가 마구 쏟아지고, 서로 하나가 되고 있잖아."

미셸 오바마 역시 지나치게 형식적인 표현이나 전문 용어를 싫어했다. 미셸의 연설문을 담당했던 데이브 캐벌은 이런 일화를 알려주었다. "미셸은 언제나 평범한 사람처럼 말했습니다. 아동 비만 퇴치 캠페인의 이름을 지을 때도 '영부인의 청소년 운동 및 건강한 식습관 장려 정책' 같은 딱딱한 표현 대신 '렛츠 무브'라는 이름을 골랐죠. 청소년들에게 말할 때는 딸의 친구들에게 이야기하듯 말했어요."

같은 맥락에서 나는 '바비큐 규칙'이라는 표현을 쓴다. 바비큐 파티에서 가족과 친구들에게 하지 않을 말이라면 공식적인 발표 자리에서도 하지 말라는 뜻이다. 바비큐 파티는 할머니나 고집스러운 삼촌부터 중학생 조카까지 다양한 가족 구성원이 참석해서 대화한다. 그 자리에서 가족들이 당신의 직업에 대해 질문했는데, 당신이 이렇게 답했다고 생각해보라. "차세대 혁신을 활용하여 기술을 최적화하는 시너지를 창출함으로써 긍정적인 건강 결과를 도출하는 일을 합니다." 이 말을 듣자마

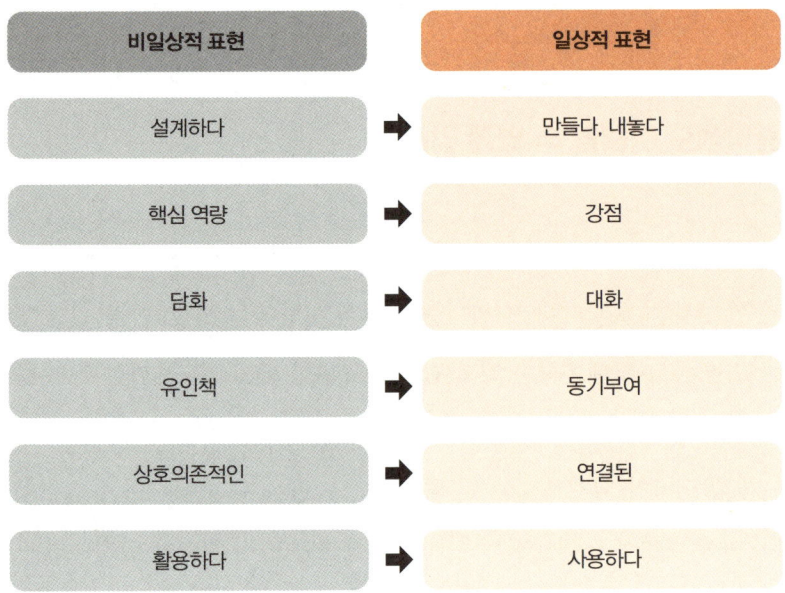

자 조카는 콧방귀를 뀌고 흥미를 잃은 채 자리를 뜰 것이다.

그보다는 이렇게 말하는 편이 낫다. "우리 회사는 심박수를 측정하는 시계를 만듭니다. 심박수 정보를 주치의에게 보내서 사람들의 건강을 증진을 돕죠." 쓸데없이 복잡하거나 난해하지 않고, 전문 용어도 없다. 바비큐 파티에 참석한 모든 사람이, 심지어 중학생 조카조차도 이해할 수 있다. 쉽고 간단하게 말한다는 소통의 가장 기본적인 원칙을 따랐기 때문이다. 쉽고 간단하게 말하는 것.

대통령의 연설이 대체로 중학생 수준으로 작성되는 것도 우연이 아니다. 이는 평균적인 미국인의 독서 수준을 고려한 것이고, 발표 내용을 이해하는 사람이 많을수록 그 효과도 커지기 때문이다. 단어 하나하나 꼼꼼히 살펴보라. 듣는 사람 중 일부라도 이해하기 어려운 전문 용어나 표현이 있다면, 더 인간적인 표현으로 바꿔야 한다. 만약 전문 용어를 대신할 평범한 표현이 떠오르지 않는다면? 챗봇을 활용하면 좋다. 이런 식으로 질문해보자. "○○의 좀 더 쉬운 단어 10개를 알려줘." 아이러니하지만 때로는 로봇이 사람처럼 말하는 데 도움을 주기도 하는 것이다.

## 로봇처럼 말하지 말라

다음은 실제 연설에서 두 연사가 한 말을 인용한 것이다.

"앞으로 우리는 개인 이동성을 새롭게 정의할 것입니다."
"세계는 인간 이동성에 관한 새로운 세계 협약을 목표로 삼아야 합니다."

무슨 말인지 이해가 되는가? 전체 맥락 안에서 보면 다를 수도 있겠지만, 그렇더라도 지나치게 모호한 문장이다. 심지어 두 문장은 비슷한 단어를 사용하고 있지만 전혀 다른 내용을 다루고 있다. 첫 번째는 자동차 회사의 경영자가 자동차를 이용한 이동 방식에 대해 말한 것이고, 두 번째는 UN 관계자가 세계적으로 증가하는 이주민 문제에 대해 언급한 것이다. 비슷한 단어를 사용했지만 의미가 완전히 다르다. 또한 두 문장 모두 인간성이 결여되어 있다. 각 사안의 핵심이 되어야 할 "살아 있는 인간"이 빠져 있다.

많은 사람들이 구체적인 목표 대신 추상적인 개념으로 말한다. 실제 결과가 아니라 그 전 단계에 집중해 이야기한다. "같은 일을 하는 사람들이 동일한 급여를 받는 것"이 목표인데 추상적으로 "동등 가치"라는 표현을 쓰는 식이다. 투자가 끼치는 실제 영향이 아니라 투자금에만 초점을 맞춘다. 정치인들도 마찬가지다. "인프라 계획"이라고 말하면서도 정작 그 계획이 우리의 삶에 어떤 변화를 가져올지는 설명하지 않는다. 일자리가 더 많이 창출되고 교통 체증도 감소할 것이라는 구체적인 변화를 언급하면 더 쉬울 텐데 말이다. 사람들이 이미 그 내용을 알고 있거나 기억하고 있을 것이라고 가정하기 때문인 것 같다.

몇 년 전, 알링턴 아이들을 위한 빨랫줄 The Clothesline for Arlington Kids이라는 신생 비영리단체의 일을 잠시 도운 적이 있다. 단체의 대표인 엘런 모이 Ellen Moy는 자신들이 하는 활동을 어떻게 설명해야 할지를 두고 고민하고 있었다. 단체는 옷가게처럼 꾸민 공간에서 기부받은 옷을 저소득층 아이들에게 무료로 제공했다. 엘런은 자영업 경험이 풍부해서 가게 운영 자체에는 익숙했지만, 사람들에게 기부와 자원봉사를 요청할 때 "너무 서먹하게 접근했다"라고 말한다. "또 우리의 활동을 '비즈니스 모델', '매장', '프로세스'와 같은 용어를 써서 경영적인 측면에만 초점을 맞췄던 것 같아요."

나는 단체가 하는 일을 다르게 표현해보기로 했다. 아이들이 "실제 옷가게처럼 밝은 공간"에서 직접 "계절에 맞는 좋은 옷"을 고를 수 있으며, "지역 자원봉사자" 직원들이 운영하고 있다는 점을 강조했다. 단체가 "이웃끼리 서로 돕는 살기 좋은 알링턴의 정신을 대표하는 곳"이라

## 로봇이 아닌 인간처럼 말하기

| 정책·프로그램 중심적 표현 | 인간 중심적 표현 |
|---|---|
| 이 프로그램은 경제에 영향을 미칠 것이다. | 우리는 근로자를 위한 새로운 일자리를 만들 것이다. |
| 이 정책은 영아 사망률을 줄일 것이다. | 우리는 아이들의 생명을 구할 것이다. |
| 이 정책은 식량 불안을 완화할 것이다. | 우리는 모든 가정의 아이들이 건강한 음식을 충분히 먹을 수 있도록 도울 것이다. |

는 점도 부각했다. 덕분에 엘런은 더 크고 인간적인 이야기를 전할 수 있었다. 엘런은 이제 자신들이 하는 활동을 이렇게 설명한다. "우리는 단순히 아이들에게 외투 한 벌이나 신발 한 켤레를 주는 데 그치지 않습니다. 아이들이 편안한 마음으로 학교에 다니며 더 넓은 세상을 배울 수 있도록 돕고 있죠. 아이들의 존엄성을 지켜주는 일입니다."

운영 방식을 세부적으로 설명하기보다 인간적인 느낌을 더해서 일의 핵심, 즉 커다란 목적과 단체의 사명을 이야기하게 된 것이다. 이 메시지 덕분에 엘런은 자원봉사자와 파트타임 직원을 충분히 모집할 수 있었고, 지역에 사는 수천 명의 아이들에게도 무료로 옷을 제공할 수 있었다. 한 아이는 "옷을 받는 것만으로도 삶이 얼마나 바뀌는지 모르실 거예요"라고 적은 감사 편지를 보내오기도 했다.

핵심은 인간처럼 말하는 것이다. 기술적인 요소나 절차, 운영 방식

같은 지나치게 세부적인 과정에 집중할 필요는 없다. 어떤 목표나 대의명분을 위해 사람들을 설득해야 한다면 더욱 그렇다. 대신 실질적인 결과에 대해 이야기하자. 당신이 도우려는 사람들과 그들의 삶에 대해서 말이다. 때로는 말이 조금 더 길어질 수도 있겠지만 설득력은 커질 것이다.

## 약어는 오해를 부른다

약어, 즉 두문자를 따서 줄인 말을 너무 많이 사용해도 의도를 전달하는 데 방해가 된다. 물론 내셔널풋볼리그<sup>NFL</sup>나 전미농구협회<sup>NBA</sup>, 외상후스트레스장애<sup>PTSD</sup>, 주의력결핍과잉행동장애<sup>ADHD</sup>처럼 널리 알려진 약어들도 있다. 대부분의 사람들이 이해하는 표현은 자유롭게 사용해도 된다. 하지만 그렇지 않은 약어는 사람마다 다르게 해석할 수 있어 위험하다. 실제로 위스콘신 관광 연맹은 원래 The Wisconsin Tourism Federation라는 이름이었지만, 줄여서 "WTF"*가 되는 사태를 피하기 위해 단체명을 Tourism Federation of Wisconsin으로 변경했다. 또한 아이오와주는 노인 복지 기관을 노인복지부<sup>Department of Aging</sup>라고 하면 "DOA"라고 통용될까 봐 걱정했다. "도착 시 사망<sup>Dead on Arrival, DOA</sup>"이라는 의료 및 군사 용어와 혼동될 우려가 있기 때문이다.

---

* 놀라움과 황당함을 나타내는 비속어 What the fuck의 줄임말과 같다.

특히 기술적인 주제를 다룰 때는 약어 사용에 주의해야 한다. 청중 모두가 같은 수준의 전문 지식을 지니고 있지 않기 때문이다. 당신은 다음의 문장을 이해할 수 있겠는가? "대부분의 회사는 B2B나 B2C 사업을 하고, 요즘은 WFH하는 사람이 꽤 흔하다."* 아무리 지식이 풍부한 청중이라도 최소한 그중 한 명은 약어를 모를 수 있다. '모르는 사람이 있으면 그때 설명하지, 뭐'라고 안일하게 생각해서는 안 된다. 설명이 필요하다면 처음부터 약어를 사용하지 말라.

## 반드시 피해야 할 이중 부정과 법률 용어

이중 부정은 명료함의 적이다. 듣는 사람들은 뜻을 이해하기 위해 생각하다가 당신이 그다음에 하는 말을 놓쳐버리기 일쑤다. 더욱 심각한 문제는 사람들이 당신이 말하고자 하는 바를 정반대로 기억할 수도 있다는 것이다. 코로나19 팬데믹 기간에 미국에서 일부 공중보건 관계자들은 "증상이 없지 않을 때" 어떻게 해야 하는지 안내했는데, 이 말은 증상이 "없다는 것인지 있다는 것인지" 헷갈리게 만들어 더 큰 혼란만 부추겼다. 이중 부정을 없애고 더 직접적이고 명료한 표현 방법을 찾아라. 대안은 항상 존재한다.

---

* B2B는 Business to Business의 약어로 기업 간 거래를 의미하며, B2C는 Business to Consumer, 즉 소비자 대상 거래를 뜻한다. WFH는 Working from Home으로, 재택근무를 줄인 말이다.

## 이중 부정 표현 고치기

| 이중 부정 표현 | 긍정 표현 |
|---|---|
| 이런 말을 듣는 것이 드문 일은 아니다. → | 자주 듣는 말이다. |
| 그 비용은 적지 않다. → | 그 비용은 상당하다. |
| 우리 지역에 투자하지 않으면 안 된다. → | 우리 지역에 투자해야 한다. |

예상치 못한 분쟁을 피하기 위한 공적인 발언을 할 때, 특히 사업체나 조직을 대표해서 말할 때 사전에 법률 검토를 받는 경우가 있다. 내가 백악관에서 일할 때도 뛰어난 변호사들이 내 초안을 꼼꼼히 살펴 외교적 분쟁을 일으킬 수 있는 표현을 찾아주곤 했다. 덕분에 해고당하지 않고 일할 수 있었으니 참으로 감사한 일이다. 다만 아무리 뛰어난 변호사라도 지나칠 때가 있었다. 우리가 군사 드론에 관한 연설 초안에 있던 "미국인Americans"이라는 단어를 "미국 사람U.S. Person"으로 바꿔놓기도 했다. 미국이 중국과의 무역 분쟁에서 "이겼다"고 써놓았을 때는 "유리한 결과를 얻었다"라는 대안을 제시했다. 또한 오바마의 베트남 연설 초안을 작성하면서 200년 전에 토머스 제퍼슨이 베트남 쌀을 칭찬했던 말을 인용했을 때도 비슷했다. 무역 담당 변호사는 인용문이 미국 농부들의 기분을 상하게 할 것이며 결과적으로 아시아와의 무역 협상에도 악영향을 줄 것이라고 우려했다. 우리는 그 부분을 끝내 고치지 않았다. 그리고 당연히 분노한 미국 농부들이 백악관을 습격하는 사태도 벌

어지지 않았다.

연설문은 법률 문서가 아니며, 그렇게 들려서도 안 된다.

## 훌륭한 연사는 청중과 대화한다

우리가 사람처럼 말하는 데 실패하는 가장 큰 이유는 너무 멋있게 말하려고 애쓰는 데 있다. 이유도 짐작이 간다. 훌륭한 연설은 고상해야 한다고 배워왔기 때문이 아닐까? 링컨은 남북전쟁이 한창이던 시기 두 번째 취임 연설에서 "우리가 하고 있는 일을 끝내기 위해 힘씁시다"라고 말했다. 케네디는 취임 연설에서 "이 순간, 이곳에서 친구와 적 모두에게 알리노니, 횃불이 넘어갔음을"이라고 했다. 훌륭하다! 음율이 살아 있고, 마치 비상하는 듯한 느낌을 준다. 대통령의 취임 연설에 딱 어울린다. 하지만 우리는 취임 연설을 하는 대통령이 아니다. 따라서 지나치게 거창한 표현을 쓸 필요가 없다.

게다가 오바마는 대통령이지만 늘 평범한 언어를 최우선으로 사용했다. 흑인 참정권 투쟁 운동의 시작점인 앨라배마주 셀마에서 한 연설이 좋은 예다. 흑인 민권 운동 기념 행진 50주년을 기리는 역사적인 자리였지만 아주 엄숙한 분위기는 아니었다. 수천 명의 사람들이 한껏 들떠 있었고, 미국의 발전을 기념하는 열광적인 축제 분위기에 가까웠다. 오바마는 자신의 말이 사람들의 마음에 진정으로 전해지기를 원했다.

연설을 준비했던 코디 키넌은 "셀마 연설은 전혀 고상하지 않습니다. 평범하게 말하는 것 같은 구어체를 썼죠"라고 평했다. 오바마는 "우리

| 고상한 척하지 말고 평범하게 말하기 | |
|---|---|
| **격식을 차린 말** | **평범한 말** |
| 의심의 여지 없이 → | 확실히 |
| 우리는 …할 것이다 → | …해야 한다 |
| 명확히 하자면 → | 틀림없이 |

모두 힘을 합쳐 이 시대의 과제를 해결할 힘을 모읍시다"라고 격식을 갖추어 말하지 않았다. 대신 이렇게 말했다. "어떤 날은 아무리 축하해도 그 축하가 충분하지 않습니다. 셀마가 우리에게 가르쳐준 것이 있다면, 우리 일이 결코 끝나지 않았다는 겁니다." 사람들에게 일방적으로 말한 것이 아니라, 그들과 함께 대화를 나누려 했다.

청중 앞에서 하는 모든 말하기는 결국 대화의 일종이라는 사실을 기억하라.

## 핵심 다운로드

사람들 앞에서 말할 때 컴퓨터나 로봇처럼 말하지 않도록 주의해야 한다. 사람들을 혼란에 빠뜨릴 수 있는 전문 용어나 약어, 난해한 표현은 피하라. 사람처럼 자연스럽고 평범하게 말하라.

- **친구나 가족에게 이야기하듯 말하라.** 중학생 조카에게 설명할 때처럼 쉽게 일상적인 표현을 사용하라. "이 말을 모두가 이해할 수 있을까?"
- **사람 중심으로 말하라.** 모호한 개념이나 요소, 과정 대신 누구를 돕고자 하며 그로 인해 그들에게 어떤 변화가 생길 것인지 이야기하라.
- **줄임말과 약어를 피하라.** 그 말을 모르는 사람이 있을 수도 있고, 다른 말과 혼동할 우려도 있다.
- **이중 부정은 없애라.** 이중 부정은 명료함의 적이다. 자칫하면 당신의 의도가 정반대로 전달될 수 있다.
- **법률 용어를 피하라.** 발표는 법률 문서가 아니다. 법률 검토가 필요한 때도 있지만 그럴 때에도 이해하기 쉬운 표현을 사용하라.
- **너무 고상하게 말하려 애쓰지 말라.** 눈앞에 있는 사람들에게 말을 걸듯 이야기하라. 자연스럽게 대화를 나누듯 말하라.

## 10장 ｜ 말이 노래하게 하라

리듬과 멜로디가 담긴 문장에는
깊고 선한 의미가 담겨 있다.

- 새뮤얼 테일러 콜리지 Samuel Taylor Coleridge(시인)

1970년대 초, 이탈리아의 팝 스타 아드리아노 첼렌타노 Adriano Celentano는 〈Prisencolinensinainciusol〉라는 제목의 노래를 발표했다. 제목은 아무 의미 없이 뒤섞은 글자들의 조합이었고, 가사도 모두 첼렌타노가 지어낸 소리를 사용했기에 아무런 의미도 없었다. 한마디로 아무 말 대잔치였다. 그런데 발표 즉시 대박이 났다. 어떻게 된 일일까?

이것은 일종의 실험이었다. 당시 이탈리아에서는 미국 음악이 유행이었다. 첼렌타노는 이에 영어처럼 들리는 가사를 만들어 붙였고, 실제로 노래를 들은 이탈리아 사람들도 영어라고 착각했다. 펑크와 유로팝이 어우러진 중독성 있는 리듬 덕분에 그 노래는 곧 이탈리아와 유럽 전역에서 최고의 인기곡으로 떠올랐다. 로마에서 서베를린까지 모두가 그 음악에 맞추어 몸을 흔들어댔다.

50년 된 이탈리아 노래 이야기를 왜 하느냐고? 노래에 가사만 있는 것이 아니듯, 발표에도 단어만 있는 것이 아니라는 말을 하고 싶어서다. 나는 이것을 경력 초기에 쓰라린 경험을 통해 배웠다. 백악관 대학생 인턴으로 빌 클린턴 대통령의 외교정책 연설비서관들의 보조 일을 맡았을 때였다. 말만 연설비서관 보조였지 실제로는 대부분의 시간을 백악관 도서관이나 컴퓨터 앞에서 때우고 있었다. 그러던 어느 날, 대통령이 모로코 국왕을 국빈으로 맞아 건배사를 할 예정이라는 소식이 들려왔다. 더 시급한 연설들로 바빴던 상사들은 나에게 초안을 써보라고 했다. 믿을 수가 없었다. 겨우 스물두 살짜리에게 미국 대통령 연설문을 쓸 기회가 오다니!

나는 전력을 다했다. 모로코 국왕과 모로코라는 나라에 대한 자료를 샅샅이 뒤지며 연구했다. 며칠 동안 공들여 글을 쓰고, 다시 쓰고, 다듬어서 마침내 초안을 완성했다. 이 원고가 미국 대통령의 최고 건배사로 역사에 남으리라 믿어 의심치 않은 상태였다. 그런데 초안을 제출하자 연설비서관이었던 밥 부어스틴이 나를 사무실로 불렀다. 책상 위에는 내가 제출한 초안이 놓여 있었는데, 거의 모든 부분이 빨간색 글씨로 덮여 있었다. "잘했어." 그가 친절하게 말했다. "하지만 네가 배울 게 있어. 연설은 움직여야 해. 억양cadence이 있어야 한다는 거야."

고개를 끄덕이긴 했지만 당시에는 그가 한 말을 전혀 이해하지 못했다. 나는 수사학을 공부한 적도 없었고, 악기를 다룰 줄도 몰랐으며, 노래를 부를 줄도 몰랐다. 사무실을 빠져나와 '억양'을 사전에서 찾아보았다.

**억양**cadence [명사]

1. 말할 때 목소리가 떨어지는 현상
2. 말하는 운율이나 가락
3. 소리의 리드미컬한 흐름
4. 춤이나 행진과 같이 규칙적인 움직임 또는 그러한 움직임의 박자

내가 쓴 초안은 눈을 위한 글, 즉 눈으로 읽는 글이었다. 밥은 귀를 위한 글, 즉 말하는 글을 써야 한다고 지적한 것이다. 결국 밥이 초안을 대신 마무리했고, 며칠 후 열린 국빈 만찬에서 대통령은 잔을 들고 건배사를 시작했다.

"폐하, 전하, 모로코 대표단 여러분, 귀빈 여러분,"

여기까지가 내가 쓴 글에서 유일하게 살아남은 부분이었다. 그래도 중요한 교훈을 얻을 수 있었다. 좋은 연설은 노래처럼 운율이 있다. 박자, 템포, 리듬이 있어서 사람들의 마음을 움직인다. 이탈리아 가수 아드리아노 첼렌타노의 노래처럼, 좋은 발표는 사람들을 움직이고 싶게 만든다. 몸을 앞으로 기울이거나, 의자에 앉은 채 들썩이게 하거나, 박수를 치고 환호하게 한다. 주먹을 허공에 치켜올리게 하고, 발을 구르게 하고, 자리에서 일어나 박수를 보내고 싶게 만든다.

안심하라. 말에 리듬을 불어넣기 위해 반드시 음악적 재능이 필요한 것은 아니다. 영국의 가수 고릴라즈는 "리듬은 있거나 없거나 둘 중 하나가 아니야"라고 노래했다. 말이 노래하게 만드는 방법은 얼마든지 배울 수 있다.

## 예측 가능한 표현을 쓰지 말라

전 뉴욕 주지사이자 뛰어난 웅변가였던 마리오 쿠오모는 이런 말을 남겼다. "선거운동은 시로, 정치는 산문으로 하라." 꽤 통찰력 있는 말이다. 선거운동을 하거나 대의를 옹호할 때는 이상적이고 희망적인 언어로 리듬감 있게 말해야 하지만, 실무를 맡게 되면 목표를 이루기 위한 구체적인 계획에도 신경을 써야 하기 때문이다.

말의 리듬감에 대해 이야기해보자면, 사람들은 대체로 같은 단어를 반복해서 사용하는 경향이 있다. 청중 앞에서 말할 때 친숙하고 평범한 언어로 말하는 것이 좋기 때문에 그 자체로 나쁘다는 의미는 아니다. 단, 너무 평범한 나머지 뻔한 느낌이 드는 것은 경계해야 한다.

나는 백악관에서 일하던 시절, 퇴근하면서 라디오로 그날의 정치 연설을 재방송으로 듣곤 했다. 그때 혼자서 즐겨 했던 "문장 완성하기" 게임이 있는데 방법은 단순하다. 연설을 듣다가 그다음에 나올 말이 무엇인지 맞추는 것이다. 예를 들면 이렇다.

정치인: "우리는 사람들을 분열시켜서는 안 됩니다. 분열 대신 우리는…"
나: "사람들을 단결시켜야 합니다!"

자랑은 아니지만 나는 매번 그다음에 나올 말을 정확히 맞혔다. 아마도 나뿐만 아니라 대부분의 사람이 맞혔을 것이다. 위와 같은 문장은 전혀 새롭지 않기 때문이다. 정치인들은 오래전부터 일정한 패턴으로 말했고, 이제는 하나의 양식으로 자리 잡았다. 물론 뻔하고 예측 가능하지만 나름의 장점도 있다. 문장의 병렬 구조, 대비, 리듬 같은 요소들이 돋보여 집회에서 환호를 이끌어내기 좋다는 점이다.

다행히도 오바마는 그런 표현을 좋아하지 않았다. 그는 "전형적인 정치인"이 되고 싶지 않다고 말하곤 했다. 수석 작가였던 존 패브로도 "오바마는 환호 구호에 알레르기가 있다"라고 말했다. 연설문에 꾸며낸 것 같거나 작위적으로 들리는 문장이 있으면 오바마는 주저 없이 지웠다.

사람들 앞에 설 때마다 우리는 신선하고 우아한 언어로 듣는 사람의 관심을 사로잡을 기회를 얻는 셈이다. 귀중한 기회를 뻔한 말로 날려버릴 것인가?

## 우아한 단어로 연설에 점을 찍어라

내게 언어의 우아함을 가르쳐준 사람은 뜻밖에도 국방부 장관이었다. 빌 클린턴 행정부에서 국방부 장관을 역임한 윌리엄 코언은 고전 문학을 공부한 학자이자 언어를 사랑했다. 대학 시절 라틴어와 그리스 문학을 전공한 그는 정치인으로 활동하던 중 두 권의 시집까지 출간했다. 나는 20대 때 펜타곤에서 그의 연설문을 작성하는 일을 맡았다. 내가 정식으로 처음 맡은 업무였고, 그때 나는 연설을 숭고한 경지로 끌어올리는 법을 배웠다. 코언은 연설문이 마치 시라도 되는 것처럼 말하곤 했다. "연설은 청각적 경험이야. 사람들은 우리가 하는 말을 듣는 거니까. 언어에는 우아함과 품격이 있어야 해. 연설은 아름다울 수도 있고 서정적일 수도 있지. 어떤 문구는 사람들을 매료시킬 수도 있어. 하지만 그러려면 단어를 쥐어짜야 해. 그래야 기억에 남을 만한 말이 나오지." 코언은 언제나 보석을 고르듯 단어를 신중하게 골랐다. 때로는 직접 쓴 서정적인 표현을 담았고, 때로는 위대한 작가들의 문장을 빌려오기도 했다.

전사한 군인들을 기리는 연설에서는, 고대 그리스 정치인 페리클레스가 펠로폰네소스 전쟁에서 전사한 아테네 병사들을 위해 했던 추도 연설을 인용했다. "이들은 공익을 위하여 목숨을 바치고 그 대가로 불멸의 찬사와 가장 영광스러운 무덤을 받았습니다." 또한 과거 남북전쟁 참전용사이자 법학자였던 올리버 웬델 홈스 주니어가 한 "젊은 날 우리의 가슴은 불꽃에 데었다"라는 말을 인용하기도 했다. 마지막으로는 제2차 세계대전 당시 활동했던 저널리스트 월터 리프먼Walter Lippmann의 말을 덧붙였다. "선한 가치를 지키기 위해서는 편안함과 안락함을 희생해야 합니다."

"불멸의 찬사", "불꽃에 데인 가슴", "편안함과 안락함을 희생하라"는 이 표현에는 서정적인 운율이 담겨 있었다. 나는 그때 연설도 아름다울 수 있다는 사실을 처음 알았다.

오바마도 비슷한 이야기를 했다. "훌륭한 연설에는 시적인 요소가 있어." 실제로 그는 미국 국립공원에 대해 연설할 때는 "장엄함"이라는 단어를 사용했다. 전사자들을 추모하는 메모리얼 데이에는 "고결함"이라는 표현을 썼고, 참전용사들과 맺은 "신성한 약속"을 지켜야 한다고도 했다. 노벨평화상 수상 연설에서는 이렇게 말했다. "우리는 인간으로서 서로 연결되어 있습니다. 우리 각자의 영혼에서 일렁이는 신성한 불꽃에 의해."

물론 일상에서 이처럼 말하는 사람은 거의 없다. 그점이 바로 핵심이

| 품위 있는 단어의 예시 | | | |
| --- | --- | --- | --- |
| 매혹적인 | 영원 | 웅장한 | 평온 |
| 희열 | 저명한 | 기적 같은 | 낙관적인 |
| 고요함 | 고취하다 | 극악한 | 사랑 |
| 열띤 | 덧없는 | 풍족함 | 고독 |
| 우아함 | 불꽃을 일으키는 | 열정 | 깨달음 |
| 달변 | 형언할 수 없는 | 본질적인 | 숭고한 |

다. 연설이나 발표에서는 가능한 한 일상적이고 평범한 언어를 사용하는 것이 좋지만, 가끔 우아하고 품위 있는 표현을 더하면 더욱 효과적이다. 연설은 청각적 경험이기에 예상치 못한 순간에 등장하는 세련된 표현은 듣는 이들에게 신선한 충격을 주고 연설을 기억에 오래 남게 한다. 자칫 평범해지기 쉬운 발표에 이런 우아한 표현 하나만 더해도 아주 인상적으로 바뀔 수 있다.

단, 눈으로만 읽지 말고 반드시 소리 내어 발음해봐야 한다. 어떤 소리가 나는지 직접 들어보라. 부드럽고 마음을 달래주는 선율이 느껴지는가? 어떤 단어를 써야 할지 막막하다면 인터넷에서 "아름다운 단어"라고 검색해보는 것도 도움이 된다. 나는 가끔 챗봇에게 "○○의 동의어 30개를 알려줘"라고 물어본다. 우아함을 아주 살짝 가미하는 것만으로도 분위기는 완벽히 달라진다.

## 말에도 리듬이 있다

말에는 리듬감이 있어야 한다. 이는 비단 연설할 때만 사용하는 기술이 아니다. 언젠가 오바마가 내게 이렇게 말한 적이 있다. "연설에는 리듬이 있어. 친구들과 마주 앉아 수다를 떨든, 수백만 명 앞에 서서 말하든 마찬가지야. 교회에 가서 목사의 설교를 들어보면 잘 알 수 있지."

2015년, 사우스캐롤라이나주 찰스턴에 있는 한 흑인 교회에서 총기 난사로 아홉 명의 신도가 살해당했을 때, 오바마는 추도사 도중 자연스럽게 〈어메이징 그레이스〉를 불렀다. 그의 추도사에는 본래 시적인 운율과 리듬이 있어서 찬송가도 원래부터 그 일부였던 것처럼 자연스럽게 녹아들었다. 청중도 위화감을 느끼지 못하고 노래를 따라 불렀다.

### 원고를 대본 형식으로 쓰기

2008년 대선 전 민주당의 첫 번째 프라이머리\*는 뉴햄프셔에서 열렸다. 오바마는 이때 힐러리에게 2.6퍼센트 포인트 차로 패배했다. 그러나 그날 밤 오바마는 패배가 무색할 만큼 인상적인 연설을 했다. 그는 미국인들이 도전과 시련의 순간마다 "단순한 신념"으로 맞서왔다고 말했다. 다음은 원고의 초안이다.

    그것은 한 나라의 운명을 선언한 건국 문서에 담긴 신념이었습니다. "할 수

---

\* 미국에서 대통령 후보를 선출하는 과정에서 각 정당이 여러 주에서 진행하는 예비 선거.

있다." 그것은 노예와 폐지론자들이 가장 어두운 밤을 지나 자유를 향해 나아가며 속삭인 말이었습니다. "우리는 할 수 있다." 그것은 먼 나라를 떠나온 이민자들이 새로운 삶을 찾아 나설 때 부른 노래였고, 거친 황무지를 헤치며 서쪽으로 향하던 개척자들이 외친 말이었습니다. "우리는 할 수 있다." 그것은 단결한 노동자들의 외침이었으며, 투표권을 쟁취하려 했던 여성들의 외침이었고, 새로운 개척지로 달을 선택한 대통령의 외침이었으며, 우리를 산 정상으로 이끌고 약속된 땅으로 나아가게 한 위대한 왕의 외침이기도 했습니다. 우리는 할 수 있습니다. 정의와 평등을 위해.

오바마의 연설은 단순히 이 원고를 낭독하는 수준에서 그치지 않았다. 그는 몇 마디마다 잠시 멈추며 말이 공중에 머물도록 했다. 긴 구절을 말할 때는 속도를 높이며 점점 더 힘을 실었고 짧은 구절에서는 속도를 늦추어 강조했다. 연설 전체에 자연스러운 박자와 리듬이 있었다.

그래서 나는 가급적 연설문을 연극의 대본처럼 정리한다. 모든 문장은 들여쓰기 없이 왼쪽 정렬로 배치하고, 각 줄 사이에는 공간을 둔다. 위의 연설문을 정리하면 다음과 같은 형태가 될 것이다.

그것은 한 나라의 운명을 선언한 건국 문서에 담긴 신념이었습니다.

우리는 할 수 있다.

그것은 노예와 폐지론자들이 가장 어두운 밤을 지나 자유를 향해 나아가며 속삭인 말이었습니다.

우리는 할 수 있다.

그것은 먼 나라를 떠나온 이민자들이 새로운 삶을 찾아 나설 때 부른 노래였고, 거친 황무지를 헤치며 서쪽으로 향하던 개척자들이 외친 말이었습니다.

우리는 할 수 있다.

그것은 단결한 노동자들의 외침이었으며, 투표권을 쟁취하려 했던 여성들의 외침이었고, 새로운 개척지로 달을 선택한 대통령의 외침이었으며, 우리를 산 정상으로 이끌고 약속된 땅으로 나아가게 한 위대한 왕의 외침이기도 했습니다.

우리는 할 수 있습니다. 정의와 평등을 위해.

나는 국방부 장관이었던 윌리엄 코언 아래서 이것을 배웠다. 이 방식을 쓰면 모든 문장이 개별적으로 분리되고, 문장의 흐름을 한눈에 파악할 수 있다. "우리는 할 수 있다"라는 짧은 문장이 홀로 서 있는 것도 명확하게 드러난다. 문장이 점점 길어지면서 감정이 고조되는 것도 보인다.

게다가 이런 방식으로 정리하면 자연스럽게 말에도 리듬이 생겨난다. 대본 형식으로 정리한 연설문을 소리 내어 읽어보라.

민주당 뉴햄프셔 프라이머리 연설
버락 오바마, 2008

사실 백악관에서는 대본 형식으로 정리하지 않았는데, 동료들과 초안을 공유하고 행정 절차를 거칠 때 비효율적이었기 때문이다. 하지만 혼자 연설문을 작성하거나 적은 수의 인원만이 내용을 확인하는 정도라면 이 방법이 훨씬 효과적인 것은 물론이다.

### 숨 쉴 타이밍을 표시하기

말할 때 리듬과 속도를 유지하려면 적절한 순간에 숨을 쉬어야 한다. 그래야만 단어와 문장을 올바른 에너지로 전달할 수 있기 때문이다. 반대로 잘못된 타이밍에 숨을 쉬면 문장의 흐름이 끊겨버린다. 연설문을 대본처럼 정리하면 이런 문제를 해결하는 데도 도움이 된다. 오바마의 뉴햄프셔 연설 첫 문장을 다시 한번 소리 내어 읽어보자.

그것은 한 나라의 운명을 선언한 건국 문서에 담긴 신념이었습니다.
우리는 할 수 있다.

첫 문장에 끝나고 그다음 "우리는 할 수 있다"라고 말하기 전에 아주 짧게 숨을 쉬었는가? 한 줄이 끝나면 우리의 시선은 자동으로 오른쪽 끝에서 다음 문장의 시작 지점, 즉 왼쪽으로 돌아간다. 그리고 그 짧은 순간 본능적으로 숨을 쉰다.

### 문장 길이에 변화 주기

뿐만 아니라 말할 내용을 대본처럼 정리하면 각각의 문장이 한눈에 들어와서 어느 부분에 리듬을 실어야 할지 손쉽게 파악할 수 있다. 다시 말해 문장의 길이를 다양하게 조절해서 리듬을 실어주는 것이다. 무조건 짧고 간결한 문장만이 좋은 문장은 아니다. 짧은 문장과 긴 문장을 섞어 사용하라. 오바마의 연설문에서 가장 큰 길이 변화가 나타나는 부분을 살펴보자.

그것은 노예와 폐지론자들이 가장 어두운 밤을 지나 자유를 향해 나아가며 속삭인 말이었습니다.

그리고 곧바로 짧은 문장이 이어졌다.

우리는 할 수 있다.

**중간중간 여유를 두고 말하기**

2015년 연두교서를 작성할 때의 일이었다. 오바마는 초안을 검토한 뒤 수석 작가인 코디 키넌을 집무실로 불러서 이렇게 말했다. "이 연설에는 모든 게 다 들어 있어. 모든 문장이 무언가를 말하고 있고 모든 단어에 의미가 있지." 언뜻 칭찬으로 들리는 이 말은 사실 연설문에 무언가 문제가 있다는 뜻이었다. 수석 작가가 집무실에 따로 불려 들어가는 것은 이례적인 일이다. 누군가는 오바마의 지적을 듣고 의아할 수도 있다. 모든 문장과 단어는 의미가 있어야 하는 게 아닌가 하고 말이다.

코디의 말에 따르면, 오바마는 손으로 허공의 어느 한 지점을 짚어 보였다고 한다. "연설 전체는 여기, 10이야. 하지만 중간중간은…" 오바마가 손을 약간 내렸다. "6, 7, 8 정도로 낮아야 해. 무슨 말인지 알겠어?"

코디가 연설문 작성팀 사무실로 돌아와 오바마의 피드백을 전했다. 내가 이해할 수 없다는 얼굴을 하자, 코디는 연설문을 스웨터에 비유해서 설명해주었다. "대통령 말은 이거야. 스웨터가 몸에 맞긴 한데 너무 꽉 낀다는 거지. 너무 촘촘하게 짜여서 실 사이에 틈이 없고 숨 쉴 공간도 없으니까 여유 있게 풀어달라는 뜻이야. 편안하게."

그제야 이해가 됐다. 코디는 연설문의 긴장을 푸는 작업에 돌입했다. 느낌표로 끝날 법한 강한 주장이나 선언이 담긴 문장들을 부드러운 대화체로 다듬고, 마침표로 마무리했다. 전체적인 분량은 약간 늘어났지만 대통령이 정책을 한 줄 한 줄 차분히 설명하도록 했다.

연설에는 미네소타의 젊은 부부, 레베카와 벤 얼러의 이야기를 넣었다. 부부는 경제적 어려움을 겪는 수많은 미국인을 대변하기 위해 언급되었다. 이 부부의 이야기를 들려주는 부분에서는 짧은 문장과 단순한 단어가 사용되었다. 코디는 부부의 이야기를 미국의 대중 가수 존 멜런캠프가 부른 〈Jack & Diane〉*에 비유했다.

> 그녀는 식당에서 일하고, 그는 건설 현장에서 일했습니다. 첫아이 잭이 태어날 예정이었습니다. 그들은 사랑에 빠진 미국의 젊은 연인들이었지요. 이보다 좋은 게 있겠습니까.

덕분에 강하게 밀어붙이던 어조는 부드럽게 누그러졌다. 오바마가

---

* 〈Jack & Diane〉은 고등학생 커플이 사랑에 빠지는 내용을 담고 있다. 젊음, 사랑, 어른이 되는 여정의 덧없음을 노래하는 것으로 시골 노동자 계층의 삶에 대한 헌정으로 쓴 것이다.

말한 것처럼 10이 아니라 편안한 6 정도로.

모든 문장이 강렬할 필요는 없다. 모든 단락이 열광적인 박수를 이끌어낼 필요도 없다. 가끔은 속도를 늦추어야 한다. 구조가 더 정교해지고, 듣는 사람들도 편안함을 느낄 수 있다.

**반복 어구 활용하기**

한편 연설문이나 발표문에도 노래처럼 후렴구를 넣을 수 있다. 반복되는 문장이나 구절로 리듬을 만들어내는 것이다. "아나포라 anaphora"라고 불리는 기법인데, 생소한 단어에 위축될 필요는 없다. 나도 연설문 작가가 되고 나서야 처음 들어본 말이니까.

그보다 중요한 것은 반복 어구를 어디에서 어떻게 사용할지 파악하는 것이다. 연설문을 대본 형식으로 정리하면 구조가 선명하게 보여서 이 문제 역시 쉽게 해결 가능하다.

오바마의 뉴햄프셔 연설은 두 개의 반복 어구를 동시에 사용했다. 모든 문장은 "그것은"으로 시작하고 "우리는 할 수 있다"로 끝난다. 후반부에서는 병렬 구조까지 활용했다. "단결한 노동자들, 쟁취하려 했던 여성들", "선택한 대통령, 우리를 산 정상으로 이끈 위대한 왕"처럼 말이다. 만약 원고를 썼는데 반복 어구가 보이지 않는다면 적당히 추가하는 것이 좋다. 반복 어구는 어느 정도 사용하는 것이 적당할까? 많은 전문가들은 "3의 법칙"을 선호한다. 어떤 구절을 세 번 반복할 때 사람들이 더 쉽게 이해하고 기억할 수 있으며, 듣기에도 더 자연스럽고 리듬감이 생긴다는 것이다. 링컨이 게티즈버그 연설에서 "국민의, 국민에 의한, 국민을 위한 정부"라고 말한 것이 대표적이다.

그렇다고 해서 3의 법칙에 얽매일 필요는 없다. 네 가지 예시가 필요하다면 그대로 사용하면 된다. 그 정도는 청중이 충분히 감당할 수 있다. 또한 효과적인 반복 어구가 있다면 "이미 세 번 했으니 그만해야겠다"라고 생각할 필요도 없다. 뉴햄프셔 연설에서 오바마는 "그것은"으로 시작하는 문장을 연달아 네 번 말했고, "우리는 할 수 있다"는 무려 열두 번이나 반복했지만 그 연설은 매우 훌륭했다.

### 두운을 효과적으로 사용하기

연설에 리듬을 싣는 또 다른 방법으로 문장 안의 여러 단어를 같은 소리로 시작하는 두운법을 활용할 수 있다. 매캘러스터칼리지의 인지심리학자 브룩 리의 연구에 따르면, 두운은 단어나 문장 반복과 마찬가지로 메시지를 더욱 기억에 남게 하는 효과가 있다. 예를 들어 오바마는 두 번째 취임 연설에서 "모든 사람은 평등하게 창조되었다"라는 미국의 건국 이념을 강조하며 "그것은 세네카 폴스에서, 셀마에서, 스톤월에서 우리 선조들을 인도했듯이 여전히 우리를 인도하는 별입니다"라고 말했다. 알아차렸겠지만, 이 문장 안에서 "세네카 폴스, 셀마, 스톤월"은 모두 "ㅅ"으로 시작해서 일종의 두운을 형성한다.

다만 두운을 지나치게 남발하면 안 하느니만 못하다. 두운법은 표현을 매력적으로 만들지만, 지나치면 인위적으로 들리기 때문이다. 억지로 끼워 맞춘 듯한 느낌을 주어 어색함이 느껴지고 듣는 사람을 피곤하게 만든다. 두운을 효과적으로 활용하고 싶다면 한 문장에 세 단어 이상을 넘기지 않는 것이 좋다.

## 침묵을 활용하기

앞서 오바마가 국정 연설 초안에 대한 피드백을 주면서 코디에게 요청한 것이 하나 더 있었다. "침묵을 넣어달라"는 것이었다. 오바마는 재즈 트럼펫 연주자 마일드 데이비스를 예로 들었다.

"마일스 데이비스가 탁월한 이유는 연주하는 음이 아니라 연주하지 않은 음 때문이야. 바로 침묵이지. 나도 멈춤과 침묵이 있는 연설이 필요해. 그 순간들도 의미를 전달하거든."

침묵에는 힘이 있다. 잠시 말을 멈추는 순간에 오히려 연사는 청중과 연결된다. 사람들은 그때 말의 의미를 곱씹고 서서히 받아들인다. 침묵은 강조의 역할도 한다. 방금 한 말이 중요하다는 신호를 보내는 것이다. 때론 극적인 효과도 더할 수 있다. 청중은 다음에 나올 말을 궁금해하며 더욱 집중한다.

그렇다면 침묵해야 하는 순간은 어떻게 찾을까? 나는 원고를 대체로 대본 형식으로 정리하지만, 때로는 시나 노래 형식을 빌리기도 한다. 말하는 사람이 효과적으로 멈추게 만들기 위해서다. 오바마의 뉴햄프셔 연설을 노래 가사 형식으로 정리하면 이런 형태가 될 것이다.

그것은 한 나라의 운명을 선언한

건국 문서에 담긴

신념이었습니다.

우리는 할 수 있다.

그것은 노예와 폐지론자들이

가장 어두운 밤을 지나 자유를 향해 나아가며

속삭인 말이었습니다.

우리는 할 수 있다.

그것은 먼 나라를 떠나온 이민자들이

새로운 삶을 찾아 나설 때 부른 노래였고

거친 황무지를 헤치며 서쪽으로 향하던 개척자들이

외친 말이었습니다.

우리는 할 수 있다.

그것은 단결한 노동자들의 외침이었으며

투표권을 쟁취하려 했던 여성들의 외침이었고

새로운 개척지로 달을 선택한 대통령의 외침이었으며

우리를 산 정상으로 이끌고 약속된 땅을 향해 나아가도록 한

위대한 왕의 외침이기도 했습니다.

우리는 할 수 있습니다. 정의와 평등을 위해.

보이는가? 아니, 들리는가? 각 줄의 마지막 단어와 다음 줄의 첫 단어 사이에 아주 짧은 침묵이 있다. 그 침묵들이 모여 리듬을 만든다. 실제로 오바마는 연설할 때 늘 이런 식으로 말했다. 힙합 그룹 블랙 아이드 피스의 윌아이엠이 오바마의 뉴햄프셔 연설을 노래로 만들 수 있었던 이유도 여기에 있다.

## 핵심 다운로드

노래하듯 리듬감 있게 말하면 평범한 내용도 아주 특별하게 전달할 수 있다. 말을 노래처럼 만드는 방법에는 여러 가지가 있다.

- 💬 **신선한 어휘를 사용하라.** 가장 먼저 떠오르는 단어나 문구는 피한다.
- 💬 **우아하고 시적인 표현을 사용해보라.** 발표는 청각적인 경험이다. 듣는 사람들의 귀에 즐거운 언어를 제공해야 한다.
- 💬 **원고를 대본처럼 정리하라.** 모든 문장을 새로운 줄에서 시작하고, 문장 사이에 줄을 비워가며 원고를 쓰자. 말의 흐름을 한눈에 볼 수 있다.
- 💬 **문장의 구조에 변화를 준다.** 비슷한 문장이나 음절이 반복되면 리듬이 만들어진다. 긴 문장과 짧은 문장을 적절히 섞자.
- 💬 **중간중간 여유를 준다.** 모든 단락에서 박수를 유도할 필요는 없다. 군데군데 속도를 늦추고 때로는 부드럽게 풀어서 숨 쉴 틈을 마련하라.
- 💬 **반복 어구로 리듬을 만들어라.** 일부 문장을 같은 구절로 시작하거나 같은 구절로 끝낸다. '3의 법칙'을 고려해 세 번 정도 반복한다.
- 💬 **침묵을 삽입하라.** 침묵을 적절히 배치해서 시나 노래 가사처럼 글을 정리하고 리듬감을 더해보자.

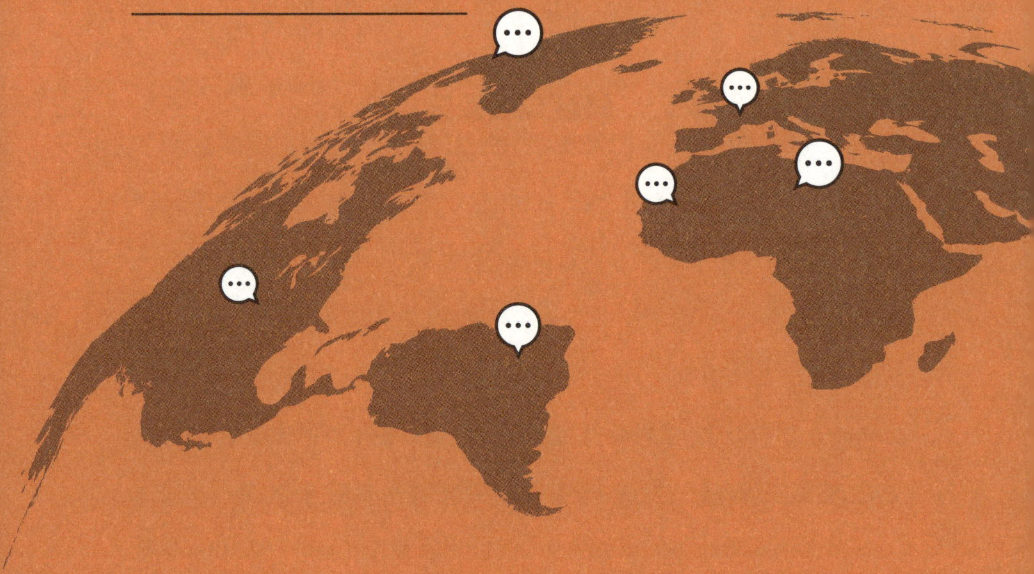

4부

# 세상을 바꾸는 말에는 특별한 것이 있다

## 11장 | 있는 그대로 말할 용기

> 설득하려면 신뢰할 수 있어야 한다.
> 신뢰할 수 있으려면 믿을 만해야 한다.
> 믿을 만하려면 진실해야 한다.
>
> — 에드워드 머로 Edward R. Murrow(저널리스트)

오바마 대통령의 임기가 마지막 해에 접어들었을 때였다. 당시 공화당 대선 후보였던 도널드 트럼프는 오바마가 미국 본토를 포함해 전 세계 곳곳을 공격한 ISIS 테러리스트들에 대해 "급진적 이슬람 테러리즘"이라는 표현을 사용하지 않는다며 몇 달 동안이나 맹렬히 비난하고 있었다. 그러던 중 ISIS에 충성을 맹세한 한 남성이 올랜도의 게이 나이트클럽에서 총기를 난사해 49명이 목숨을 잃고 수십 명이 다치는 사건이 벌어졌다. 그때까지 벌어진 총기 난사 사건 중 가장 많은 사상자를 낸 최악의 사건이었다.

트럼프는 사건 직후 트위터에 "급진적 이슬람 테러리즘에 대해 내 말이 옳다고 확인해주어서 고맙다"라는 내용의 글을 올렸다. 유족들이 슬품에 빠져 있는 순간에 하는 발언이라고 믿기 힘들 정도 였다. 이후 사건의 규모가 분명하게 파악되자 오바마 대통령은 대국민 연설을 통해 이번 "테러 행위"를 규탄하며 올랜도 주민과 유족들에게 재발 방지를 약속했고, "국민을 수호하는" 미국의 결의를 다시 확인했다.

올랜도 총기 난사
사건 관련 발언
버락 오바마,
2014

곧 트럼프는 또다시 행동에 나섰다. 그는 "오늘 연설에서 오바마 대통령이 '급진적 이슬람'이라는 표현을 끝내 입에 담지 않는 수치스러운 모습을 보였다. 그 이유만으로도 즉각 사임해야 한다"라고 주장했다.

당시 미국은 2014년 여름부터 이라크에 군대를 파견해 테러와의 전쟁을 하고 있었고, 오바마 대통령은 이틀 뒤 전황을 보고하는 정기 연설을 할 예정이었다. 내가 그 연설문을 작업하는 담당자였는데, 오바마 대통령이 초안에 적은 피드백을 보고 그의 속내를 짐작할 수 있었다.

그는 그동안 마음속에 담아두기만 했던 말을 속 시원히 털어놓을 작정이었다. 오바마는 자신이 왜 "급진적 이슬람 테러리즘" 같은 자극적인 표현을 사용하지 않는지 한 페이지를 훌쩍 넘겨 설명했다. 그리고 몇 시간 뒤 연단에 서서 "트위터나 하는 정치인들"을 강도 높게 비판했다.

ISIS와 알카에다 같은 집단은 이 전쟁을 이슬람과 미국 간의 전쟁으로 만들고 싶어 합니다. 그것이 그들의 선전 방식입니다. 만약 우리가 모든 무슬림을 한데 묶어 이슬람이라는 종교 전체를 상대로 전쟁을 벌이는 함정에 빠진다면, 결국 우리가 그들을 대신해 테러리스트의 일을 해주는 셈이 됩니다.

또 오바마는 공화당 대선 후보로 유력한 인물이 무슬림의 미국 이민을 금지하는 방안을 제안한 사실을 지적했다. "어디까지 갈 겁니까? 앞으로 모든 무슬림 미국인을 다르게 대할 겁니까? 종교 때문에 그들을 차별할 건가요?" 그것이 종교의 자유를 비롯해 미국을 위대하게 만드는 가치를 정면으로 배신하는 행위이며, 절대로 그런 일을 허용해서는 안 된다고 경고했다. 오바마 대통령이 트럼프를 가장 직접적으로 비판한 순간이었다. 하지만 내 기억에 가장 강하게 남은 문장은 그가 수정 사항 맨 위에 적어놓은 짧은 메모였다.

테리, 수정 사항을 4페이지에 정리해두었어. 혹시 헷갈리면 알려줘. 그리고 트럼프가 말한 내용을 내가 정확하게 언급하고 있는지 꼭 확인해줘.

미국인들은 올랜도에서 벌어진 끔찍한 사건으로 큰 충격을 받았다. 트럼프는 그 비극을 이용해 자신의 정치적 이득을 챙기고 있었고, 오바마는 그 사실에 분노하고 있었다. 하지만 그런 상황에서도 그는 내용의 정확성을 결코 간과하지 않았다. 정적을 강력하게 비판하는 순간에도 그는 진실만을 말하고자 했다.

## 소셜미디어 시대에 더욱 중요한 덕목

만약 내가 이 책을 조금만 더 일찍 썼다면 진실의 중요성에 대해 한 장이나 할애할 필요를 느끼지 못했을 것이다. 하지만 조지 오웰이 묘사한

"탈진실"이라는 말이 더 이상 생소하지 않게 느껴지는 지금은 그 중요성을 반드시 짚고 넘어가야 할 의무를 느낀다. 정치인들은 자신에 대한 비판을 "가짜 뉴스"라고 일축하고, 부정할 수 없는 사실과 마주하면 "대체 사실"을 내세운다. 소셜미디어에 이어 AI까지 더해지면서 허위 정보와 음모론이 퍼지는 속도는 더욱 빨라졌다. 이제는 기본적인 사실조차도 합의하기 어려운 시대가 된 듯하다.

전 세계적으로 정부, 법원, 사법기관, 언론 같은 공공 기관에 대한 신뢰가 계속 추락하는 것도 놀라운 일이 아니다. 물론 가장 큰 원인은 이 기관들이 시민, 고객, 시청자, 독자들에게 책임을 다하지 못한 데 있다. 바로 공공 기관의 대표들이 내뱉는 발언 때문이다. 너무 많은 이들이 진실을 애매하게 표현하거나 왜곡한다. 최악의 경우에는 대놓고 거짓말을 한다.

거짓말은 언제나 놀라울 정도로 쉽게 퍼지고 뿌리내린다. 나치의 선전 담당자 요제프 괴벨스가 했다고 알려진 말 중에 "거짓말도 반복하면 결국 믿게 된다"라는 말이 있다. 심리학에서는 이를 "진실 착각 효과"라고 부른다. 사실이 아닌 이야기라도 반복해서 들으면 진실로 받아들일 가능성이 커진다는 뜻이다.

요즘 같은 소셜미디어 시대에는 거짓말이 특히 빠르게 퍼진다. MIT 연구진이 수백만 개의 트윗을 분석한 연구에 따르면 "거짓 정보는 진실보다 훨씬 더 멀리, 더 빠르게, 더 깊이, 더 광범위하게 확산된다."

가장 끔찍한 사실은 거짓말이 사람들에게 상처를 주고 때로는 목숨까지 앗아갈 수 있다는 점이다. 20세기에 미국 정부는 베트남 전쟁의 승리를 장담하기 힘들다는 사실을 알면서도 진실을 숨기고 거짓말로 여론을 호도해 20여 년간 전쟁을 수행했으며, 그 결과 미군에서만 5만 8천 명에 달하는 사상자가 나왔다. 동남아시아 전역에서 사망한 사람의 수는 헤아릴 수 없을 정도다. 또한 2020년 미국 대선이 "조작됐다"라는 거짓 주장으로 인해 도널드 트럼프 지지자 수천 명이 의회를 습격하고 경찰을 공격했으며, 그 과정에서 140명이 넘는 경찰이 부상을 입었다. 가장 비극적인 것은 그 폭동을 직접 겪은 의회 경찰관 중 적지 않은 이들이 정신적 후유증에 시달렸으며, 그중 다섯 명이 스스로 생을 마감했다는 사실이다.

## 말하기 전부터 신뢰를 쌓는 팩트체크 10가지

우리가 내뱉는 말은 어떤 식으로든 세상에 영향을 미친다. 우리는 말할 때마다 특히 앞으로 나아갈 방향을 제시할 때마다 선택의 기로에 선다. 사실을 전할 것인가, 거짓을 퍼뜨릴 것인가. 신뢰를 쌓을 것인가, 무너뜨릴 것인가. 이 책에서 다른 것은 기억하지 않아도 좋다. 하지만 이 한 가지만은 기억하기를 바란다.

  말할 때는 오직 진실만을 말하라. 우리는 오바마 대통령을 위해 수백 편의 연설문을 쓰면서 언제나 우리가 진실이라고 믿는 내용만을 담았다. 거짓인 줄 알면서 혹은 거짓으로 의심되는 내용을 의도적으로 포함한 적은 단 한 번도 없었다. 철저하게 사실의 정확성을 확인했다. 오바마 대통령이 신뢰받기를 바랐기 때문이다. 오바마 자신도 마찬가지였다. 그는 연설과 관련된 회의나 논의 자리에서 늘 이렇게 말했다. "우선 사실부터 확인해봅시다."

백악관에는 전담 조사팀이 있어서 대통령 연설 초안에 포함된 모든 단어의 사실 여부를 확인했다. 그 검증 과정은 대단히 철저했다. 수년간 조사팀을 이끈 벤 홀저는 "발표 내용이 신뢰할 만한 주장과 사실에 근거하지 않는다면, 사람들이 어떻게 당신을 진지하게 받아들이겠습니까?"라고 말했다. 연설문 초안을 써서 사실 확인 담당자들에게 보내면 "사실이지만 오해의 소지가 있다"라는 메모와 함께 수십, 수백 개의 수정 사항이 달려 돌아오곤 했다. 그러면 우리는 사실에 기반하면서도 오해를 불러일으키지 않는 표현을 찾기 위해 고심했다.

물론 우리도 실수를 한 적이 있다. 오바마 대통령은 첫 임기 동안 일명 "오바마케어"로 불리는 건강보험 개혁 논쟁과 관련해 "지금의 건강보험이 마음에 든다면 그대로 유지하면 된다"라는 취지의 말을 자주 했다. 하지만 실제로는 아무리 본인의 의사가 그렇더라도 기존의 건강보험을 유지할 수 없는 경우가 왕왕 있었다. 오바마가 거짓말을 한 것은 아니다. 복잡한 사안을 지나치게 단정적으로 다루다가 발생한 실수였다. 원래 건강보험 개혁은 기존에 건강보험을 들어두었던 사람은 그대로 유지하게 해주고, 수백만 명에게 추가적인 혜택을 제공하는 것이 골자였다. 그러나 이 개혁 때문에 반강제로 기존의 보험을 취소하고 새로운 보험에 가입해야 하는 사람들도 있었다. 오바마 대통령은 이에 대해 공개적으로 실수를 인정하고 사과했으며, 다시는 같은 말을 반복하지 않았다.

항상 완벽할 수는 없겠지만 언제나 진실을 말하려 노력한다면 당신의 발언은 더욱 설득력을 지니고 신뢰를 얻게 될 것이다. 다음은 공개적인 자리에서 말할 때 지켜야 할 10가지 규칙이다.

**베끼지 말 것**

2021년 봄, 사우스캐롤라이나대학교 총장 로버트 캐슬런은 졸업식 축사의 말미에 이렇게 말했다.

> 인생이 공평하지 않다는 사실을 기억해야 합니다. 그리고 여러분은 수없이 실패를 경험할 것입니다. 하지만 만약 위험을 감수하고, 힘든 순간에도 용감하게 나서고, 비겁한 폭력에 당당히 맞서고, 억압받는 이들을 일으켜 세우고, 결코 포기하지 않는다면 다음 세대와 그다음 세대는 우리가 살고 있는 세상보다 훨씬 더 나은 세상에서 살아가게 될 것입니다. 그리고 오늘 이곳에서 시작된 일은 반드시 세상을 더 나은 방향으로 변화시킬 것입니다.

아름답고 감동적인 축사였지만 문제가 있었다. 이 연설은 오사마 빈 라덴 사살 작전을 총괄했던 윌리엄 맥레이븐 해군 제독이 2014년에 텍사스대학교 졸업식에서 했던 연설을 그대로 베낀 것이었다. 결국 캐슬런 총장은 일주일도 채 지나지 않아 사임했다.

공개적인 자리에서 한 말은 엄청난 대가를 불러올 수도 있다. 특히 표절을 저지른다면 더더욱 그렇다. 발표 자료를 준비할 때는 사용할 인용문이나 내용의 출처를 꼼꼼히 기록해두어야 한다. 다른 사람의 말을 직접 인용할 때는 물론이고 표현을 약간 바꿔서 사용할 경우에도 반드시 출처를 밝혀야 한다.

**거짓을 지어내지 말 것**

2022년 12월 미국 전역을 발칵 뒤집어놓았던 사건 하나를 이야기해볼까 한다. 연방 하원의원이었던 조지 산토스의 일이다. 그는 2020년에 처음 선거에 도전했고, 2022년에 뉴욕주의 연방 하원의원으로 당선되었다. 화려한 이력 덕분이었다. 그는 유대인 조부모가 홀로코스트에서 살아남았다고 했고, 어머니는 9·11 테러에서 살아남았다고 주장했다. 자신은 명문인 뉴욕시립대학교 재학 시절 배구팀의 스타 선수였으며, 세계적인 금융기업인 골드만삭스와 시티그룹에서 일했다고 했다. 또한 자신이 설립한 자선 단체를 통해 수천 마리의 개를 구조했다고도 말했다.

그러나 당선 직후 모든 것이 거짓으로 밝혀졌다. 일말의 사실도 없이 완벽하게 지어낸 이야기였다. 그는 자신의 이력을 "약간 미화한 것"뿐이라고 주장했다. 그러고는 태연한 얼굴로 이렇게 말했다. "나는 유대인Jewish이라고 한 적이 없다. '유대인 같다Jew-ish'라고 했을 뿐이다."

연방 수사관들은 그를 사기죄 및 위증을 포함한 거의 스무 개에 달하는 범죄 혐의로 기소했다. 그는 미국 역사상 여섯 번째로 제명된 하원의원이 되었고, 2025년 4월 징역 7년 3개월 형을 선고받았다. 37만 달러에 달하는 배상금도 지급해야 했다.

'거짓을 지어내지 말라'는 가장 기본적인 원칙이다. 그러나 놀랍게도 많은 이들이 과장하고 미화하다가 결국 거짓말 수준에 이르곤 해서 안타깝다. 요즘은 인터넷 덕분에 사람들이 진실을 호도할 수 없다. 오바마 대통령의 임기 말 백악관 조사팀을 이끌었던 알렉산드라 플래트킨이 한 말을 명심하자. "거짓말은 나쁘다. 그리고 어리석다."

### 사실을 정확히 말할 것

1942년 12월 7일 오후, 일본군 항공기가 하와이섬의 진주만에 있는 미국 해군 기지를 기습 공격했다. 단 몇 시간 만에 2천 명 이상의 미국인이 목숨을 잃었다. 이는 미국 50개 주 안에서 발생한 역사상 가장 치명적인 외국군의 공격이었다. 시어도어 루스벨트 대통령은 이날을 "영원히 치욕으로 남을 날 a date that will live in infamy"이라고 표현했고, 같은 날 의회가 전쟁을 선포하면서 제2차 세계대전이 시작되었다.

방금 읽은 단락에는 총 여덟 개의 사실 오류가 있다. 혹시 전부 알아챘는가?

- **오류 1:** "오후"
  → **사실:** 진주만 공격은 오전에 발생했다.
- **오류 2:** "1942년"
  → **사실:** 진주만 공격은 1941년에 일어났다.
- **오류 3:** "하와이섬"
  → **사실:** 진주만은 하와이섬이 아니라 오아후섬에 위치한다.
- **오류 4:** "역사상 가장 치명적인 외국군의 공격"
  → **사실:** 9·11 테러로 인한 사망자가 더 많았다.
- **오류 5:** "미국 50개 주 중 하나"
  → **사실:** 진주만 공습 당시 하와이는 아직 미국의 주가 아니었다. 하와이가 정식으로 미국의 주로 편입된 것은 1959년의 일이다.
- **오류 6:** "시어도어 루스벨트 대통령"
  → **사실:** 당시 미국 대통령은 시어도어 루스벨트가 아니라 프랭클린 루스

벨트였다.

- **오류 7**: "영원히 치욕으로 남을 날(a date that will live in infamy)"
  → **사실**: 정확한 인용문은 "a date which will live in infamy"가 맞다.
- **오류 8**: "제2차 세계대전이 시작되었다"
  → **사실**: 진주만 공습은 미국이 제2차 세계대전에 군사적으로 개입하는 계기가 되었을 뿐이며, 전쟁 자체는 1939년 독일의 폴란드를 침공하면서 시작되었다.

우리가 아무리 "탈진실"의 시대에 살고 있다고 해도, 사실은 여전히 존재한다. 어떤 것들은 맞거나 틀리거나 둘 중 하나다. 예를 들어 사람이나 장소, 숫자 같은 명사는 반드시 정확해야 한다.

원고를 준비할 때 위키피디아에서 얻은 정보는 반드시 다시 확인하라. 위키피디아는 대체로 정확하지만 오류가 있을 가능성도 있다. 또한 챗봇을 사용할 경우 AI가 잘못된 정보를 생성할 수 있다는 점도 주의하라. X나 틱톡 같은 소셜미디어에서 본 정보는 특히나 그대로 믿어서는 안 된다. 초안을 검토할 때는 사실, 수치, 주장에 전부 표시를 해두고 다시 확인해야 한다. 다음과 같은 곳에서 사실인지 확인할 것을 추천한다.

- 정부 기관이나 대학에서 발표한 보고서. 즉 사실과 통계가 처음 발표된 1차 자료.
- 브리태니커 같은 신뢰할 수 있는 백과사전.
- FactCheck.org나 PolitiFact.com 같은 독립적인 사실 검증 기관.

- 퓨 리서치 센터Pew Research Center 같은 비당파적 기관.
- 『월스트리트 저널』, 『뉴욕 타임스』, 『워싱턴 포스트』, 『AP통신』, 『로이터』 등 자체적인 사실 검증 절차를 갖춘 신뢰할 수 있는 언론사. 다만, 이런 언론사들도 때때로 오류를 범할 수 있으므로 여러 출처를 교차 확인하는 것이 현명하다.

### 출처를 확인할 것

나는 이 책을 집필하며 필요한 자료를 찾아보는 과정에서 흥미로운 통계를 여럿 접했다. 그중 하나는 73퍼센트의 사람들이 남들 앞에서 말하기를 두려워한다는 것이다. 이 통계는 수많은 뉴스 기사와 온라인 게시물에서 인용되었지만, 이상하게도 출처가 명확하지 않았다. 일부에서는 미국 국립정신건강연구소 연구 결과라고 주장하기도 했으나, 실제로는 찾을 수 없었다. 나는 이 통계가 포함된 글 중에서 특히 자주 인용되는 기사를 쓴 기자에게 직접 문의해보기도 했지만, 그는 해당 수치의 출처를 기억하지 못했다. 다행히도 그는 즉시 해당 내용을 삭제했다.

내가 좋아하는 인용문 중에 "사람들은 당신이 한 말을 잊고, 당신이 한 일도 잊겠지만, 당신이 그들에게 어떤 감정을 느끼게 했는지는 결코 잊지 않는다"라는 문장이 있다. 작가이자 시인인 마야 안젤루가 했다고 널리 알려진 이 인용문은 내가 커뮤니케이션에서 가장 중요하다고 생각하는 핵심을 담고 있다. 그런데 놀랍게도 이 책의 원고를 검토하며 사실 여부를 확인할 때, 마야 안젤루가 실제로 그 말을 한 적이 없다는 사실을 알게 되었다! 혹시 그가 말했다 하더라도 이미 다른 누군가가 먼저 했던 말이었다. 이것은 마치 "인터넷에서 읽은 모든 것을 그대로 믿지 마라"는 말이 19세기를 살았던 에이브러햄 링컨의 발언으로 떠도는 것과 비슷한 일이었다.

인터넷에는 가짜 인용문이 넘쳐난다. 내용이 아무리 훌륭하더라도 정확한 출처를 확인할 수 없는 통계나 인용문은 신중히 다루어야 한다. 오바마 대통령의 두 번째 임기 동안 백악관 조사팀 부국장을 지낸 크리스틴 바르톨로니는 "방어할 준비가 된 것만 말하라"고 조언했다. 신뢰할 만한 출처를 이용하고 출처가 분명치 않다면 언급하지 않는 것이 좋다. 인용문을 사용할 경우 『바틀릿 사전 Bartlett's Familiar Quotations』이나 『옥스퍼드 인용사전 Oxford Dictionary of Quotations』처럼 전문가가 편집한 자료를 참고하는 것이 바람직하다. 내가 즐겨 찾는 웹사이트 중 하나인 QuoteInvestigator.com도 유용하다. 이 사이트는 유명한 인용문의 실제 출처를 추적하는 곳으로, 전직 존스홉킨스대학교 연구원이 운영한다.

만약 끝까지 인용문의 출처를 확인할 수 없다면 "옛말에 이르기를" 같은 표현을 사용하는 편이 안전하다. 그러면 틀릴 위험이 없다.

**과거에 대해 정직할 것**

2015년, 사우스캐롤라이나주 찰스턴에 있는 교회에서 총기 난사 사건이 일어나 흑인 신도 아홉 명이 사망했다. 사건 직후 백인 우월주의자인 범인의 사진이 공개되었는데, 사진 속 범인은 남부연합 깃발과 함께 포즈를 취하고 있었다. 우연의 일치는 아니었다. 이 깃발은 미국 남부 지역의 역사와 자치 정신을 의미하기도 했지만, 미국 남북전쟁 당시 노예제를 옹호했던 남부연합의 깃발이라는 점에서 인종차별의 상징으로 여겨지기도 했기 때문이다.

며칠 후, 공화당 소속의 사우스캐롤라이나 주지사 니키 헤일리는 연설에서 주 의사당 부지에서 이 깃발을 철거할 것을 요구했다. 헤일리는 이 깃발이 지닌 역사와 유산을 인정하면서도, "잔혹한 억압의 과거를 떠올리게 하는 불쾌한 상징이자, 우리 사회를 분열시키고 수많은 이들에게 고통을 주는 상징"이라고 비판했다. 이어서 "이제 그 깃발을 주 의사당 부지에서 치울 때입니다"라고 선언했다. 지역의 소중한 유산이 어떤 이들에게는 고통스러운 과거를 되새길 수도 있다는 사실을 일깨운 것이다. 이후 주 의회에서 치열한 논쟁과 표결이 이어졌고, 결국 주 의사당에서 남부연합기는 내려갔다.

당신 자신이나 당신이 속한 공동체와 관련된 고통스러운 진실을 마주하기란 쉽지 않다. 그러나 훌륭한 연사들은 이를 피하지 않고 용감하게 정면으로 마주한다. 이는 옳은 일일 뿐만 아니라 현명한 선택이기도 하다. 비즈니스 분야에서는 "흠집 효과"라고 부르는데, 제품에 대해 약간 부정적인 정보를 공개함으로써 오히려 소비자들에게 신뢰감을 주고 긍정적인 인상을 남길 수 있다는 개념이다. 우리가 말할 때도 이 개념을 이용할 수 있다. 비록 부끄러운 과거일지라도 당신 역시 완벽하지 않다는 사실을 인정하는 셈으로 신뢰도가 높아진다.

### 낙관적인 말만 늘어놓지 말 것

첫 임기가 끝나갈 무렵, 오바마의 미 공군사관학교 졸업식 축사를 준비할 때의 일이다. 나는 그가 외교 분야에서 낸 성과를 담아 초안을 작성했는데, 아무래도 지나친 면이 있었던 모양이었다. 오바마는 초안에 이런 메모를 남겼다.

> 다 좋은데, 마음에 걸리는 게 하나 있어. 테러의 위협이 여전히 존재한다는 사실을 인정하는 단락이 최소한 하나는 필요할 것 같아. 낙관적인 이야기만 하고 싶진 않아.

나는 긍정적인 부분을 강조하는 데 집중한 나머지, 현실적인 문제들을 간과한 것이다. 오바마의 말처럼 실제로는 여전히 해결해야 할 위협이 남아 있었다. 다음 날, 오바마는 수정된 원고를 바탕으로 현실을 직시하는 연설을 했다. "우리는 여전히 심각한 위협에 직면해 있습니다. 대량 살상 무기를 추구하는 국가들부터 다음 공격을 계획하는 테러 조직, 오래된 위협인 해적 행위, 새로운 사이버 위협에 이르기까지 우리는 경계를 늦춰서는 안 됩니다."

말을 할 때는 낙관적이고 행복한 말에만 빠지지 않도록 주의해야 한다. 단순히 듣기 좋은 말만 하는 것이 아니라, 세상의 복잡한 현실과 어려운 문제에 대해서도 솔직하게 이야기해야 진정한 신뢰를 얻을 수 있다.

위기의 순간일수록 더욱 그렇다. 만약 당신이 어려운 상황에서 조직을 이끌어야 하는 리더라면 무엇보다 솔직해야 한다. 성급한 결론을 내려서 본의 아니게 잘못된 정보를 전하지 말고, 자신이 아는 것과 모르는 것을 분명하게 구분해서 말해야 한다. 오바마는 테러 공격이나 대규모 총기 난사 사건 이후 연설할 때 종종 이런 말로 시작했다. "아직 우리는 모든 사실을 알지 못합니다." 앞으로 나아갈 방향에 대해서도 솔직해야 한다. 쉽고 간편한 해결책이 있다며 과한 약속을 한다면 또 다른 위기가 찾아올 것이다. 바로 신뢰의 위기다.

### 불편한 진실을 외면하지 말 것

오바마는 첫 번째 취임 기간 중 노벨평화상을 받았다. 노벨위원회는 그가 "국제 외교와 인류 협력"에 기여한 점을 인정해 수상자로 선정했다고 밝혔다. 그런데 오바마는 수상 소감 연설을 준비하면서 심각한 문제에 직면했다. 당시 미국은 여전히 이라크전을 치르는 중이었고, 오바마는 불과 며칠 전에 아프가니스탄에 미군 3만 명을 추가로 파병하라는 명령을 내린 상태였다. 즉, 전쟁을 확대하는 가운데 노벨평화상을 받게 된 것이다. 당신이 오바마라면 이 상황에서 수상 소감으로 뭐라고 했겠는가?

대부분의 사람들은 사실 자체를 외면하려 할 것이다. 누구나 알고 있는 사실이지만 해결할 수 없기에 언급조차 하기 힘든, 이른바 '방 안의 코끼리' 같은 상황으로 느끼는 것이다. 그래서 불편한 진실을 아예 언급하지 않거나, 지나가듯 짧게 언급하거나, 발언 중간이나 끝부분에 슬쩍 묻어두곤 한다. "지난 며칠 동안 있었던 일"이라고 모호하게 표현하는 식이다. 혹은 기업의 경영자라면 대규모 정리해고를 감행한 후 "최근의 어려움"이라고 말할 수도 있다. 논란을 일으킨 정치인이라면 "일각의 비판"이라며 가볍게 넘기려 할 것이다.

그러나 무시하거나 대수롭지 않은 것처럼 말한다고 해서 방 안의 코끼리가 사라지는 것은 아니다. 오히려 현실을 제대로 파악하지 못하는 사람처럼 보여 코끼리가 더 커 보이게만 할 뿐이다. 최악의 경우, 진실을 알고 마땅히 들을 자격이 있는 사람들에게 모욕으로 느껴진다.

오바마는 코끼리를 외면하지 않고 용감하게 오히려 연설의 중심에 두었다. 노르웨이로 떠나기 전날 밤, 그는 늦은 시간까지 노란색 노트를 들고 일곱 장에 걸친 연설문 대부분을 직접 손으로 썼다. 그리고 노르웨이 오슬로에서 연설을 시작한 지 채 2분도 되지 않았을 때 이렇게 말했다.

> 하지만 제가 이 상을 받는 데 있어서 아마도 가장 심오한 쟁점은 제가 두 개의 전쟁을 치르고 있는 나라의 군 최고사령관이라는 사실일 것입니다. 저는 수천 명의 젊은 미국인을 먼 땅의 전장에 투입합니다. 그들 중 일부는 적을 죽일 것이고 일부는 목숨을 잃게 될 것입니다.

그다음에는 전쟁과 평화 사이의 긴장감, 전쟁의 폐허에서 정의로운 평화를 이끌어내기 위한 투쟁을 핵심 주제로 다루었다. 이 연설은 오바마가 대통령 임기 중에 한 가장 뛰어난 연설로 자주 손꼽힌다.

비판이든 논란이든 위기든 방 안에 코끼리가 있다면 못 본 척 회피해서는 안 된다. 정면으로 솔직하게 마주해야 하고 가능하다면 초반에 다루는 것이 가장 효과적이다.

### 극단적인 표현은 신중하게 사용할 것

어떤 주장은 명확히 사실이거나 거짓일 수 있지만, 세상일은 단순한 흑백논리로 나뉘지 않는다. 현실적으로는 회색 지대에 속하는 것들이 대부분이다.

　물론 극단적인 표현을 사용하거나 합리적인 의견 차이를 "옳고 그름" 혹은 "선과 악"의 대결처럼 묘사하면 불확실한 상황에서 안정감이 느껴진다. "모든 사람들은…"이나 "보수주의자들은 언제나…"와 같은 표현도 마찬가지다. 하지만 현실은 그렇게 단순하지 않다. 예외를 허용하지 않는 단정적인 표현을 사용하거나 뉘앙스를 전혀 고려하지 않은 채 극단적인 주장을 펼치면 허위 정보를 퍼뜨릴 위험이 커진다. 결과적으로 자신의 신뢰도만 깎아먹는 일이다. 게다가 이런 언어를 사용하면 옳고 선하다고 믿는 신념을 위해 어떤 희생을 치르더라도 승리해야 한다는 논리로 이어질 수 있다. 매우 위험한 상황이다. "대부분" 같은 단어도 논란이 있을 수 있다. 대부분이 어느 정도를 의미하는지 사람마다 감각적으로 다르게 느낄 수 있기 때문이다. 백악관의 연설문 작성팀과 전담 조사팀도 이런 정량적 표현을 두고 늘 고민했다. 내가 경험을 바탕으로 내린 결론은 다음과 같다.

　　일부(some) = 50퍼센트 미만
　　대부분(most) = 50퍼센트 이상
　　대다수(vast majority) = 70퍼센트 이상
　　거의 모든(nearly, almost all) = 90퍼센트 이상

　다만 "많은 many"이라는 표현을 사용할 때는 주의가 필요하다. "많은"이라는 말은 상당히 큰 숫자를 의미하는 듯하지만, 반드시 과반수를 뜻하는 것은 아니다. 예를 들어 "많은 사람들이 소셜미디어를 좋아한다"

와 "많은 사람들이 소셜미디어를 싫어한다"라는 두 문장을 생각해보자. 둘 다 대체로 사실로 받아들여지지만, 어느 쪽도 구체적인 정보를 제공하지 않는다. 특히 숫자를 다룰 때 이와 같은 표현을 사용하면 혼란을 초래할 수 있으므로 신중을 기해야 한다.

### 뉘앙스를 살려 말할 것

뉘앙스 살리기는 단정적인 표현을 피하는 것과 비슷한 맥락에 있다. 세상의 복잡성과 불확실성을 인정하고, 흑백논리를 넘어 그 사이의 회색 지대를 탐구하는 일이다. 문제는 그럴 때 말이 훨씬 복잡해진다는 점이다. 오바마가 한번은 내게 이렇게 설명한 적이 있다. "나는 쉼표나 세미콜론 같은 구두점을 많이 쓰고, 괄호도 많이 써. 내가 하는 말이 모든 경우에 통용되지는 않기 때문에 단서를 달아야 하거든. 뉘앙스까지 정확하게 전달해야 하니까 말이야."

말을 할 때는 아주 미묘한 차이로도 인상이 크게 달라진다. 충분히 표현하지 않으면 듣는 사람은 당신의 의도한 바와 다른 뜻으로 말을 받아들일 수도 있다. 누구나 그런 경험이 있을 것이다. 오바마는 자신의 말이 이따금씩 장황해지는 이유에 대해 다음과 같이 설명했다.

"나는 어떤 상황을 사람들한테 설명하고 진달하고 싶어. 그게 내 기본 태도지. 그런데 보좌관들은 내 말이 너무 복잡하고 장황하다고 말릴 때가 많아. 어려운 단어를 많이 쓰거나 역사적 사건을 가져와서 말하지 말라고 자주 조언하지. 무언가를 설명하면 사람들이 이해하지 못할 거라고 가정하는 경우가 많은데, 사실 그건 청중을 깔보는 태도나 다름없어."

물론 오바마의 의견이 언제나 순순히 받아들여진 것은 아니다. 오바마의 방식은 때로 연설문 작성팀과 의견 충돌을 일으키기도 했다.

"내 보좌관들은 최대한 분명하고 효과적으로 말해서 표를 끌어모아 선거에서 승리하는 게 중요하다고 생각해. 옳은 판단이야. 하지만 내 생각은 조금 달라. 선거에서 이기는 것도 중요하지만, 공적인 영역에서 잘 다루지 않는 중요한 진실도 전달하고 싶거든. 사회 문제를 더 악화하거나, 우리가 의견을 모으지 못하게 방해하는 그런 일들 말이야."

오바마는 2008년 필라델피아에서 했던 대선 유세 연설을 예로 들었다. 당시 그는 난감한 처지에 몰려 있었다. 오바마가 20년간 다녔던 교회의 담임 목사이자 그의 결혼식 주례를 맡기도 했던 제러마이어 라이트 목사가 선동적인 발언을 해서 논란에 휩싸였기 때문이다. 라이트 목사는 과거 미국이 취한 정책 때문에 9·11 테러가 초래되었다고 정부를 비난했다. 게다가 라이트 목사는 백인으로 이 사안에서는 인종 문제가 복잡하게 얽혀 있었다. 잘못하면 경선 전체를 난항에 빠트릴지 모를 큰 스캔들이었다.

오바마는 이 위기를 정면으로 돌파하기로 했다. 필라델피아 연설에서 미국에 뿌리 깊게 자리 잡은 인종 문제의 복잡성을 언급한 것이다. 그는 일부 흑인들 사이에 여전히 남아 있는 분노와 억울함뿐만 아니라 "일부 백인 사회에 존재하는 비슷한 분노"에 대해서도 함께 언급했다. 오바마는 내게 설명했다.

"나는 정확성을 추구하고, 어떤 논쟁에서든 양쪽 입장을 모두 고려해. '이것도 사실이고 저것도 사실이다'라고 말하는 게 내 자연스러운 성향이야. 모순처럼 보일 수 있지만 사실 그렇지는 않아. 물론 언제나 효과적인 방식은 아니지. 그렇지만 나는 현실을 제대로 파악하고 싶거든."

### 어려운 진실을 말할 것

민주당의 반대 진영인 공화당 후보의 이야기를 해볼까 한다. 2008년 대선 운동 막바지에 공화당 후보 존 매케인이 미네소타에서 유권자들과 질의응답 시간을 가질 때였다. 그때 한 여성이 이렇게 말했다. "오바마를 믿을 수 없어요. 그 사람 기사를 읽어봤는데, 아랍인이잖아요."

매케인은 곧바로 마이크를 잡고 답했다. "아닙니다, 부인. 그는 훌륭한 가장이자 훌륭한 시민입니다. 근본적인 문제에서 저와 견해가 다를 뿐이고, 그는 아랍인이 아닙니다."

"훌륭한 가장"이면서도 "아랍계 미국인"인 사람도 있기 때문에 완벽한 답변은 아니었다. 그럼에도 매케인이 듣는 사람의 기대를 저버리고 사실대로 말하는 쪽을 택했던 것은 맞다. 실제로 그 자리에서 매케인이 또다시 오바마를 옹호하며 "그를 두려워할 필요는 없다"고 말했을 때 야유와 조롱을 퍼붓는 관중도 있었다.

말을 할 때는 사람들이 듣고 싶어 하는 말을 하지 말고, 사람들이 들어야 할 말을 전하기 위해 노력해야 한다. 예컨대 오바마는 월스트리트 경영진을 상대로 한 연설에서, 업계가 "회사 자금으로 호화 생일 파티를 열 만큼이나 규칙과 원칙이 심각하게 훼손되었다"라고 지적했다. 2009년 카이로 연설에서는 전 세계 이슬람 사회를 향해 이스라엘이 존재할 권리를 옹호하면서 "하마스는 폭력을 끝내야 한다"라고 말했다. 2013년 이스라엘 학생들을 대상으로 한 연설에서는 "점령이나 팔레스타인인 추방이 답이 아니다. 팔레스타인인들은 자신들의 땅에서 자유로운 민족으로 살 권리가 있다"라고 강조했다.

진실을 말하기는 쉽지 않다. 특히 평범한 시민이 권력 앞에서 진실을 말하기 위해서는 큰 용기가 필요하다. 다만 그렇게 힘든 상황 속에서 진실을 말하는 사람들도 분명히 있다.

2016년 가을, 변호사이자 세 자녀를 둔 여성 레이철 덴홀랜더Rachael Denhollander는 켄터키주 루이빌에서 평온한 삶을 살고 있었다. 그러나 레이철에게는 오랫동안 누구에게도 털어놓지 못한 비밀이 있었다. 체조 선수였던 열다섯 살 때, 미국 체조협회와 미시간주립대학교에서 오랫동안 팀 닥터로 활동했던 래리 나사르에게 반복적으로 성적 학대를 당했던 것이다. 2015년에 들어 체조 선수들이 코치들에게 비슷한 학대를 당했다고 용기 내어 밝히기 시작하면서, 레이철은 마침내 목소리를 낼 때라고 결심했다. 경찰에 신고하고 언론과 인터뷰를 진행했다. 레이철은 래리 나사르를 공개적으로 고발한 첫 번째 여성이 되었으며, 이후 나사르는 미국 역사상 최악의 소아 성범죄자 중 한 명이 되었다.

진실을 밝히는 데는 큰 대가가 따랐다. 레이철은 사생활을 완전히 빼앗겼다. 레이철과 변호사들이 돈을 노리고 수작을 부린다며 비난하는 사람도 있었다. 레이철은 침묵하지 않았다. 레이철을 필두로 올림픽 메달리스트를 포함해 수백 명의 여성과 소녀들이 용기를 내어 자신 또한 나사르에게 성적 학대를 당했다고 증언했다. 나사르가 유죄 판결을 받은 후, 156명의 여성이 일주일 동안 이어진 선고 공판에서 차례로 돌아가며 자신의 이야기를 세상에 밝혔다. 결국 나사르는 최대 175년형을 선고받고 수감되었다. 미국체조협회와 미시간주립대학교는 학대 사실을 알고도 은폐했다는 의혹을 받았으며, 관계자들은 불명예스럽게 자리에서 물러나거나 유죄 판결을 받고 수감되었다. 피해자들은 미국체조협회와 미시간주립대학교를 상대로 역사적인 규모의 보상을 이끌어 냈다. 이 모든 것은 스스로를 "생존자 자매들"이라 부르는 용감한 여성들이 목소리를 내기로 결심했기에 가능했다. 그 시작은 레이철 덴홀랜더였다.

선고 공판 날, 레이철은 법정을 가득 메운 사람들 앞에서 36분 동안 연설했다. 그 안에는 생존자의 강인함, 변호사의 정확함 그리고 자신의 딸들과 전 세계의 소녀들을 자신이 겪은 끔찍한 고통으로부터 지키려는 어머니의 단호한 결의까지 담겨 있었다. 레이철은 법정과 세상을 향해 거듭 물었다.

래리 나사르
공판 증언 연설
레이철 덴홀랜더,
2018

"어린 소녀의 가치는 얼마일까요?" 연설의 끝자락에서 그는 스스로 질문에 대한 답을 내놓았다. "우리는 모든 것을 누릴 가치가 있습니다. 법이 제공할 수 있는 최고의 보호를 받고, 정의가 실현될 수 있는 가장 큰 범위 안에서 보호받을 가치가 있는 존재입니다."

우리 역시, 세상에 진실을 요구할 가치가 있는 존재다.

## 핵심 다운로드

거짓이 빠르게 퍼지는 세상에서 우리는 반드시 사실만을 말해야 한다. 당신에 대한 신뢰도는 당신의 말에 담긴 진실성에 달려 있다.

- **표절하지 말라.** 다른 사람의 말을 인용할 때는 반드시 출처를 밝히고 원작자에게 공을 돌려라.
- **없는 말을 지어내지 말라.** 거짓말은 부도덕할 뿐만 아니라 어리석다. 비단 그 문제만이 아니라 다른 모든 말의 신뢰를 잃게 되기 때문이다.
- **사실을 정확히 전달하라.** 모든 사실과 수치를 신뢰할 만한 출처와 대조하여 확인해야 한다.
- **출처를 확인하라.** 인터넷에서 얻은 정보라면 원래 출처를 찾아 검증하는 과정을 거쳐야 한다. 잘못된 정보가 생각보다 많다.
- **과거에 대해 정직하라.** 정직한 태도는 말하는 사람을 겸손해 보이게 하고, 신뢰도 얻을 수 있다.
- **긍정적인 말만 하지 말라.** 긍정적인 면을 강조할 때 부정적인 면을 무시해서는 안 된다.
- **문제를 외면하지 말라.** 방 안의 코끼리처럼 불편한 문제를 피하지 말

고 오히려 핵심 주제로 삼자. 발언 초반에 언급하면 더욱 좋다.

- **단정적인 표현은 신중하게 사용하라.** 대부분의 사안은 흑백논리로 설명할 수 없다.
- **뉘앙스를 살려 말하라.** 현실은 단순하지 않기에 흑백 사이의 회색 지대를 인정해서 말해야 한다. 말이 다소 길어질 수 있지만, 말을 짧게 하기 위해 문제를 단순화해서는 안 된다.
- **어려운 진실을 있는 그대로 말하라.** 원하는 변화를 이루려면 권력 앞에서 진실을 말할 용기가 필요하다.

## 12장 | 많은 사람들을 한 번에 움직이려면

말만으로는 밥을 지을 수 없다.

– 중국 속담

버락 오바마가 대통령직에 오르던 2009년 무렵, 세계는 80년 만에 최악의 경제 위기에 빠져 있었다. 미국 역시 마찬가지였다. 2008년에 일어난 투자은행 리먼브러더스의 파산은 미국 최대 규모의 기업 파산이었다. 수백만 명의 미국인이 일자리를 잃거나 사업을 접고 집을 잃었고, 대형 은행들이 줄줄이 무너졌다. 또다시 대공황이 닥칠지도 모른다는 두려움이 퍼지고 있었다.

오바마는 취임 직후 경제팀부터 소집했다. 문제를 해결하기 위해 재무장관이자 전직 연방준비은행 총재였던 티머시 가이트너가 나섰다. 몇 주 후, 가이트너는 재무부 청사에서 금융 부문을 안정시키기 위한 "새로운 금융 안정화 계획"을 발표했다. 가이트너의 연설은 주요 뉴스

채널을 통해 생중계되었고, 전 세계가 이를 지켜보았다. 그러나 그의 발언은 실망스러웠다. 가이트너가 연단에서 말하는 동안 주식시장이 실시간으로 급락했다. 그날 다우존스 산업평균지수는 무려 400포인트 가까이 떨어진 채로 마감되었다. 오바마는 그 연설을 "재앙"이라고 표현했고, 가이트너 자신도 연설이 순조롭지 않았다고 인정했다. 도대체 무엇이 문제였을까?

작게는 연설 방식에 문제가 있었다. 가이트너는 고등학교 때부터 사람들 앞에 나서서 말하는 데 두려움이 컸다고 한다. 그렇다고 연습을 한 것도 아니었다. 계속 미루다가 전날 밤 몇 번 대충 훑어본 것이 전부였다. 그 결과 그는 연단에서 불안감을 숨기지 못했다. 두 발을 좀처럼 가만히 두지 못해서 어쩔 줄 모르는 것처럼 보였다. 모든 요소가 신뢰감과는 거리가 멀었다.

하지만 그보다 더 큰 문제가 있었다. 가이트너가 한 말의 내용, 정확히는 그가 하지 않은 말이 그랬다. 전날, 오바마는 가이트너가 주택 위기를 해결하기 위한 계획을 포함하여 금융 부문 구제 전략의 구체적인 내용을 발표할 것이라고 예고했다. 그러나 실제로 가이트너가 한 말은 오바마의 예고와 달랐다. 그는 주택 위기 해결 계획에 대해 이렇게 얼버무렸다. "구체적인 내용은 앞으로 몇 주 내에 발표할 것입니다." 실천할 수 있는 대책을 내놓아야 하는 상황에서 모호하고 일반적일 말만 반복한 것이다. 결국 대중과 시장을 안심시키려던 연설은 오히려 불안만 키웠다.

나는 말로 변화를 일으킬 수 있다고 굳게 믿지만 가이트너의 사례는 언어의 한계 또한 여실히 보여준다. 말만으로는 지역사회를 재건하거나, 기업을 성장시키거나, 전쟁을 멈추거나, 병을 치료할 수 없다. 존 F.

케네디의 연설비서관이었던 테드 소런슨Ted Sorensen도 그 사실을 인정했다. "아무리 수준 높고 웅변적인 연설이라도 결국은 그저 말일 뿐이다. 말을 한다고 현실로 이루어지는 것은 아니다."

행동 없는 말은 공허한 수사에 불과하다. 해결책 없이 문제만 제기하면 말은 그저 허공으로 흩어질 뿐이다. 단순히 문제를 진단하는 데 그치지 말고 해결책까지 제시해야 한다. 앞으로 나아갈 길을 보여주는 것이다. 공동의 문제를 해결하기 위해 사람들을 이끌고자 할 때는 더욱 그렇다. 스탠퍼드 경영대학원의 문화심리학자 미셸 겔팬드는 "말은 사람들에게 힘을 실어줄 수 있어야 한다"라고 강조한다. 문제에 대처하기 위한 구체적인 행동을 제시해야 한다는 뜻이다. 기업이 효율성을 높이기 위해 시행할 수 있는 변화, 지역사회가 공공 안전을 강화하기 위해 도입할 수 있는 정책, 모두의 권리를 보장하기 위해 제정해야 할 법안과 같은 것들 말이다.

사람들이 앞으로 어떤 행동을 취해야 하는지 구체적으로 알려주는 "로드맵"을 제공하면 효과적이다. "저는 네 단계를 거쳐야 한다고 생각합니다"와 같은 말하기 방식이 좋은 예다. 또한 말은 눈에 보이지 않는다는 점을 고려해서 한 가지 개념에서 그다음 개념으로 넘어갈 때면 "첫째", "둘째", "셋째", "마지막으로"처럼 명확한 이정표를 제시할 필요가 있다.

아무리 말을 잘해도 결국은 한 사람의 의견일 뿐이다. 말로 더 많은 사람들이 행동하게 만들고 싶다면 세세한 기술이 필요하다.

## 인생의 교훈이라는 선물을 주라

윌리엄 맥레이븐 제독이 텍사스대학교 졸업식에서 한 축사는 최근 수십 년을 통틀어 손꼽히는 명연설로 평가받는다. 로버트 캐슬런 총장이 그의 연설을 가져다 쓰고 싶었던 것도 이상한 일은 아니다. 맥레이븐의 연설에는 훌륭한 연설이 갖추어야 할 요소가 전부 다 들어가 있다. 자신만이 할 수 있는 이야기를 짧고 간결하게, 생생한 언어로 표현했다. 젊은 시절 네이비실에서 훈련받은 경험을 나누었고, 복장 점검을 통과하지 못한 훈련생들 이야기를 할 때는 "그 학생들은 훈련을 끝까지 마치지 못했습니다. 훈련의 목적을 이해하지 못했기 때문입니다"처럼 단순하게 말했다. 또한 진흙탕에서 밤을 지새운 일을 이야기할 때는 "뼛속까지 파고드는 추위, 덜덜 떨리는 이, 신음하듯 흐느끼던 훈련생들"이라고 자세히 묘사했다.

무엇보다 맥레이븐 연설의 진가는 듣는 사람들이 실질적으로 활용할 수 있는 '선물'을 주었다는 데 있다. 그는 졸업생들에게 "네이비실 훈련에서 배운 10가지 교훈"을 전했는데, 개인적 경험에서 비롯된 것이었지만 누구나 듣고 실천해볼 수 있는 보편성도 지니고 있었다. 매일 아침 이부자리 정돈처럼 간단한 일부터 완료하기, 나를 도와 함께 노를 저을 수 있는 사람들과 어울리기, 때로는 장애물에 정면으로 부딪치는 위험을 감수하기, 무시무시한 상어를 보고도 두려움에 맞서서 물러서지 않기 등이었다.

사람들 앞에서 말할 내용을 준비하고 있다면 자신이 살면서 얻은 깨달음 중에서 다른 사람들에게 도움이 될 만한 것이 있는지 생각해보라.

스스로에게 이렇게 질문해보라.

- 당신이 부모라면 자녀를 키우며 무엇을 배웠는가?
- 당신이 사업가라면 사업을 일구며 무엇을 배웠는가?
- 당신이 시민권을 취득한 이민자라면 새로운 나라에서 자리 잡으면서 무엇을 배웠는가?
- 당신이 사회운동가라면 지속적인 변화를 만드는 방법에 대해 무엇을 배웠는가?
- 당신이 어떤 길을 걸어왔든 그 과정에서 자부심과 성취감을 느끼게 해준 깨달음은 무엇인가? 아침에 이부자리를 정돈하는 것처럼 사소한 것일 수도 있다.

## 요구 사항을 분명하게 말하라

아무리 유려하게 말했다 하더라도 만약 사람들이 당신의 이야기를 듣고도 '그래서 이제 뭘 하라는 거지?' 하고 의아해한다면 연설은 실패한 것이다. 연설이나 발표에는 분명한 행동 촉구가 들어가야 한다. 즉, 사람들에게 무엇을 해달라고 요구하는 내용이 있어야 한다.

지금까지 이 책에서 만나본 연설들은 하나같이 어떤 형태로든 요청이 담겨 있었다. 대개는 눈으로 보는 것처럼 요청이 분명했다. 낸시 브링커는 유방암 연구와 치료 지원을 위해 관심과 기부를 호소했으며, 알폰소 데이비스는 FIFA에 월드컵을 북중미 지역에 유치해달라고 부탁했다. 엘런 모이는 지역 주민들에게 아이들이 존엄성을 지키며 학교에 다닐 수 있도록 옷을 기부해달라고 요청했다.

요구사항이 아주 구체적이지 않아도 강력하게 전달되는 경우도 있다. 조직에서 직원의 은퇴식을 여는 이유가 무엇일까? 성실하게 일하다 은퇴하는 사람을 축하해주고, 다른 직원들에게는 그를 본받아 달라는 당부를 전하기 위해서다. 결혼식 축사에는 참석자들에게 두 사람의 결혼을 축복해주고 어려울 때 힘이 되어달라는 요청이 담겨 있다. 추도사도 마찬가지다. 사랑했던 사람의 삶을 기억하고, 그가 생전에 열정을 쏟았던 일과 평생 추구했던 가치를 이어가달라고 당부한다. 그 방법을 자세히 알아보자.

사람들에게 도움을 청할 때는 "지지"를 부탁한다고 두루뭉술하게 말하면 안 된다. 너무 애매하기 때문이다. 구체적으로 어떤 행동을 해달라고 부탁해야 한다. 거창할 필요는 없다. 문제가 너무 크면 감당할 수 없다고 느껴져 사람들을 위축시킬 수도 있다. 지나치게 큰 요구도 부담스럽게 느껴질 수 있다. 작은 행동을 제시하는 것이 가장 효과적이다. 탄원서에 서명을 부탁하거나, 간단한 투표에 참여해달라고 요청하거나, 자원봉사에 한 시간만 참여해달라고 하는 식이다.

2022년 5월 24일 아침, 킴벌리 루비오Kimberly Rubio는 딸 렉시를 학교에 데려다주었다. 그날은 4학년인 렉시가 모든 과목에서 A를 받아 우등상을 수상하는 날이었다. 킴벌리는 남편 펠릭스와 함께 시상식을 참관했다. 시상식이 끝나고 부부는 먼저 집으로 돌아가면서 저녁에 가족이 모두 함께 아이스크림을 먹으며 축하하자고 이야기했다. 하지만 그 기회는 영영 오지 않았다. 얼마 지나지 않아 총격범이 렉시의 학교로 들어가 렉시를 포함한 열아홉 명의 아이와 두 명의 교사를 살해한 것이다. 그때 렉시는 겨우 열 살이었다.

나 역시 아이를 둔 부모로서 자식을 잃는 고통이 얼마나 클지 상상하기조차 어렵다. 이루 말할 수 없는 슬픔 속에서도 힘을 짜내 촛불 집회, 장례식, 추모식에서 발언하고 자식을 기리는 부모들을 보면 경외심이 든다. 루비오 부부도 그랬다.

총기 안전 긴급 행동 촉구 연설
킴벌리 루비오, 2022

비극이 일어난 지 불과 2주 뒤, 아직 딸의 장례도 치르기 전에 킴벌리와 펠릭스는 목소리를 냈다. 두 사람은 집 안에서 나란히 앉아 영상으로 의회에 증언했다. 킴벌리는 눈물을 삼키며 끊어질 듯한 목소리로 그날의 참상을 전했다. 시상식에서 마지막으로 보았던 "고개를 돌려 웃음 짓던" 렉시의 모습이 머릿속에서 떠나지 않는다며 이렇게 덧붙였다. "똑똑하고 정이 많고 운동을 좋아하는 아이였습니다. 평소에는 조용하고 차분했지만, 할 말이 있을 땐 꼭 하는 아이였죠." 렉시는 소프트볼을 좋아했고 대학에 가면 수학을 전공한 뒤 로스쿨에 진학하는 것이 꿈이었다. "하지만 렉시는 그 기회를 빼앗겼습니다." 킴벌리가 그 자리에 선 이유는 단순히 딸이 어떤 아이였는지 알리기 위해서만이 아니었다. 킴벌리는 비극적으로 세상을 떠난 딸의 죽음이 헛되지 않기 위해 반드시 이루어져야 할 변화를 분명하고 단호하게 요구했다.

오늘 우리는 렉시를 위해 이 자리에 섰습니다. 그리고 그 아이의 목소리가 되어 행동을 촉구합니다. 우리는 공격용 소총과 대용량 탄창의 개인 사용 금지를 요구합니다. 이러한 무기의 구매 가능 연령을 18세에서 21세로 상향할 것을 요구합니다. 또한 레드 플래그 법\*과 더 강력한 신원 조회를 요구합니다. 그리고 총기 제조업체들의 면책 특권이 폐지되기를 원합니다.

킴벌리와 펠릭스는 사람들에게 행동에 나서달라고 요청하면서 오랫동안 이어져온 총기 안전 운동에 힘을 보탰다. 그로부터 몇 주 뒤, 끊이지 않는 총기 난사 사건에 분노한 미국인들이 목소리를 높였고, 의원들에게 변화를 요구하는 전화가 쇄도했다. 두 사람의 노력은 헛되지 않았다. 렉시가 세상을 떠난 지 한 달 만에 의회는 초당적 지지를 받아 거의 30년 만에 처음으로 주요 총기 안전 법안을 통과시켰고, 대통령이 서명했다. 법안에는 강력한 신원 조회 절차도 포함되었다. 물론 희생자의 유가족들이 원하는 바가 모두 이루어진 것은 아니었다. 갈 길은 여전히 멀었다. 그러나 수십 년 동안 불가능해 보였던 변화가 한 걸음이나마 앞으로 나아간 것은 분명하다.

어떤 문제에 대해 사람들이 행동하길 바란다면 모호하게 말해서는 안 된다. "진전"이나 "개혁", "변화"와 같은 포괄적이고 막연한 요청은 피해야 한다. 의미가 너무 넓고 모호해서 실질적 요구를 전달하지 못하기 때문이다. 킴벌리처럼 원하는 것을 정확히 말해야 한다. 하나하나 구체적으로 나열하라. 당신이 무엇을 기대하는지 조금의 의심도 남기지 말라. 구체적일수록 당사자들은 책임을 회피하기 어려워지고 그러면 한때 불가능해 보였던 일도 현실이 될 수 있다.

---

• 주 법원이 위험하다고 판단한 개인의 총기를 일시적으로 압수할 수 있도록 하는 법.

## 도전 과제를 명확히 하라

오바마의 대통령 임기 중 마지막 해외 순방지는 민주주의의 발상지인 그리스 아테네였다. 이는 그해 11월 대선에서 도널드 트럼프가 당선되지 않을 것이라는 전제로 계획된 것이었다. 트럼프는 유세장에서 시위자들을 "거칠게 다루어야 한다"라고 발언했을 뿐만 아니라 "부정 투표가 행위가 매우 흔하다"라는 거짓 주장도 서슴지 않았다. 심지어 선거에서 패배할 경우 결과를 순순히 받아들일 것인지조차 명확히 밝히지 않았기에 누구도 트럼프가 승리하리라 예상치 못했다.

예상을 뒤엎고 트럼프가 다음 대통령으로 당선된 이틀 후, 오바마는 대통령 당선인 신분의 트럼프를 대통령 집무실로 초청해 정권 이양 절차를 시작했다. 그리고 그날 오후, 오바마는 벤 로즈와 나를 호출해서 아테네 이야기를 꺼냈다. 모두가 알았다. 이제 그 연설은 처음 계획처럼 승리로 빛날 수 없다는 사실을. 당초 계획대로라면 오바마는 파르테논 신전의 하얀 대리석 기둥을 배경으로 미국 민주주의의 굳건한 힘을 기념할 예정이었다. 벤은 연설 장소를 실내로 옮기자고 제안했고, 오바마도 동의했다. "여전히 민주주의의 강점을 강조할 순 있어. 하지만 우리 앞에 닥친 문제를 냉철하게 볼 필요도 있지."

우리는 연설문 초안을 공들여 작성해 오바마에게 보냈다. 차분히 기다렸지만 피드백은 좀처럼 오지 않았다. 아테네의 호텔에 도착했을 때까지도 감감무소식이었다. 벤은 오바마가 연설문을 놓고 깊이 고민하고 있다고 전해주었다. "대통령은 민주주의가 직면한 위협을 더 깊이 다루고 싶어 해." 우리는 벤의 호텔 방에 모여 밤늦게까지 연설문을 다시 고쳐 썼다.

연설 당일 아침에도 대통령의 수정안은 올 기미가 보이지 않았다. 심지어 오바마는 연설문을 수정하기는커녕 아크로폴리스와 박물관을 돌아보며 시간을 보냈다. 나는 점점 초조해졌다. 연설까지 한 시간도 남지 않은 시각이었다. 그때 박물관 별실에서 대통령과 점심식사를 하던 벤이 나를 불렀다. "준비됐네."

오바마는 식사하던 테이블에 앉은 채 차분하게 수정 사항을 설명해 주었고, 나는 깜짝 놀랐다. 오전 내내 관광만 한 줄 알았는데, 연설문을 어떻게 바꿀지 계속 고민하며 휴식 시간마다 고쳐 쓰고 있었던 것이다. 게다가 몇 줄만 수정한 것이 아니라 문장을 이리저리 옮기고 후반부는 완전히 새롭게 구성했다.

마지막 한 시간은 정신없이 지나갔다. 모든 수정 사항을 어떻게 다 처리했는지도 기억이 희미하다. 청중이 착석하고 오바마가 연단에 오를 준비를 하는 순간, 인터넷 연결이 끊겨 노트북 안의 연설문을 프롬프터로 전송할 수가 없었기 때문이다. 우여곡절 끝에 겨우 문제를 해결하고 오바마가 연단에 올랐다.

연설은 한 시간 가까이 이어졌지만, 그는 트럼프의 이름을 단 한 번도 언급하지 않았다. 다만 오바마가 민주주의 자체가 위기에 처했다고 느끼고 있다는 사실만큼은 분명히 느낄 수 있었다. 그는 다양성을 가진 사회에서는 "법 앞의 평등이 필수적이며, 이는 다수뿐만 아니라 소수에게도 적용되어야 한다"라고 강조했다. 또한 "신앙이나 인종으로 인해 누군가가 우월하다는 믿음을 거부해야 하며, 동시에 폭력이나 강압,

아테네 연설
버락 오바마,
2017

철권통치로 질서를 유지하는 지도자들을 경계해야 한다"라고 경고했다. 그리고 "원하는 결과를 얻지 못했을 때도 평화로운 권력 이양이 이루어져야 민주주의가 유지될 수 있다"라고 역설했다.

강당에서 오바마의 연설을 들으며 나는 그가 그토록 쉬지 않고 고쳐가며 만들어낸 결과가 무엇인지 비로소 깨달았다. 그는 단순히 민주주의의 학문적 정의를 재확인하려 그 자리에 선 것이 아니었다. 오바마는 전 세계에서 그의 말을 듣고 있는 이들이 실제로 행동에 나서기를 원했다. 그가 수정한 연설문의 후반부는 행동을 강력히 촉구하는 내용을 담고 있었다. 오바마는 전 세계를 향해 도전 과제를 던졌다. "민주주의의 가치를 지켜내십시오." 세계화로 인해 너무 많은 노동자가 뒤처지는 현실 속에서 "더 포용적인 경제를 구축해야 한다"라고 역설했다. 또한 점점 거세지는 민족주의와 종파주의에 맞서 "다양하고 다문화적이며, 다인종·다종교적인 세계"에서 "우리를 하나로 묶어주는 공동 신념"을 지켜야 한다고 강하게 호소했다. 연설의 마지막 부분에서 오바마는 전 세계 시민들, 특히 젊은이들에게 직접 메시지를 던졌다.

> 결국 모든 것은 우리에게 달려 있습니다. 그렇기 때문에 어느 나라든 가장 중요한 직책은 대통령이나 총리가 아니라 "시민"입니다. 세계 어느 나라든 그 나라가 어떤 나라가 될 것인지, 어떤 이상을 추구할지, 어떤 가치로 정의될지를 결정하는 사람들은 언제나 그 나라의 시민들입니다.

연설은 마치 시민의 책임을 상기시키는 강력한 소집 명령과 같았다. 오바마가 임기 마지막 몇 달 동안 거듭 강조했던 메시지이기도 했다.

그 후 4년 동안, 미국을 비롯한 전 세계 수많은 사람들이 거리로 나와 여성의 권리를 지지하고, 인종 불평등에 항의하고, 기후변화 대응을 요구했다. 미국에서는 젊은 세대를 포함한 유권자들의 투표율이 크게 상승했다. 비록 많은 상처를 입었지만 미국의 민주주의는 살아남았다.

모든 공동체는 저마다의 도전에 직면한다. 가정이든 기업이든 국가든 마찬가지다. 어떤 문제도 말만으로는 해결되지 않는다. 반드시 말로 행동을 촉구해야 한다.

## 앞장서서 행동하라

사람들에게 무언가를 하라고 요청하는 일 자체는 간단하다. 당신이 말하고, 사람들이 그대로 실행하면 된다. 하지만 이것만으로는 충분치 않은 경우가 많기에 사람들의 행동을 더욱 강력하게 촉구할 수 있는 방법을 몇 가지 소개하려고 한다. 이것들의 핵심은 단순하다. 당신이 한 말을 당신부터 직접 행동에 옮김으로써 주장을 탄탄히 뒷받침하는 것이다.

### 먼저 본보기를 보일 것

다른 사람을 움직이게 만들고 싶다면 "내 말대로 하라"고 말하는 대신 "내가 하는 대로 하라"고 하는 편이 더 효과적이다. 오바마가 유색인종 청년들의 성공을 돕기 위해 국민들에게 더 많은 관심과 지원을 요청하면서 직접 청년들을 만나고 이야기를 나누는 데 시간을 할애한 것도 그 때문이었다. 미셸 오바마와 조 바이든 대통령의 영부인인 질 바이든 박사 또한 군인 가족들을 돕자고 호소하면서 학교와 여름 캠프에서 군인 자녀들을 지원하는 데 시간을 쏟았다.

2024년 소셜미디어 기업의 CEO들이 자사 플랫폼 내 아동 성착취를 방조했다는 혐의로 의회에 소환되었을 때, 일부 CEO들은 증언석에서 아이들의 온라인 안전을 강화하는 새로운 법안을 지지하겠다고 발표했다. 앞장서서 행동에 나서겠다는 뜻이었다.

만약 다른 사람들에게 자원봉사를 요청한다면 당신도 일정 시간을 봉사활동에 쏟겠다고 약속해야 한다. 기업 임원으로서 직원들에게 프로젝트에 시간을 더 쏟아달라고 요청한다면 당신도 추가 근무를 하겠다고 공언해야 한다. 급여를 삭감하거나 구조조정이 필요한 상황이라면 자신의 급여도 삭감하고 그 사실을 함께 발표하는 것이 좋다. 다양성을 중시하는 행사에서 발언한다면 업계에서 충분한 기회를 얻지 못하는 집단에 채용, 멘토링, 승진 기회를 제공하겠다고 선언해보라.

## 돈을 투자할 것

어느 봄날, 미국에서 가장 부유한 흑인 억만장자 로버트 스미스Robert F. Smith는 역사와 전통을 자랑하는 미국 유일의 흑인 남성 인문대학인 모어하우스칼리지 졸업식에서 축사를 했다. 그는 졸업생들의 성취를 칭찬하고, 자신의 가족이 8대에 걸쳐 지나온 감동적인 여정을 들려주었으며, 자신이 지키는 삶의 원칙을 이야기했다. 그리고 축사의 끝자락에 모두를 깜짝 놀라게 만드는 발표를 했다.

"이 땅에서 8대를 이어온 우리 가문을 대신하여, 저는 여러분이 미래로 나아가는 버스에 약간의 연료를 보태주려고 합니다. 2019년 졸업생 여러분, 우리 가족은 기금을 조성해 여러분의 학자금 대출을 대신 갚아줄 것입니다."

갑작스러운 발표에 졸업생들은 환호성을 지르며 기쁨에 겨워 껑충껑충 뛰었다. 스미스는 약속대로 약 400명의 졸업생의 학자금 대출을 갚기 위해 3,400만 달러를 기부했다. 덕분에 졸업생들은 대출 상환에 쓸 돈을 가족을 돌보는 일, 창업, 지역사회를 위한 비영리단체 설립 등에 사용할 수 있었다.

스미스는 이를 단발성 기부로 끝낼 생각이 없었다. 그는 자신의 기부를 계기로 더 많은 사람들이 행동에 나서기를 바란다고 말했다. 실제로 그의 이례적인 기부는 전국적인 논의를 불러일으키면서 젊은이들을 짓누르는 막대한 학자금 부채 문제를 해결하기 위한 정책을 촉진하는 계기가 되었다.

물론 스미스처럼 수천만 달러를 기부할 수 있는 사람은 드물다. 하지만 그의 행동은 중요한 교훈을 준다. 사람들의 관심과 행동을 촉구하고 싶다면 자신부터 먼저 앞장서서 관심을 보이고 자금까지 투자하라는 점이다. 이는 비단 억만장자만 할 수 있는 일이 아니다.

코로나19 팬데믹 초기, 펜실베이니아주 퍼카시에 사는 여섯 살 소녀 소피아 마이어스Sophia Myers는 지역 주민들에게 병원에 기부해달라고 부탁하는 영상을 찍었다. 소피아는 그 이유를 이렇게 설명했다. "간호사들이 정말 열심히 일하고 있어요." 그리고 자신이 먼저 본보기를 보였다. 분홍색과 흰색이 섞인 유니콘 저금통을 깨뜨려, 그간 집안일을 도와서 모은 용돈 14달러 70센트를 기부한 것이다. 소피아의 행동에 감명받은 지역 주민들이 연이어 기부에 동참했고, 6만 달러가 넘는 돈이 모였다. 간호사들은 감격의 눈물을 흘렸다. 이 모든 일이 한 어린 소녀의 모범에서 시작되었다.

### 비전을 제시할 것

시대를 막론하고 사람들을 움직이는 방법은 단순하다. 바로 목표를 알려주는 것이다. 사람들이 마음속으로 그려보고, 가슴에 품고, 굳은 의지로 앞으로 나아가게 하는 비전을 제시하라. 당신이 말하는 대로 행동하면 삶이 더 나아질 수 있다고 보여주는 것이다. 많은 종교가 지닌 교리의 핵심 또한 더 나은 세상에 대한 비전이다. 기독교든 이슬람교든 신앙과 선행을 실천하면 영원한 천국에서 보상받으리라는 믿음에 의해 이어져왔다.

미국 독립선언서도 "모든 인간은 평등하게 창조되었다"라는 비전을 제시했다. 미국인들은 그로부터 200년이 넘는 세월 동안 이를 실현하기 위해 노력해왔다. 노예제 폐지론자들은 노예 없는 미국을 만들겠다는 비전을 위해 목숨을 걸었고, 수전 앤서니Susan B. Anthony 같은 여성 참정권 운동가들은 여성이 투표할 수 있는 미국을 만들기 위해 나섰다가 투옥되기까지 했다. 미국의 농장노동운동 지도자 세자르 차베스Cesar Chavez는 이렇게 말했다. "나에게는 하나의 꿈, 하나의 목표, 하나의 비전이 있습니다. 농장 노동자들을 중요하지 않은 존재로 취급하는 이 나라의 농업 노동 시스템을 타파하는 것입니다." 마틴 루터 킹 주니어의 꿈도 종교, 인종 등 모든 조건에 구애받지 않는, 모두가 평등한 세상을 만드는 것이었다. 수많은 운동가들이 이 비전을 이루기 위해 행진하고 투쟁하고 때로는 목숨까지 바쳤다.

비즈니스에서도 비전의 역할은 중요하다. 스티브 잡스는 아이폰을 단순히 새로운 기기로 소개하지 않았다. 그는 "휴대전화를 새롭게 발명하겠다"라는 비전을 지니고 있었다. 나이키 경영진은 "모든 운동선수에게 영감과 혁신을 제공한다"라는 비전을 내세운다. 테슬라 직원들은 단순히 자동차를 조립하는 것이 아니라 "태양 에너지로 움직이는 세상"을 만든다는 목표를 가지고 일한다.

더 나은 미래에 대한 비전은 사회운동가들과 옹호자들이 매일 팔을 걷어붙이고 나서게 만드는 원동력이기도 하다. 국제 비영리단체 해비타트Habitat for Humanity는 "모든 사람에게 안락한 집이 있는 세상"을 꿈꾼다. 온라인 교육 플랫폼 칸 아카데미Khan Academy는 "언제 어디서든 누구에게나 세계 수준의 교육을 무료로 제공하는 것"을 목표로 한다. 핵무기 폐기를 지지하는 운동가들은 "핵무기 없는 세상"을 위해 싸운다.

존 F. 케네디 대통령은 미국이 달에 우주 비행사를 보내야 한다고 주장할 때 이렇게 말했다. "그 목표가 우리의 에너지를 결집시키고 우리의 능력을 시험할 기회가 될 것입니다." 크고 강력한 비전이 강력한 힘을 발휘하는 이유가 여기에 있다. 미래에 대한 방향을 제시하면 사람들에게 도전 의식을 심어주고 앞으로 닥칠 험난한 시간을 버틸 수 있는 동기를 부여해주기 때문이다.

비전은 비단 강력한 운동가나 사상가만이 제시할 수 있는 것이 아니다. 독일의 어느 초등학생 소년이 이루어낸 놀라운 일을 살펴보자.

2007년 겨울, 당시 초등학교 4학년이었던 아홉 살 소년 펠릭스 핑크바이너Felix Finkbeiner는 노벨평화상을 받은 케냐의 환경운동가 왕가리 마타이의 이야기를 알게 되었다. 아프리카 전역에 3천만 그루의 나무를 심은 마타이의 활동에 감명받은 펠릭스는 반 아이들 앞에서 발표하는 시간에 환경을 주제로 삼았다. "저는 반 친구들에게 전 세계 모든 나라가 나무를 백만 그루씩 심어야 한다고 말했어요." 인터뷰에서 펠릭스에게 아홉 살짜리 꼬마가 어떻게 나라별로 백만 그루라는 목표를 정했느냐고 묻자 그는 웃으며 답했다. "그냥 백만 그루가 맞는 것 같았어요."

펠릭스의 목표는 많은 이들에게 공감을 불러일으켰다. 몇 주 뒤, 펠릭스와 반 친구들은 뮌헨 외곽에 있는 학교에 첫 번째 나무를 심었다. 돌능금나무였다. 다른 교사들은 자신의 반 아이들 앞에서도 발표해달라고 펠릭스를 초대했고, 그런 식으로 그는 다른 지역의 학교 행사에서까지 계속해서 나무 이야기를 전했다.

얼마 지나지 않아 펠릭스는 부모님의 도움으로 전국을 돌며 나무 심기 행사를 열었고, 새로운 프로젝트 '플랜트 포 더 플래닛Plant-for-the-Planet'도 출범시켰다. 3년 후에는 목표였던 백만 그루 나무 심기에 성공했다. 그 기세로 펠릭스는 열 살 때 유럽 의회에서 연설을 했고, 열세 살 때는 UN에서 연설했다. "우리는 힘을 합칠 수 있습니다. 나이 든 사람과 젊은 사람, 부유한 사람과 가난한 사람이 함께 힘을 모으면 1조 그루의 나무를 심을 수 있습니다." 티셔츠와 회색 후드 재킷 차림을 한 열세 살의 펠릭스가 세계 지도자들이 지켜보는 가운데 한 말이었다. 얼마 후 UN은 펠릭스와 플랜트 포 더 플래닛에 1조 그루 나무 심기 운동의 주도적인 역할을 맡겼고, 펠릭스는 십 대에 세계적인 영향력을 지닌 환경운동가가 되었다.

현재 펠릭스는 20대 중반이다. 그는 자신이 이끄는 단체에 대한 인식과 기부를 독려하기 위해 매년 수십 차례 연설을 한다. 직원이 150명에 이르는 플랜트 포 더 플래닛은 여러 단체와 협력해 전 세계에 1억 그루에 가까운 나무를 복원하고 심는 데 기여했다. 나는 멕시코 유카탄반도의 묘목장에서 어린나무를 보살피는 펠릭스와 전화 인터뷰를 할 기회를 얻었고, 그는 이렇게 말했다. "'1조 그루 나무 심기'와 같은 구호에 거부감을 느끼는 사람들도 있어요. 하지만 그때는 그게 올바른 목표였어요. 운동을 시작할 때는 사람들이 쉽게 이해하고 흥미를 가질 수 있도록 목표를 단순하게 정하는 게 좋아요."

당신은 어떤 비전으로 사람들에게 동기를 부여할 수 있는가? 크고 대담하게 생각하라. 그다음에 단순화하라. 목표는 구체적이고 귀에 쏙 들어와야 한다.

청중을 행동하게 만들고 싶다면 요청하는 바가 분명해야 한다. 구체적이고 명백한 언어로 요구를 전달하고, 앞장서서 행동하라.

- **직접 깨달은 교훈을 나누어라.** 자신의 삶과 경험에서 얻은 교훈을 나누어보라. 당신의 이야기를 듣는 이들에게 선물이 될 것이다.
- **행동을 촉구하라.** 무엇을 해야 하는지 단계나 행동을 구체적으로 제시하라. 변화를 요구한다면 실천 방법을 하나씩 나열하라.
- **도전 과제를 던져라.** 문제 해결을 위해 대담한 도전 과제를 제시하라. 사람들로 하여금 문제를 새로운 시각으로 바라보고 행동하게 할 것이다.
- **모범을 보여라.** 말만 하지 말고 당신부터 행동으로 실천하라. 앞장서는 모습을 보여주면 사람들도 행동에 나설 동기를 얻는다.
- **비전을 제시하라.** 공동체가 나아가야 할 크고 대담한 방향과 목표를 제시하라.

## 13장 | 희망이라는 완벽한 본능

믿어라.

– 드라마 《테드 래소Ted Lasso》 中

2016년 대통령 선거 다음 날, 나는 충격에 휩싸인 채 백악관으로 출근했다. 선거 막바지까지 접전이 이어지고 있었기에 트럼프가 승리할 가능성을 완전히 배제할 수는 없었지만, 실제로 그런 일이 일어나리라고는 상상조차 하지 못했기 때문이다. 버락 오바마를 두 번이나 대통령으로 선택한 나라가 그와 정반대인 인물을 뽑았다니? 도무지 이해할 수 없었다.

그날 아침 백악관 서관의 대변인실에는 연설비서관, 언론 보좌관, 홍보비서관 등 약 40명이 모여 있었다. 대부분 20대 후반에서 30대 초반의 젊은이들이었고, 오바마의 첫 대선 캠페인부터 함께해온 이들도 있었다. 흑인, 백인, 라틴계, 성소수자 등 다양한 배경을 지닌 사람들이었으며, 보다 포용적인 미국을 만들겠다는 오바마의 비전을 실현하기 위해 수년간 헌신해온 이들이었다.

우리는 침울한 분위기로 소파나 바닥에 앉아 있었다. 밤새 울어서 눈이 벌겋게 부은 사람도 많았다. 무슬림계 미국인인 젊은 여성은 몹시 괴로워하고 있었다. 트럼프가 무슬림 미국 입국을 금지하겠다고 공언했기 때문이다. 우리가 지난 여덟 해 동안 온 힘을 다해 이루어낸 모든 것이 한순간에 위태로워졌다.

당시 오바마 대통령은 집무실에서 일일 브리핑을 받고 있었는데, 우리가 근처에 모여 있다는 말을 누군가 전했던 것 같다. 잠시 후, 대통령이 우리를 만나고 싶어 한다는 소식이 전해졌고, 우리는 조용히 줄을 지어 집무실로 들어갔다. 오바마는 커다란 데스크 옆에 서 있었고, 조 바이든 부통령도 함께였다.

오바마가 그날 아침에 했던 말이 전부 기억나지는 않는다. 나는 혼란에 빠져 있었다. 그가 우리의 심정을 이해하며, 우리를 자랑스럽게 생각한다고 말했던 건 기억난다. 그리고 우리가 해온 일에 자부심을 가지고 당당하게 고개를 들라고 했다. 미국은 전에도 어려운 시기를 겪었고 이겨냈으며 "역사는 직선으로 움직이지 않고 지그재그로 나아간다"라고 말했다. 마지막으로 이렇게 덧붙였다. "미국은 괜찮을 겁니다."

몇 시간 뒤, 오바마는 백악관 로즈가든에서 대국민 연설을 했다. 우리 모두가 그 연설을 지켜보았다. 오바마는 이때도 긍정적인 어조를 유지하려고 애썼다. 그는 밤사이 트럼프와 통화한 뒤 마음이 놓였다면서 "이제 우리 모두가 미국인으로서 그가 성공적으로 나라를 통합하고 이끌어가기를 기원해야 한다"라고 했다. 그리고 TV로 지켜보는 젊은이들에게 이렇게 말했다.

"선거에서 이길 수도 있지만 질 수도 있습니다. 졌을 때는 실수에서 배움을 얻고 자신을 돌아보고 상처를 치유하고 먼지를 털어내고 다시 전장으로 돌아갑니다. 그리고 다음번에는 더 열심히 노력합니다. 이것이 바로 지금 이 순간에도 우리가 미국인으로서 함께 해온 이 놀라운 여정이 앞으로도 계속될 거라 제가 확신하는 이유입니다."

그의 말이 잘 와닿지 않았다. 오바마를 위해 일해온 모든 세월을 통틀어 처음으로 그에게 화가 났다. 지금 돌이켜보면 패배에 대한 분노를 누구에게든 쏟아내고 싶었던 것 같다. 그 순간에는 오바마가 내 감정을 대변해주지 못한다는 생각뿐이었다. 나는 이렇게나 괴로운데 그는 여전히 믿음을 잃지 않는다니, 나는 이렇게나 두려운데 그는 낙관적으로 말하다니.

오바마가 왜 그런 말을 하는지는 이해할 수 있었다. 지난 200년간 모든 대통령이 그랬듯 그도 평화적으로 정권을 이양하고자 했다. 그래도 마음 한구석에서는 내가 느끼는 불안과 두려움과 같은 마음을 아주 조금이라도 보여주었으면 했다. 선거에서 진 것만이 문제가 아니었다. 내가 알고 있던 나라를 잃어버린 기분이었다. 결국 나는 사무실로 돌아와 문을 닫고 책상에 앉자마자 울음을 터뜨리고 말았다.

마지막 두 달 동안에도 오바마는 같은 태도를 유지했다. 시카고의 컨벤션홀에서 열린 고별 연설에서 그는 젊은이들에게 이렇게 말했다. "여러분도 알고 있듯이 끊임없는 변화는 미국의 특징입니다. 변화는 두려워해야 할 대상이 아니라 받아들여야 할 대상입니다. 여러분은 민주주의라는 이 힘든 과업을 앞으로도 계속해나갈 준비가 되어 있습니다. 머지않아 여러분이 사회의 주역이 될 것이고, 미래가 든든한 손에 맡겨질 것이라 저는 믿습니다."

트럼프의 취임식 당일, 나는 메릴랜드 앤드루스 공군기지에서 오바마의 고별 연설을 들었다. 워싱턴에서는 트럼프가 막 선서를 마친 참이었다. 이제는 전직 대통령이 된 오바마가 미셸과 함께 무대에 올라 마지막으로 감사의 인사를 전했다.

> 우리의 민주주의는 건물이 아닙니다. 기념물도 아닙니다. 그것은 더 나은 세상을 만들기 위해 노력하려는 여러분의 의지이며 서로의 말을 듣고, 논쟁하고, 함께 모이고, 문을 두드리고, 전화를 걸고, 사람들을 존중하는 것입니다. 민주주의는 끝나지 않습니다. 지금은 단지 잠시 멈춰가는 순간일 뿐입니다. 이것은 마침표가 아니라 미국을 만들어가는 이야기 속의 쉼표일 뿐입니다.

이렇게 말한 뒤 오바마는 미셸과 함께 의장대를 지나 계단을 올라 대기 중이던 비행기에 탑승했다. 이제 더 이상 에어포스 원이라고 부를 수 없는 비행기 앞에서 마지막으로 우리를 향해 손을 흔들었다. 비행기가 이륙했고 그렇게 오바마의 대통령 임기가 끝났다.

확신한다? 미래가 든든한 손에 맡겨질 것이다? 잠시 멈춰가는 순간일 뿐이다? 오바마가 탄 비행기가 점점 멀어져가는 모습을 바라보며, 나는 그가 지난 두 달 간 무엇을 하려 했는지 겨우 깨달을 수 있었다. 오바마는 나를 향해 그리고 앞으로의 미래를 불안해하는 모든 이들을

앤드루스 기지
고별 연설
버락 오바마,
2017

향해 말하고 있었다. 그는 대통령직을 마무리하는 순간조차도 그동안 해온 모든 연설과 똑같은 방식으로 끝맺었다. 오래전 내가 보스턴 전당대회에서 처음 그의 연설을 들었을 때부터 그랬듯이 그는 연사가 청중에게 전할 수 있는 가장 강력한 메시지를 던지고 있었다. 그는 우리에게 희망을 주려 했다.

## 분노와 두려움으로는 세상을 바꿀 수 없다

우리는 거의 매일 두려워하라는 말을 듣는다. 선동가들은 우리와 생김새가 다르거나, 삶의 방식이 다르거나, 기도하는 방식이 다른 사람들을 두려워해야 한다고 부추긴다. 소셜미디어는 끊임없이 공포와 분노를 자극하는 게시물을 쏟아낸다. 뉴스 매체는 갈등과 부정적인 이야기를 앞세운다. 어떤 정치인들은 아예 두려움을 선거운동 전략으로 삼는다. 상대 후보가 당선되면 우리가 소중히 여기는 모든 것이 영원히 사라질 것이라고 외친다.

왜 이렇게 두려움을 부추기는 사람들이 많을까? 이유는 간단하다. 목적 달성에 효과적이기 때문이다. 신경과학자들에 따르면 우리가 두려움을 느낄 때 뇌 안의 편도체가 활성화된다. 감정 조절을 담당하는 이 원시적인 기관은 때로 고차원적 사고와 이성적 판단을 담당하는 전두엽을 압도한다. 또한 캘리포니아대학교의 연구에서는 우리가 긍정적인 정보보다 부정적인 정보와 트라우마적 사건을 더 생생하게 기억하는 경향이 있다고 밝혀졌다. 그러니 두려움을 자극하는 말하기가 대체로 효과적인 것도 당연하다. 두려움을 이용하면 표를 얻고 온라인에서 더 많은 조회수를 유도하며 시청률을 높이는 데 유리하다.

다만 두려움을 조장하는 행위는 불장난과 다를 바 없다. 너무 자주 "늑대가 나타났다!" 하고 외치면 사람들은 결국 그것을 과장된 호들갑으로 치부하고 더 이상 귀 기울이지 않게 된다. 더욱이 세상을 지나치게 어둡게 묘사하면 사람들이 무기력에 빠져 아예 행동하려는 의지를 잃어버릴 수도 있다. 정의로운 분노는 군중을 불타오르게 하지만, 해결책이 없는 분노는 오히려 반감을 불러일으킨다. 예를 들어 공동체가 중독이나 폭력의 굴레에서 벗어날 수 없다고 단정해버리면 사람들은 생명을 구하는 조치를 취하는 데 무관심해질 것이다. 기후변화로 인한 재앙이 불가피하다고 선언한다면 청정에너지로 전환하기 위해 노력하는 사람들도 없어질 것이다.

그런데 두려움을 조장해서 사람들의 관심을 모으는 행위는 자기 모순적이다. 사람들에게 세상을 더 좋게 바꿀 수 있다는 주체적인 믿음을 빼앗을 거라면 애초에 그들을 설득하려고 애쓸 이유가 없기 때문이다. 두려움에 휩쓸리면 결국 우리 자신을 파괴하게 된다. 우리의 먼 조상들은 두려움을 느끼고 빠르게 판단해야만 살아남을 수 있었지만, 오늘날처럼 복잡하고 다양한 현대 사회에서 두려움은 오히려 공동의 생존을 위협한다. 영화 〈스타워즈〉에 등장하는 위대한 스승 요다가 이를 통찰력 있게 지적한다. "두려움은 어둠으로 가는 문이다. 두려움은 분노를 낳고 분노는 증오를 부르며 증오는 고통을 초래한다."

누군가가 두려움을 조장해서 사람들의 관심을 모으려 하는지 알아보는 방법은 간단하다. 그의 말을 다 들은 후 사람들의 반응을 살펴보면 된다. 두려움이나 분노가 커졌는가? 타인에 대한 의심이 깊어졌는가? 복수와 응징을 원하게 되었는가? 폭력적인 충동이 강해졌는가? 만약 이 질문에 하나라도 "예"라고 답했다면 이미 어둠으로 넘어간 것이다.

말을 마무리하며 행동을 촉구할 때 두려움을 조장하는 것보다 훨씬 좋은 방법이 있다. 그 방법을 살펴보자.

## 마지막은 낙관적으로

말을 할 때 마지막 부분은 특히 심혈을 기울여야 한다. 사람들이 가장 오래 기억하는 순간이기 때문이다. 뉴스 기사나 정책 보고서는 다가오는 위협에만 초점을 맞추어도 괜찮다. 책의 결말에서는 등장인물이 안타깝게 죽음을 맞이하기도 하고, 영화나 TV 시리즈는 열린 결말로 끝나기도 한다.

하지만 발표나 연설은 다르다. 결말이 침울하거나 사람들을 혼란에 빠뜨린 채로 끝나면 안 된다. 사람들을 설득해서 어떤 행동을 하도록 유도하는 것이 본질적인 목적이기 때문이다. 사람들은 변화가 가능하다고 믿을 때만 행동한다. 즉, 발표는 목표와 비전에 대한 희망으로 끝맺어야 한다. 희망의 힘을 과소평가해서는 안 된다.

우리는 왜 십수 년씩 학교에 다니며 공부하고 새로운 기술을 배울까? 생계를 꾸리고 가족을 부양하며 더 큰 공동체에 기여하고자 하는 바람 때문이다. 기업가들은 왜 새로운 사업을 시작할까? 새로운 제품을 개발하고 더 나은 서비스를 제공해서 사람들의 삶과 일하는 방식을 바꾸고자 하는 바람 때문이다. 우리가 무언가를 위해 기부할 때도 마찬가지다. 누군가의 생명을 구할 수 있기를 바라기 때문이다. 극단적인 예지만, 전쟁 포로나 투옥된 정치범, 인질들이 가혹한 환경 속에서 하루를 버텨낼 수 있는 이유 역시 언젠가는 자유를 되찾을 수 있으리라는 희망에 있다. 베트남 전쟁 중 북베트남 상공에서 격추되어 거의 8년 동안 혹독한 고문을 당하면서도 끝내 살아남은 해군 조종사 제임스 스톡데일 부제독도 그랬다. 그는 "나는 단 한순간도 의심하지 않았다. 내가 결국 여기서 나가게 될 것이라는 사실을"이라고 말했다.

희망이 그렇게나 강력한 이유는 무엇일까? 어쩌면 희망이 우리의 뇌 깊숙이 자리 잡은 본능이기 때문은 아닐까? 신경과학자 탈리 샤롯 교수는 사람들이 과거와 미래를 어떻게 인식하는지 오랫동안 연구해왔다. 샤롯 교수의 연구에 따르면 인간은 미래를 바라볼 때 대체로 희망적인 태도를 지니는 경향이 있다. "우리는 좋은 일이 일어날 가능성을 과대평가하는 경향이 있습니다. 예를 들어 직장에서 승진할 가능성을 높게 보는 것이죠. 반면 나쁜 일이 벌어질 가능성은 과소평가합니다. 교통사고를 당할 확률을 실제보다 낮게 생각하는 것처럼 말입니다."

미래가 과거나 현재보다 더 나아지리라는 믿음을 "낙관 편향"이라고 한다. 연구에 따르면 국가·문화·성별·사회경제적 배경과 관계없이 약 80퍼센트의 사람들이 이 낙관 편향을 경험하며 어렵고 힘든 시기에도 미래는 더 나아질 것이라고 믿는다. 샤롯은 인간이 생존을 위해 본능적으로 희망을 품도록 설계되어 있을 가능성이 크다고 주장한다. 실제로 사람들의 행동 변화를 살펴본 연구에서도 평균적으로 희망이 두려움보다 더 강력한 동기부여 요인이라는 결과가 나왔다.

나는 이 개념이 정말 마음에 든다. 인간이 본능적으로 낙관적인 성향을 띤다면 그보다 강력한 소통 도구는 없다. 내일이 오늘보다 나아질 것이라는 낙관적인 믿음이 있다면 사람들은 희망을 이야기하는 당신의 말에 기꺼이 동참할 것이기 때문이다.

다만 내가 말하는 희망은 근거 없는 낙관주의나 비현실적인 기대와는 다르다. 여기서 희망의 의미를 분명히 해두자. 오바마가 처음 대선에 출마했을 때 그에게 지나치게 낙관적이라는 비판이 쏟아졌다. 오바마는 아이오와주 당원 대회에서 승리한 그날 밤, 비판에 대한 답을 내놓았다.

> 우리는 몇 달간 희망을 이야기했다는 이유로 조롱받고 비웃음을 사기도 했습니다. 그러나 희망은 맹목적인 낙관주의가 아닙니다. 눈앞에 놓인 거대한 과제를 외면하는 것도 아닙니다. 앞을 가로막는 장애물을 모르는 척하는 것도 아닙니다. 방관하거나 싸움을 피하는 것도 아닙니다. 우리 안의 희망은 끈질기게 말합니다. 모든 증거가 그 반대를 가리킬지라도, 우리가 노력하고 싸울 용기를 낸다면 더 나은 미래가 기다리고 있다고 말이죠.

이 연설은 희망을 말할 때 반드시 기억해야 할 두 가지 핵심을 담고 있다. 첫째, 희망은 "눈앞에 놓인 거대한 과제를 외면하는 것도, 앞을 가로막는 장애물을 모르는 척하는 것도" 아니다. 희망은 현실적이어야 한다. 사람들을 움직이고 싶다면 헛된 망상에 불과한 비전을 제시해서는 안 된다. 오로지 이득만 있고 고통은 전혀 없는 것처럼 약속해서도 안 된다. 전쟁이 금방 끝날 것이라고 호언장담하는 지도자, 아직 검증되지 않은 "혁신적" 기술을 자랑하는 기업가, 자신이 고안한 6단계 과정을 결제하기만 하면 "인생이 180도 바뀐다"라고 말하는 자기계발 구루처럼 말이다.

제임스 스톡데일 부제독은 함께 수용소에 갇힌 전쟁 포로들 중 비현실적인 기대를 품고 있던 사람들은 희망을 지녔음에도 살아남지 못했다고 말했다. 크리스마스나 부활절에 풀려날 거라는 막연한 희망을 가졌다가 그 희망이 무너져버렸을 때 인간은 감당하기 어렵다. 그는 "결국에는 이길 것이라는 믿음을 잃으면 안 되지만, 지금 처한 참혹한 현실과 그 믿음을 혼동해서도 안 된다"라고 경고했다.

말할 때도 마찬가지로 절제된 태도가 필요하다. 지킬 수 없는 약속을 하거나 현실적으로 달성할 수 없는 목표를 제시해서는 안 된다. 사람들이 앞으로 마주하게 될 어려움을 대충 둘러대지 말고 현실을 직시해야 한다. 희망을 이루는 과정에서 부딪힐 어려움을 미리 알려주고 대비하게 하라. 오바마는 핵무기 없는 세상을 꿈꾸는 연설에서 이렇게 말했다. "저는 순진하지 않습니다. 이 목표는 금방 이루어지지 않을 것입니다. 어쩌면 제 생전에는 불가능할 수도 있습니다. 인내와 끈기가 필요합니다."

희망을 말할 때 명심해야 할 두 번째 핵심은, 목표나 비전이 "우리가 노력"해야만 실현될 수 있다는 점이다. 행동이 따르지 않는 희망은 헛된 희망에 불과하다. 필연적이거나 당연한 것은 절대로 없다. 희망만으로 성공은 보장되지 않는다. 희망을 전할 때는 이 점을 상기시켜야 한다.

## 기꺼이 희망을 파는 사람이 되어라

HOPE 연대Alliance for HOPE의 공동설립자 케이시 그윈과 오클라호마대학교의 심리학 교수 챈 헬먼은 저서 『호프 라이징 Hope Rising』(2018)에서 이렇게 설명한다. "희망은 단순한 개념이 아니다. 희망은 단순한 감정도 아니다. 희망은 목표이자 의지이며 경로, 즉 희망을 실현하기 위해 밟아나가는 단계를 의미한다."

헬먼 교수는 희망이 삶의 거의 모든 영역에서 "성공을 예측하는 중요한 지표"라고 주장한다. 희망의 과학이라고도 부를 수 있는 수많은 연구들이 그 주장을 뒷받침한다. 희망을 느끼는 학생일수록 수업 출석률이 높고 성적이 우수하며 졸업할 가능성이 더 크다. 희망을 느끼는 직원들은 결근이 적고 번아웃에 빠질 확률이 낮으며 업무 성과도 뛰어나다. 희망을 느끼는 사람일수록 건강한 생활 습관을 유지하며 실제로도 더 건강하다. 즉, 만성 질환이 적고 전반적인 삶의 만족도가 높다. 한마디로 희망이 있는 사람들은 더 행복하고 더 많은 성취를 이루며 더 오래 산다.

얼핏 생각해봐도 당연한 일이다. 내일이 어떻게 될지 몰라 절망에 빠져 있다면 원하는 미래를 만들기 위해 노력할 가능성도 줄어들 것이다. 이에 대해 신경과학자 탈리 샤롯도 "희망은 내면에서 우러나든 외부에서 주어지든 사람들이 목표를 받아들이고 그것을 향해 나아가도록 만든다"라고 부연한다.

결론적으로 우리가 말을 통해 희망을 전달할 수 있다면 목표가 이루어질 가능성도 커진다. 이 책에서 다룬 연설들을 떠올려보자. 하나도 빠짐없이 결국 모두 희망에 관한 이야기였다. 그레타 툰베리는 세계 지도자들을 향해 이렇게 말했다. "저는 여러분의 희망을 원하지 않습니다. 제가 원하는 것은 제가 매일 느끼는 두려움을 여러분도 느끼는 것입니다." 하지만 결국 툰베리의 말속에도 지도자들이 기후변화에 대해 적극적으로 대응하기를 바라는 희망이 담겨 있었다는 것을 우리는 안다.

오바마는 첫 대통령 선거운동 당시 희망에 대한 이야기를 너무 많이 한다는 비판을 받을 때마다 재치 있게 응수했다. "사람들이 저를 희망팔이라고 부르더군요." 나는 이 표현이 참 마음에 든다. 비관과 낙관, 두려움과 희망 중에서 선택해야 한다면 나는 주저 없이 희망을 파는 사람이 되라고 말하고 싶다. 소통을 잘하는 사람은 비관론자가 아니라 낙관론자다. 희망을 이야기하기에 적절하지 않은 순간이란 없다. 특히 말을 마무리할 때는 더욱 그렇다.

만약 조직이나 기업을 이끌고 있다면 반드시 실패를 겪기 마련이다. 단지 언제 겪을 것인가의 문제일 뿐이다. 프로젝트가 실패할 수도 있고 분기 실적이 기대 이하일 수도 있으며, 신제품이 소비자들의 외면을 받을 수도 있다. 정치판에서도 야심 차게 주장한 법안이 의회를 통과하지 못하는 일이 자주 일어난다. 이렇게 실패를 경험한 직후에 말을 한다면 어떻게 말해야 할까?

스위스 제약사 로슈의 CEO였던 제베린 슈반Severin Schwan은 연구 프로젝트가 끝날 때마다 팀과 함께 샴페인을 터뜨리며 축하했다. 설령 연구가 실패해도 마찬가지였다. 그는 이렇게 말했다. "사람들이 과감하게 도전할 수 있는 문화를 만들어야 합니다. 위험을 감수하지 않으면 혁신도 있을 수 없기 때문이죠. 조직 문화를 위해서는 한 번 성공한 사람보다 아홉 번 실패한 사람을 더 칭찬할 필요가 있습니다."

만약 조직이 목표를 달성하지 못했다면 슈반의 방식을 참고하라. 실패와 도전을 비난하지 말고 오히려 축하하라. 실패에서 배우고 먼지를 털고 다시 일어나 더 열심히 노력해야 한다는 메시지를 전하라. 그렇게 계속 나아가다 보면 결국 돌파구가 나온다. 핵심은 실패에 연연하지 않고 장기적인 목표에 집중하는 것이다.

힐러리 클린턴도 2016년 대선에서 도널드 트럼프에게 패배한 후, 지지자들에게 같은 메시지를 전했다. 이번에는 비록 패배했지만 장기적으로 더 나은 미래를 그려보자고 희망을 말한 것이다. "우리는 가장 높고 단단한 유리천장을 깨지 못했습니다. 하지만 언젠가, 누군가는 깰 것입니다. 그날이 지금 우리가 생각하는 것보다 더 빨리 오기를 바랍니다."

아무리 가슴 아픈 좌절에서도 희망을 발견할 수 있다. 끝이 없어 보이는 절망 속에서 희망을 찾아낸 한 군인의 이야기를 해보겠다.

2009년 아프가니스탄에서 순찰 임무를 수행하던 미군 특수부대 아미 레인저 코리 렘스버그Cory Remsburg는 대형 사제폭탄을 밟아 거의 목숨을 잃을 뻔했다. 폭탄이 터지면서 수많은 파편이 그의 몸과 머리를 강타했고, 그 폭발과 뒤이은 수술 과정에서 뇌의 3분의 1이 손상되고 제거되었다. 그는 석 달 동안 혼수상태에 빠져 있었으며, 말을 할 수 있게 되기까지는 6개월이 더 걸렸다.

수년간 힘겨운 재활 치료와 언어 및 물리 치료, 30차례가 넘는 수술을 거쳤지만 결국 코리는 한쪽 눈을 실명했고 한쪽 귀는 거의 들리지 않았다. 몸 한쪽이 마비되어 혼자서는 제대로 서거나 걸을 수도 없었다. 가족과 친구들이 하는 말을 이해할 수는 있지만 대답하기는 쉽지 않았다. 한 번에 대여섯 단어 정도밖에 말하지 못할 때도 있었다.

2014년 국정 연설에서 오바마 대통령이 코리 렘스버그의 이야기를 전했다. 오바마는 코리를 미국의 회복탄력성을 상징하는 인물로 소개하면서 그가 오랜 재활 치료를 거쳐 다시 일어나 말하게 되기까지 얼마나 끈질기게 싸워왔는지를 이야기했다. "코리 렘스버그 중사는 절대 포기하지 않습니다. 절대 멈추지 않습니다."

그날 코리는 아미 레인저 정복 차림으로 앉아 있었다. 오바마가 그의 이야기를 하자, 그는 몸을 일으켜 세워 당당하게 사람들에게 손을 흔들었다. 장내는 환호로 가득 찼고 거의 2분 동안 기립박수가 이어졌다. 코리는 단숨에 전국에서 가장 유명한 참전용사가 되었다. 오바마 대통령은 임기 동안 여러 차례 그와 만났고 회복 과정을 국민들에게 계속 전했다. 나는 상상조차 할 수 없는 시련 앞에서도 꺾이지 않는 코리의 끈기에 늘 감탄했다. 우리 두 사람은 배경이 완전히 달랐지만 점차 가까워졌다. 미주리 출신의 강인한 군인과 매사추세츠 출신의 진보주의자 사이에 우정이 싹튼 것이다.

백악관을 떠난 지 몇 달 뒤, 나는 코리에게서 연설을 도와달라는 부탁을 받았다. 코리의 모교인 세인트루이스 고등학교에서 그를 학교 명예의 전당에 헌액하기로 했는데 그 자리에서 자신만의 메시지를 전하고 싶다고 했다. 나는 초고를 쓰기 위해 코리에게 지나온 삶과 그날 폭발에 휘말렸던 경험 그리고 앞으로의 계획을 물었다. 이 연설은 내가 맡은 일 중에서는 쉬운 편이었다. 새로운 지향점이나 주제를 잡을 필요

없이 코리가 했던 말들을 정리하는 정도로도 충분했기 때문이다.

유일한 문제는 초안이 1천 단어가 넘어간다는 점이었다. 보통 사람이라면 약 7분 정도면 전달할 수 있는 분량이지만 언어 장애가 있는 코리의 속도로는 20분이 넘게 걸렸다. 게다가 코리는 단상에 서서 연설하고 싶어 했다. 행사 전날 밤, 나는 코리의 아버지 크레이그에게 걱정스럽게 물었다.

"코리가 이렇게 오랫동안 서서 말해본 적이 있나요?"

"아뇨."

"혹시 분량을 좀 줄이는 건 어떨까요?"

크레이그가 코리에게 가서 물어보고는 곧바로 돌아와 답했다.

"아니랍니다. 전체를 다 할 거랍니다."

마치 사고가 벌어지기를 기다리는 것 같았다. 코리가 연설 중에 균형을 잃고 비틀거리다가 쓰러지기라도 하면 큰일이었다. 그것도 자신의 강인한 회복력을 보여주려는 순간에 말이다. 하지만 크레이그는 태연하게 말했다.

"걱정 마세요, 테리. 당신이 옆에서 잡아주면 되니까요."

코리는 정말로 나를 행사에 초대했다. 연설할 때 옆에 서서 자신을 잡아달라고 부탁했다. 나는 그런 부탁을 받아 기뻤지만, 너무 무모하다는 생각을 떨칠 수 없었다. 자칫 코리가 다칠 수도 있었다.

세인트루이스
고등학교 명예의
전당 헌액 연설
코리 렘스버그,
2017

행사 당일 나는 코리의 휠체어를 밀었고, 무대에 올라 몸을 일으킬 때는 그의 왼쪽에서 몸을 잡아주었다. 코리가 스스로 몸을 들어 올려 연단 앞에 서자 가족과 친구들은 열렬한 환호를 보냈다. 코리의 오른쪽에는 그와 마찬가지로 육군에서 복무한 그의 형 크리스가 코리의 안내견 레오와 함께 서 있었다. 코리는 원래 유쾌한 성격이었고, 심각한 부상을 입은 후에도 유머 감각만큼은 잃지 않았다. 그는 자신이 명예의 전당에 오르게 될 줄은 꿈에도 몰랐다는 말로 연설을 시작했다. "단 한 번도 제가 이 자리에 설 거라고 생각해본 적이 없습니다. 선생님들도 마찬가지셨을걸요!"

짙은 푸른색 미 육군 정복을 입고 가슴에는 빛나는 훈장을 단 채, 코리는 군대 이야기를 시작했다. 그는 열여덟 번째 생일에 입대해 이라크와 아프가니스탄에 열 번이나 파견되었다. 그날의 폭발로 목숨을 잃은 절친한 전우에게도 경의를 표했다. 이어 코리는 오랜 재활 과정을 견딜 수 있도록 도와준 사람들에게 감사를 전했다. 가족, 친구들, 의사들, 치료사들 그리고 그가 "평생의 형제들"이라고 부른 동료 레인저 대원들까지.

10분쯤 지났을까, 나는 코리가 무게 중심을 한쪽 발에서 다른 발로 옮기며 균형을 잃지 않기 위해 애쓰는 것을 느낄 수 있었다. 그를 붙잡고 있는 내 오른손은 점점 감각이 없어졌다. 얼마나 더 버틸 수 있을지 알 수 없었다. 하지만 코리는 조금도 당황하지 않았다. 끝까지 분량을 줄이기를 거부했던 연설문을 읽어나가며, 다른 부상 군인들과 그들을 헌신적으로 돌보는 이들에게 감사를 표하고 있었다. "우리는 그들에게 … 아무리… 감사해도… 충분하지 않습니다." 코리는 힘겨운 호흡 사이에서 한 단어, 한 단어를 짜내듯 내뱉었다.

15분이 넘어가자 그의 몸 전체가 흔들리기 시작했다. 연단 뒤에서 그의 왼쪽 다리는 통제할 수 없을 정도로 떨리고 있었다. 이제 그를 부축하는 내 오른팔 전체에 감각이 느껴지지 않았다.

"그날 아프가니스탄에서… 저는 어쩌다 살아남았습니다. 그리고 이제 덤으로 주어진… 이 시간을… 최대한 의미 있게… 쓰려고 합니다. 보시다시피… 저는 말하는 것이 어렵지만… 그래도 내겐 목소리가 있습니다! 저는 계속해서… 다른 참전용사들을 위해… 목소리를 낼 것입니다. 이것이 저의 새로운 사명입니다. 이제 시작일 뿐입니다. 제 이야기가… 하나의 본보기가 되길 바랍니다. 누구나 어려움을 겪습니다… 누구나 넘어집니다… 하지만 저는 여러분에게 말하고 싶습니다. 제가 다시 일어나… 앞으로 나아갈 수 있다면… 여러분도 할 수 있습니다. 삶에서 가치 있는 것은… 쉽게 얻어지지 않습니다. 절대 포기하지 마십시오. 절대 멈추지 마십시오."

코리는 무려 24분 이상 선 채로 연설을 끝마쳤다. 많은 청중이 눈물을 훔쳤다. 끝에서 코리는 불끈 쥔 주먹을 힘껏 들어 올리며 외쳤다. "신이여, 미국을 축복하소서! 그리고 물론, 레인저가 앞장섭니다!"

사람들이 자리에서 일어섰다. 강당은 박수와 환호, 휘파람 소리로 가득 찼다. 정말이지 감동적인 연설이었다.

그 후 몇 년 동안 코리는 비슷한 메시지를 담은 연설을 전국 곳곳에서 수십 차례나 했다. 그의 희망과 회복력, 흔들리지 않는 낙관주의 그리고 자신과 나라를 향한 굳은 믿음은 전염성이 있었다. 많은 미국인이 그의 이야기에 감동받았고 전쟁에 따르는 진정한 대가를 이해하게 되었다. 참전용사들을 돕는 자선 단체에 기부하는 사람들도 늘어났다. 부상 군인들은 그의 메시지에서 희망과 용기를 얻어 자신의 회복을 위해 다시금 힘차게 나아갈 결심을 다졌다.

코리는 육체적, 정신적 부담을 이겨내며 연설을 위해 자주 여행을 떠났다. 한번은 코리에게 왜 이 일을 계속하는지, 왜 항상 연설을 같은 방식으로 끝맺는지 물었다. 그의 대답은 간단했다. "희망을 주기 위해서요."

## 핵심 다운로드

발언의 도입부를 깊이 고민하듯 마무리에도 심혈을 기울여야 한다. 듣는 사람의 인상에 가장 깊이 남는 부분이기 때문이다. 발언은 언제나 희망의 메시지로 끝맺어야 한다. 그래야 사람들이 변화를 위해 행동할 힘을 얻는다.

- 💬 **핵심 메시지를 정리하고 강조한다.** 마지막에 중요한 내용을 간략하게 요약해서 전달하면 메시지가 사람들의 기억에 강력하게 남는다.
- 💬 **희망적인 이야기를 되새긴다.** 발표를 준비하면서 가장 큰 희망을 담고 있는 이야기, 일화, 혹은 인용문은 무엇이었는가? 그것을 마무리에 사용하라. 이 방식은 특히 헌사, 건배사, 추도사에서 강력한 효과를 발휘한다.
- 💬 **처음과 끝을 연결한다.** 처음에 이야기를 들려주었는가? 그렇다면 그 이야기를 다 말하지 말고, 마무리를 위해 아껴둔다. 이렇게 하면 사람들의 관심을 끝까지 유지할 수 있으며 감동적인 여운을 남긴다.
- 💬 **질문으로 마무리한다.** 새로운 시각을 제시하거나 행동을 촉구하고 싶다면 마지막에 질문을 던져라. "이제 여러분은 무엇을 하시겠습니까?"

💬 **비전이 실현된 모습을 보여준다.** 발표에서 대담한 비전을 제시했다면, 마지막에 그 비전이 실현되었을 때 가족, 공동체, 회사, 국가 혹은 세상이 얼마나 더 나아지는지 생생하게 묘사해보라.

자, 이제 발표 준비가 모두 끝났다. 우리는 말의 도입부에서 사람들의 관심을 사로잡고 모두가 공유하는 가치를 제시해 사람들의 마음을 모으는 방법을 배웠다. 말을 할 때 명확하고 음율이 있는 언어를 사용하는 방법도 알았다. 마지막으로 듣는 사람들의 행동을 촉구하며 희망찬 비전을 향해 나아가도록 힘을 싣는 방법도 살펴보았다. 하지만 정말로 제대로 말하고 싶다면 아직 더 알아두어야 할 지식이 있다.

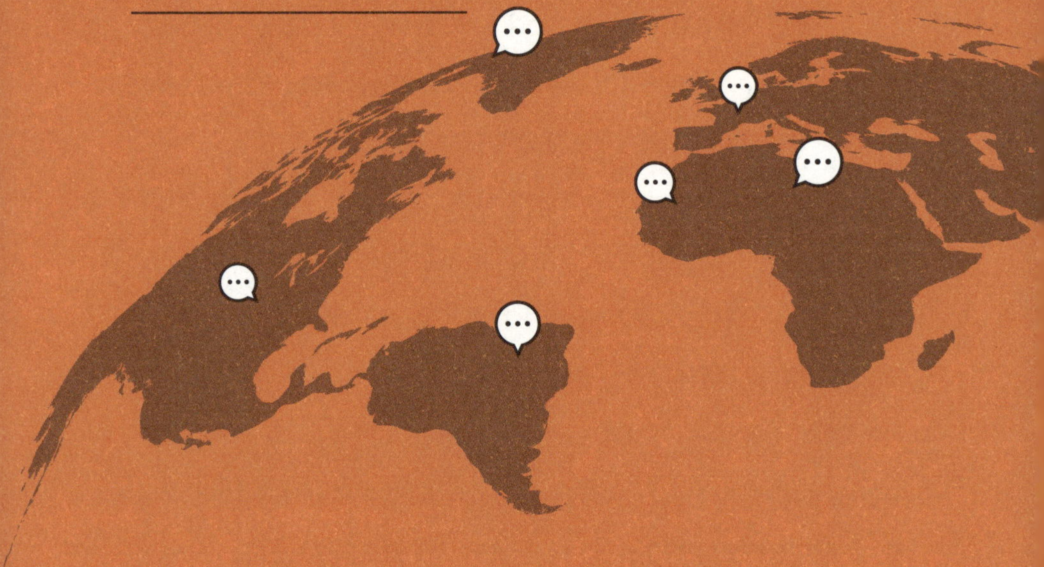

5부

# 무대에 서기 전 잊지 말아야 할 것들

# 14장 "사람들의 귀를 괴롭히지 않을 것을 맹세합니다"

> 말이란 햇살과 같아서
> 응축될수록 더 깊이 타오른다.
>
> – 로버트 사우디 Robert Southey (시인)

원고를 쓰는 과정은 목공예품을 만드는 과정과 비슷하다. 목공예품을 만들려면 먼저 어떤 작품을 만들지 정하고 사용할 나무를 골라야 한다. 그다음 나무를 자르고 조각한 뒤, 사포질로 거친 부분을 다듬고 광택을 내어 마무리한다. 이 과정을 원고 작성 과정에 대입하면 이렇다. 먼저 무슨 내용을 말할지 정하고 자료를 조사한다. 그다음 원고를 작성한 뒤, 초안의 문장을 매끄럽게 다듬고 마지막으로 최종 교정과 수정 작업으로 광택을 내는 것이다. 이렇게 시간을 들이면 나무든 글이든 아주 훌륭해진다.

우리가 초안을 가져가면 오바마는 이렇게 말하곤 했다. "있을 건 다 있어. 하지만 나라면 이렇게 정리할 것 같아." 그러고는 새로운 논지를 제시하거나 전체 구성을 바꾸기도 했다. 가끔은 밤새 원고에 수백 개의 단어를 추가한 뒤, 다음 날 "조금만 더 줄일 수 있으면 좋겠어"라고 말하기도 했다.

앞에서 설명한 50-25-25 법칙을 기억하는가? 주어진 시간의 50퍼센트 동안 발표 내용을 구상하고, 25퍼센트 동안 원고를 작성한 뒤, 마지막 25퍼센트의 시간에 원고를 다듬어야 한다는 법칙이다. 이제부터 마지막 25퍼센트의 시간 동안 해야 할 일을 살펴보겠다.

사람들의 집중력이 고작 10~15분에 불과하다거나, 몇 초 안에 관심을 사로잡아야 한다는 식의 말을 들어본 적 있을 것이다. 어느 정도는 사실이지만 단정하기는 어렵다. 누구나 한 번쯤은 발표나 강연에 푹 빠져서 30분씩 혹은 그 이상 시간 가는 줄 모르고 집중한 경험이 있을 테니까 말이다.

그래도 말은 가능한 한 짧게 하는 것이 좋다. 제발 좀 이제 그만하라고 속으로 외치게 만드는 것보다 사람들이 더 듣고 싶어 하는 상태에서 끝내는 것이 훨씬 낫다. 아카데미 시상식에서도 수상 소감이 너무 길어지면 주최 측이 음악을 틀어 강제로 끊는다. 몇 년 전 어느 콘퍼런스에서는 연사가 너무 오래 이야기하는 바람에 주최 측이 텔레프롬프터를 통해 다급한 메시지를 보내기도 했다. "제발 당장 끝내세요! (농담 아님)"

오바마도 젊었을 때부터 간결하게 말하는 데 어려움을 겪었다고 한다. 대통령이 된 후에도 마찬가지였다. 오바마는 제발 짧게 말하라고 애원하는 참모들을 익살스럽게 흉내 내기도 했다. "저 인간 말이 너무 많아! 설명이 너무 길다고!" 오바마는 여러 번 기자회견과 토론을 거치며 간결함의 중요성을 깨달았다고 한다. "이야기의 핵심을 제대로 전달하려면 절제하면서 말을 압축해야 해. 설명이 길어지거나 사소한 부분에 집착하면 이야기가 엉뚱한 방향으로 흘러가버리더군."

호주에는 말이 너무 길어지는 상황을 "귀 괴롭히기earbashing"라고 부른다. 아주 멋진 표현이 아닐 수 없다. 연단에 오르기 전에 먼저 오른손을 들고 이렇게 맹세하라. "저는 사람들의 귀를 괴롭히지 않을 것을 엄숙히 맹세합니다."

## 줄이고 쳐내고 참고하라

발표를 앞두고 원고를 준비하다 보면 내용의 깊이와 간결함 사이에서 갈등할 때가 많다. 자신의 지식을 모두 보여주고 싶은 마음에 말이 길어지기도 하고, 발표가 너무 짧으면 깊이가 부족해 보이지 않을까 우려하기도 한다. 짧은 발표가 긴 발표보다 어려운 이유도 그 때문이다. 하고 싶은 말을 다 할 수 없으므로 핵심을 제대로 전달하려면 상당한 노력이 필요하다.

1851년 노예제 폐지론자 소저너 트루스Sojourner Truth가 여성의 참정권을 주장한 연설은 400단어도 되지 않지만 아주 강력하다. 로널드 레이건이 우주왕복선 챌린저호 폭발 사고 후 전한 연설도 4분 남짓이었지만 그 연설에서 전한 감동은 그 이상이었다. 에이브러햄 링컨이 게티즈버그 연설에서 미국이 탄생한 과정을 설명하고 "새로운 자유의 탄생과 국민의, 국민을 위한, 국민에 의한 정부"를 이야기한 분량은 단 272단어, 열 문장에 불과했다. 참고로 같은 게티즈버그에서 초청 연사로 나섰던 당대의 뛰어난 연설가 에드워드 에버렛은 두 시간 넘게 말했지만, 그의 연설을 기억하는 사람은 거의 없다. 연설은 아니지만 1995년 마이클 조던이 NBA에 복귀하며 팩스로 보낸 말은 단 한마디였고, 그 자체로 전설이 되었다. "내가 돌아왔다I'm back."

길게 말해야만 깊은 메시지를 전달할 수 있는 것은 아니다. 나는 어느 미술관의 의뢰를 받고 원고를 쓰다가 그 사실을 깨달았다. 미술관은 새로운 전시가 열릴 때마다 방문객을 맞이하는 짧은 메시지를 써달라고 했는데, 각 전시는 수년에 걸쳐 일어난 거대한 세계적 사건을 다루고 있었다. 깊은 지식과 복잡한 맥락이 필요한 방대한 내용을 단 몇 문장, 75단어로 압축해야 했다.

처음에는 막막했다. 초고를 75단어로 줄이는 데 수 시간이 걸렸다. 핵심을 전달하되 불필요한 부분을 과감히 걷어내야 했다. 쉽지 않았지만 그만한 가치는 있었다. 주제를 더 깊이 고민했고, 가능한 한 단순하고 직접적으로 표현하게 되었다.

### 분량은 15퍼센트 줄여라

2011년 오바마가 남미 국가를 순방할 때의 일이다. 브라질에서 칠레로 향하는 에어포스 원 기내에서 나는 오바마가 산티아고에서 할 연설문을 다듬고 있었다. 최종 수정 단계라고 생각해서 당분과 카페인을 잔뜩 섭취하며 집중하는 참이었는데 오바마가 다가왔다. 손에는 연설문을 들고 있었다. "좋은 연설문이야. 하지만 다섯 쪽이면 훨씬 더 훌륭하겠어." 처음에는 장난치는 줄 알았다. 비행기가 이미 산티아고에 착륙하는 중이었고 연설까지 고작 몇 시간밖에 남지 않은 상황이었다. 심지어 원래 원고는 여섯 쪽이었다. "한 쪽 정도 덜어낼 수 있을지 한번 봐줘."

나는 편집 단계에서는 메스를 든 외과의사처럼 정밀하게 글을 정리하는 방식을 쓴다. 불필요한 단어나 문장을 조심스럽게 도려내고 나머지 부분을 매끄럽게 이어붙여 흔적 없이 다듬는 식이다. 하지만 한 쪽을 통째로 줄이려면 정교한 메스가 아니라 커다란 마체테가 필요했다. 게다가 남아 있는 시간도 거의 없었다. 비행기가 착륙을 시도하는 중에 나는 키보드를 붙들고 과감하게 문장을 쳐내기 시작했다.

이 문장? 너무 길다, 삭제.

저 단락? 디테일이 과하다, 잘 가라.

이 절? 통째로 없어도 세상은 잘 돌아간다, 안녕.

기분 좋은 일은 아니었다. 정책 전문가들과 신중하게 조율한 문장들이 순식간에 사라졌고, 대통령이 발표하려던 정책은 보도자료로 밀려났다. 천만다행으로 문장을 대폭 들어내고도 남은 부분들이 그럭저럭 잘 이어졌다. 완벽하지는 않았지만 그래도 성공이었다. 연설문은 순식간에 여섯 쪽에서 다섯 쪽으로 약 15퍼센트가 줄었다.

오바마가 남미 국가의 외교관들 앞에서 실제로 그 연설을 마치기까지 약 30분이 걸렸다. 마지막에 왕창 걷어내지 않았더라면 40분으로 늘어났을 것이다. 거의 10분이 줄어든 셈이다. 정책 전문가들 중 누구도 중요한 내용이 빠졌다고 불평하지 않았고, 오바마의 핵심 메시지는 그대로였다. 연설은 좋은 반응을 얻었다.

오바마는 이런 일을 자주 했다. 하필이면 꼭 연설 직전에 말이다. "좀 더 줄일 수 있는지 봐줘", "몇 단락만 덜어봐." 어디를 남기고 어디를 쳐내야 할지도 전혀 언급하지 않았다. 하지만 대통령이 줄이라고 하면 줄이는 수밖에 없었다. 그럴 때마다 나는 당황스러웠고 때로는 짜증까지 났다. 도대체 나한테 왜 이러는 거지? 지금도 충분히 훌륭한데!

시간이 지나면서 그 이유를 깨닫게 되었다. 오바마는 연설비서관들에게 정말로 중요한 내용을 판단하는 법을 가르치고 있었다. 그가 옳았다. 불필요한 내용을 삭제한 덕분에 연설은 더 짧아졌고 더 날카로워졌고 더 좋아졌다. 언제나 그랬다. 40분 동안 말할 수 있다고 해서 그 시간을 꼭 채워 쓸 필요는 없다.

원고를 완성했다면 거기서 좀 더 줄일 수 없는지 살펴봐야 한다. 15퍼센트 정도 더 덜어내보는 것이다. 설령 그렇게까지 줄이지는 못하더라도 예상보다는 훨씬 더 많은 부분을 삭제할 수 있을 것이다. 그러면 원고는 훨씬 좋아진다.

### 불필요한 단어를 쳐내라

2004년 보스턴 전당대회에서 오바마의 연설을 처음 들었을 때는 정말 짜릿했다. 하지만 그날 내게 정말로 인상적이었던 순간은 따로 있다. 연설문 작가들이 모여 있는 방에 뜻밖의 손님이 찾아온 것이다. 바로 존 F. 케네디 대통령의 전설적인 연설비서관 테드 소런슨이었다.

그는 당시 일흔을 훌쩍 넘긴 나이였지만 반짝이는 눈과 각진 턱선, 깔끔하게 가르마를 탄 검은 머리에서는 여전히 케네디 시절 특유의 도전 정신과 높은 이상이 느껴졌다. 나는 엄청나게 들떴다. 어린 시절부터 나는 정치에 매료되었다. 어머니가 선물해준 케네디의 명연설 녹음집을 즐겨 들었는데, 그 말들을 직접 빚어낸 인물과 마주하다니! 믿을 수가 없었다.

더욱이 소렌슨은 그 자리에서 젊은 작가들에게 교훈을 나누어주기까지 했다. 그는 우리에게 한 가지 문제를 냈다. "어느 생선 가게 간판에 '오늘 여기서 신선한 생선을 팝니다'라고 적혀 있네. 이 문장에서 빼도 되는 단어가 있을까?"

나는 속으로 생각했다. '신선한'은 빼도 되지 않나? 그냥 '오늘 여기서 생선을 팝니다'라고만 해도 되잖아. 그러다가 아차 싶었다. 잠깐, '오늘'도 필요 없잖아. 그냥 '여기서 생선을 팝니다'라고만 해도 되지. 다른 연설문 작성자들도 각자 불필요한 단어를 지적하기 시작했다. 잠시 후, 소렌슨이 손을 들어 우리를 멈추었다. 그는 미소를 지으며 말했다. "그 간판에서 꼭 필요한 단어는 하나야. '생선.'"

거장의 가르침을 온몸으로 체감하는 순간이었다. 영미권에서 글쓰기의 고전이라 불리는 윌리엄 스트렁크의 『영어 글쓰기의 기본』(인간희극, 2007)에도 실려 있는 불멸의 원칙, "불필요한 단어를 생략하라"를 소렌슨은 그의 방식대로 가르쳐주었다.

대통령이나 총리처럼 중요한 자리에 있는 사람들은 종종 길게 말하기도 하지만 대부분의 경우에는 짧은 말이 월등히 좋다. 페이지, 단락, 문장, 단어, 음절까지 가능한 한 줄여야 한다. 단락이나 문장, 일화 등이 내용 전개에 꼭 필요한지, 이미 했던 말을 반복하는 것에 불과한 것은 아닌지 꼼꼼히 살펴보자. 그 부분이 없어도 앞뒤 내용이 이어지고 메시지에 변화가 없다면 삭제하는 것이 낫다.

물론 작업은 쉽지 않다. 오바마는 연설비서관들에게 원고를 줄이라는 지시를 자주 내렸지만 오바마 역시 긴 연설문을 줄이지 못하고 망설일 때가 많았다. 그러면 수석 작가인 존 패브로가 직접 나서서 줄였고, 때로는 오바마가 직접 쓴 단어까지 없앴다. 말을 잘하고 싶다면 쓸모 없는 말을 잘라내는 데 능숙해져야 한다. 불필요한 단락과 문장, 단어를 가차 없이 베어내라. 우선 200단어를 줄여보자. 그리고 거기서 조금 더 줄여보자.

### 여러 사람의 의견을 참고하라

2008년 대선을 몇 달 앞두고 오바마는 국제사회에서 미국의 역할을 주제로 베를린에서 중요한 연설을 했다. 그 연설문은 벤 로즈 보좌관과 존 패브로 비서관이 작성했는데, 둘은 사람들이 서로 연결되어 있다는 점을 강조하기 위해 "운명 공동체"라는 뜻을 가진 독일어 "schicksalsgemeinschaft"를 넣었다.

능숙한 작가답게 벤 로즈는 신중하게 확인 작업을 거쳤다. 우선 구글에서 검색했지만 읽기도 어려운 독일어 자료만 잔뜩 나오는 바람에 별 도움이 되지 않았다. 선거 캠프의 유럽 전문가들에게 문의해보아도 별 문제 없다는 답이 돌아왔다. 마지막으로 오바마의 연설문을 검토하던 독일어 번역가에게 확인을 요청했는데, 깜짝 놀랄 만한 회신을 받았다. 독일어 번역가는 "안타깝지만 이 표현은 나치와 연관이 있습니다. 히틀러가 직접 "Schicksalsgemeinschaft"를 사용한 적이 있습니다"라고 지적해주었다.

자칫 잘못했으면 오바마가 베를린에서 히틀러와 같은 표현을 사용할 뻔했던 것이다. 벤은 즉시 그 단어를 삭제하고 문장을 고쳤다. 덕분에 오바마는 국제 무대에서 엄청난 실수를 저지르지 않을 수 있었고, 미국의 정적들에게 비웃음을 당하는 사태도 피할 수 있었다.

요점은 이렇다. 원고를 다듬을 때는 반드시 주변 사람들의 의견을 물어야 한다는 것이다. 친구나 가족, 동료, 가능하다면 전문가에게도 보여주고 솔직한 피드백을 부탁하자. 내용이 명확한지, 놓친 부분이나 잘못된 부분은 없는지, 더 줄이면 좋을 곳이 있는지 등 개선 방법을 물어보자. 가장 중요한 메시지나 논점이 무엇이라고 생각하는지도 확인해보자. 만약 그들이 원고를 읽고도 논점을 전혀 파악하지 못하거나 초안을 작성할 때 써둔 10단어 요약과 다르게 이해한다면 원고를 잘못 쓴 것이다. 다시 처음으로 돌아가야 한다.

백악관에서는 연설문 초안을 여러 명, 많게는 100명 이상과 공유했다. 물론 그중에는 터무니없는 수정안도 있었다. 하지만 누군가는 우리가 미처 떠올리지 못한 아이디어를 제안하거나 잘못된 부분을 바로잡아주었고, 그 덕분에 연설문이 더 좋아질 수 있었다. 물론 비판이 달갑지 않을 수도 있고 어떤 피드백은 상처가 될 수도 있다. 하지만 솔직한 피드백을 달라고 요청했다면 그 정도는 감수해야 한다. 애초에 초안을 다른 사람들과 공유하는 이유가 여기에 있다. 약점을 찾으면 그 부분을 보완해 더 강력한 글로 만들 수 있다. 피드백이 고통스럽게 느껴져도 거부하지 말고, 그들이 옳다고 가정한 뒤 제안을 반영할 방법을 고민해보자. 특히 여러 사람이 같은 지적을 한다면 절대 그냥 넘어가서는 안 된다. 당신이 좋아하는 부분을 바꾸거나 삭제해야 하더라도 말이다.

노파심에 당부하고 싶은 것은 다른 사람의 의견에 휩쓸려 나답지 않은 말을 해서는 안 된다는 점이다. 여러 사람의 의견을 참고하지만, 당신만의 목소리와 관점을 담아 당신이 가장 편하게 여기는 방식으로 전

### 편집에 도움을 받고 싶을 때

원고를 다듬기가 어렵다면 AI의 도움을 받는 것도 좋은 방법이다. 사실 이 단계는 챗봇을 가장 효과적으로 활용할 수 있는 작업이다. 챗봇은 매우 유능한 편집자다. 방법은 간단하다. 초안의 일부를 복사해 붙인 뒤 "다음 텍스트에서 50단어를 제거해줘"라고 요청해보자. 몇 초 뒤면 원고에서 50단어가 줄어들 것이다. 어디가 삭제되었는지 알아차리지 못할 정도라면 꼭 필요하지 않은 단어라는 의미다. 그 외에 다음과 같은 질문도 도움이 된다.

"다음 텍스트를 더 격식 있게/덜 격식 있게 만들어줘."
"다음 텍스트를 초보자가 이해하기 쉽게/전문가에게 적합하게 다듬어줘."
"다음 텍스트를 [청중의 특징]에게 더 흥미롭게 만들어줘."

챗봇이 항상 완벽하지는 않지만 시도해볼 가치는 충분하다. 최악의 경우 수정된 내용을 무시하고 원래대로 유지하면 그만이다. 사람과 달리 챗봇은 피드백을 반영하지 않았다고 해서 서운해하지 않는다.

달해야 한다. 원고를 편집할 때는 스스로를 믿어야 한다. 당신에게 옳고 자연스럽게 느껴지는 방식을 따르라.

## 오바마가 연설 천재가 된 비결

오바마는 젊은 시절에 사람들 앞에서 말하다가 얼어붙었던 경험이 있다. 그런데 지금은 어떻게 그렇게 능숙하게 말할 수 있을까? 내 질문에 그는 당연하다는 듯한 말투로 답했다. "연습했지."

2004년 전당대회 연설도 그는 여러 번 연습했다. 오바마가 연습하는 모습을 지켜보았던 데이비드 액설로드는 이렇게 평했다. "연습할수록 점점 더 말이 자연스럽게 나왔죠. 원고를 통째로 외웠으니 텔레프롬프터가 고장 났더라도 할 수 있었을 겁니다." 오바마는 대통령이 된 후에도 연습을 게을리하지 않았다. 국정 연설을 준비할 때는 백악관 맵룸에 텔레프롬프터를 설치하고 연설문을 처음부터 끝까지 읽었다. 존 패브로는 그때를 회상하며 웃었다. "오바마에게 즐거운 시간은 아니었을 겁니다. 우리가 문장 하나하나 꼬투리를 잡았으니까요. 하지만 덕분에 오바마는 강약 조절, 말하는 속도, 연설의 리듬을 직접 확인할 수 있었죠. 미리 소리 내어 읽어보는 것만으로도 훨씬 더 뛰어난 연설을 할 수 있었습니다."

연기자에게 리허설이 필수이듯 발표할 때도 마찬가지다. 시간이 지날수록 말이 자연스러워지고, 같은 단어를 반복할수록 발음도 쉬워진다.

### 출력해서 연습할 것

연습할 때도 실전에서 사용할 원고와 똑같은 사본을 준비하자. 원고를 보고 그대로 읽을 계획이 아니더라도 연습할 때는 한 단어도 빠뜨리지 말고 읽어보는 것이 중요하다. 원고를 보기 쉽고 읽기 편한 형식으로 출력하자. 백악관에서 오바마의 연설문을 출력했던 기준과 방식을 소개하겠다.

- **글자를 크게 키운다.** 백악관에서는 연설문을 24포인트 크기로 출력했다.
- **줄 간격을 넓힌다.** 백악관에서는 1.5줄 간격을 사용해서 읽는 도중 행이 헷갈리지 않도록 했다.
- **전체를 굵은 글씨로 표시한다.** 모든 글씨가 두드러지게 잘 보이도록 조절한다.
- **문장은 페이지 안에서 끝낸다.** 문장을 읽는 도중에 종이를 넘겨 중간에 끊어지는 일이 없도록 정리한다.
- **페이지 하단은 비운다.** 원고를 읽느라 고개를 숙여서는 안 된다. 읽는 동안 앞을 볼 수 있도록 원고 하단의 1/4~1/3 정도는 비워둔다.

이렇게 하면 페이지 수는 많아지지만 읽을 때는 훨씬 효과적이다. 읽기 편해야 말할 때도 편하기 때문이다. 페이지 수가 너무 많아서 문제라면 3공 바인더를 사용해보자. 비닐 속지에 원고를 앞뒤로 끼워넣으면 편리하다. 원고가 너무 많을 때 백악관에서 쓰는 방식이다. 특히 야외 행사에서 매우 유용하다. 바람이 불어도 종이가 날아갈 걱정이 없다.

### 외우려고 하지 말 것

태어나면서부터 기억력이 좋은 사람들도 있다. 오바마는 『하버드 로 리뷰』 만찬에서 연설할 때 원고를 통째로 외웠다고 한다. 이후 정치인으로 활동하면서도 여러 번 그런 적이 있다고 말했다. 물론 발표 내용을 통째로 암기할 수 있다면 당연히 그렇게 하는 편이 좋다. 하지만 나처럼 자동차 열쇠를 어디 두었는지도 까먹는 사람이라면 굳이 원고를 외워서 말하려 애쓸 필요는 없다. 내용을 통째로 외워서 하려다가 실전에서 대참사가 벌어질 수도 있다. 한 단어만 까먹어도 생각의 흐름이 끊기고, 한 문장을 건너뛰면 기차가 탈선하듯 전체가 엉망이 될 수도 있다. 그런 위험을 굳이 감수하지 말라. 실제로 내가 그간 만나본 연사들을 봐도 원고를 통째로 암기하는 사람은 거의 없었다.

### 소리 내어 연습할 것

눈으로 읽는 데 그치지 않고 소리 내어 연습하면 실제 발표에 시간이 얼마나 소요되는지 확인할 수 있다. 너무 길다면 내용을 줄이고, 너무 짧으면 살을 좀 더 붙이자. 분량이 적당하다면 더 손볼 필요 없이 연습에 집중하면 된다. 게다가 이 방법을 쓰면 발음하기 어려운 단어를 미리 확인할 수 있다. 여러 번 연습해보고, 계속해서 같은 실수가 발생한다면 같은 의미의 다른 단어로 바꾸는 것도 고려해보자. 예를 들어 과거 내게 연설문을 의뢰했던 한 연사는 "underserved communities(지원이 부족한 공동체)"라는 표현을 자꾸만 "undeserved communities(자격이 없는 공동체)"라고 발음했다. 아무리 연습해도 같은 문제가 반복되어 심각했다. 잘못 발음하면 거의 반대에 가까운 의미의 단어가 되어버리기 때문이다. 결국 우리는 그 표현을 발음에 아무런 문제가 없는 "marginalized communities(소외된 공동체)"로 바꾸었다.

### 두려움을 받아들일 것

소리 내어 연습하면 실전에서 느끼는 불안에도 대비할 수 있다. 보스턴대학교 불안 및 관련 장애 연구소의 심리학자 엘런 헨드릭슨 박사는 이렇게 조언한다. "심장이 두근거릴 것 같다면 심장이 두근거리는 상태에서 연습해보세요. 실제로 사람들 앞에서 말할 때 느낄 내부 감각에 미리 익숙해지는 거예요. 그러면 두려운 자극을 접하더라도 뇌가 무덤덤해집니다. 내성을 키우는 거예요."

헨드릭슨 박사는 운동 후에 심장이 빠르게 뛰는 상태에서 발표 연습을 해보라고 권한다. 이를 "내적 감각 노출 기법"이라고 한다. 팔굽혀펴기나 제자리 뛰기, 빠르게 걷기 등으로 몸을 움직이면 심장 박동이 빨라지면서 가슴이 답답해지고 호흡이 가빠지는 느낌이 들 것이다. 공간이 여의치 않으면 팔을 마구 흔들어봐도 된다. 이 상태에서 연습하면 실제 발표 상황에서 비슷한 감각을 경험할 때 당황하지 않게 된다.

## 그래도 긴장될 때 내가 되새기는 말

이제 발언 준비를 마쳤다. 원고도 다듬었고 연습도 충분히 했다. 그래도 여전히 떨리고 긴장될 수 있다. 괜찮다. 사람들 앞에 서기 전에 마음을 침착하게 가라앉히기 위해 내가 되새기는 말을 소개한다.

**"난 분명 실수할 거야."**

완벽에 이르기는 불가능하고 누구나 실수를 한다. 최고의 연사들도 발음 실수를 하거나 문장을 헷갈릴 때가 있다. 나도 분명 그럴 것이다. 그래도 괜찮다.

**"하지만 실수해도 금방 회복할 거야."**

우리는 최악의 상황을 상상하며 불안에 떨지만 그 일이 실제로 일어나는 경우는 매우 드물다. 무대에 올라가다 대자로 넘어질 가능성은 지극히 낮다. 사람들이 내 실수에 박장대소하지도 않을 것이다. 헨드릭슨 박사는 두려움을 "작고 구체적으로" 만들어 회복 계획을 세우라고 조언한다. 말하는 도중에 갑자기 머릿속이 하얘지면 잠시 멈추어서 숨을 깊게 들이쉬면서 마음을 가다듬은 뒤, 원고에서 어디까지 말했는지 찾아서 이어 말하겠다고 상상하는 식이다.

**"사람들은 내가 긴장한 걸 모를 거야."**

발표할 때 심장이 빠르게 뛰고 손이 떨리면 듣는 사람들이 내 불안과 긴장을 모두 꿰뚫어보는 것처럼 느껴진다. 하지만 헨드릭슨 박사는 "우리가 느끼는 감정이 사람들에게 그대로 보이지는 않습니다"라고 설명한다. 심리학에서는 이를 "투명성의 착각"이라고 부른다. 이 책의 서두에 소개한, 내가 일본의 가라오케에서 짧은 콩트를 낭독하며 벌벌 떨었다는 이야기가 기억나는가? 콩트를 다 읽은 뒤 옆에 앉은 동료에게 너무 긴장해서 창피하다고 말하자, 그는 어안이 벙벙한 표정으로 내가 긴장한 줄 전혀 몰랐다고 했다. 나뿐만 아니라 불안에 떨었던 수많은 사람들이 발표 후에 자주 이런 말을 듣는다. "전혀 긴장한 것 같지 않던데?"

**"난 생각보다 잘할 거야."**

자신이 발표하는 모습을 촬영한 영상을 본 적 있는가? 한 번이라도 본 적이 있다면, 완전히 뭉개졌다고 생각했던 발음이 실제로는 꽤 또렷하게 들리고, 영원처럼 느껴졌던 침묵이 사실은 고작 몇 초에 불과했다는 것을 깨달았을 것이다. 옥스퍼드대학교의 연구에 따르면, 자신의 발표 영상을 본 사람들 중 98퍼센트가 예상보다 더 잘했다고 느꼈다고 한다. 분명 당신도 생각보다 훨씬 잘할 것이다.

발표까지 아직 며칠 더 남아 있는 시점이라면, 그 사이에 시도해볼 수 있는 방법이 두 가지 더 있다. 뛰어난 성과를 내는 운동선수들이 자주 사용하는 방법이다. 예를 들어 타석에 들어서면서 자신이 홈런을 치는 모습을 상상하는 것이다. 눈을 감고 내가 연단에 서서 자신감 있게 말하는 모습을 상상해보자. '사람들이 미소를 짓고 고개를 끄덕이며 듣고 있다. 발표가 끝나자 박수가 터져 나온다.' 이 방법은 매우 효과적이다. 기분 탓이 아니다. 대만의 매카이 메모리얼 병원의 연구에 따르면 시각화 훈련은 스트레스와 불안을 줄이고 실전에 임하기 전에 뇌와 몸을 준비시켜준다.

성공을 상상하는 것에 그치지 않고 직접 경험해보면 더욱 효과적이다. 가능하다면 발표할 장소에 미리 가보자. 무대에 올라가보고 연단에 서서 앞을 바라보며 공간을 느껴보자. 그 장소에서 실제처럼 발표 연습을 해보자. 또한 슬라이드, 오디오, 영상 자료를 사용할 예정이라면 반드시 미리 테스트해야 한다. 실전에서 기술적 문제가 발생하지 않도록 미리 점검하는 것이 중요하다.

나는 핀란드의 헤멘린나에서 해야 할 연설을 준비할 때 이 방법을 직접 활용해보았다. 제안을 받고 몇 달 동안 나는 연설문 작가로 일하면서 배운 모든 지식을 되새기려 애썼다. 그리고 오직 나만이 할 수 있는 이야기에 대해 고민했다. 결국 백악관에서 일한 경험이 그 답이었다. 내 발표가 하나의 퍼포먼스라는 생각으로, 슬라이드에 글자를 가득 채우는 대신 오바마 대통령과 함께 일했던 순간을 담은 사진들을 보여주기로 했다. 내 이야기를 들을 사람들이 누구인지도 철저히 조사했다. 핀란드와 그곳의 사람들, 그들의 가치관에 대해서도 자세히 알아보았다. 연단이 없을 거라는 사실을 알고 있었지만 연설문을 처음부터 끝까지 작성한 뒤 몇 번이고 소리 내어 연습했다. 암기하려는 것이 아니라 내용을 마음에 새기고 자연스럽게 익숙해지기 위해서였다. 시간을 재어보며 원고 분량을 줄였고, 다시 한번 다듬어 더 줄였다.

헤멘린나에 도착한 후에는 나를 환영해준 친절한 핀란드 사람들과 술을 마시러 갔다. 나는 그 자리에서 핀란드 사람들이 좋아하는 문구를 어떻게 발음하는지 물어보았고, 그들은 기꺼이 가르쳐주었다. 맥주가 들어갈수록 발음을 따라하기가 점점 어려워졌던 것이 유일한 단점이었다.

이렇게까지 준비해도 긴장감을 완전히 떨쳐낼 수는 없었다. 하지만 적어도 두렵지는 않았다. 나는 행사 하루 전날, 내가 연설해야 할 극장을 찾았다. 어두컴컴하고 텅 빈 공간이었다. 불을 밝히자 장내가 환하게 밝아졌다. 그 순간 모든 것이 명확해졌다. 상상 속에서 사람들이 자리에 앉아 있는 모습이 보였다. 진행자가 나를 소개하면 나는 무대로 올라가 오직 나만이 할 수 있는 말을 전했다. 그 모든 장면이 선명하게 보였다.

처음으로 이런 생각이 들었다. '그래, 할 수 있어.'

## 핵심 다운로드

발표 준비에 주어진 시간의 마지막 25퍼센트는 원고를 개선하고 실제로 연습하는 데 사용해야 한다. 이때 해야 할 작업은 다음과 같다.

- **전체 분량을 15퍼센트 줄여라.** 아무리 짧은 내용이라도 더 줄일 수 있다. 원고를 다시 한번 검토하고 15퍼센트 정도 줄인다.
- **불필요한 단어를 쳐내라.** 원고에 들어간 개념과 단어가 정말로 다 필요한가? 페이지, 단락, 문장, 단어, 음절까지 확인하고 없어도 되는 부분을 삭제하자.
- **주위 사람들에게 의견을 구하라.** 가족, 친구, 동료, 전문가에게 솔직한 피드백을 구한다. 자존심을 버리고 열린 마음으로 제안을 받아들이자.
- **연습하고 또 연습하라.** 원고를 보기 쉽도록 큰 글씨로 출력해서 소리 내어 읽어보자. 발음하기 어려운 단어가 있으면 다른 단어로 바꾼다. 평소 자주 긴장하는 편이라면 미리 가볍게 몸을 움직여 심박수가 높아진 상태에서 연습해서 불안의 감각에 익숙해져라.
- **스스로에게 관대하라.** 이렇게 말해보자. "나는 실수하겠지만, 그래도 괜찮아. 실수하면 회복할 거야. 사람들은 내가 긴장한 걸 모를 거야. 나

는 생각보다 더 잘할 거야."

- **이미지 트레이닝을 해보자.** 발표를 앞두고 며칠 동안 성공을 상상한다. 가능하다면 말할 장소에 미리 방문해서 공간감을 익히고, 실전처럼 리허설을 해본다.

# 15장 | 떨린다는 것은 준비되었다는 신호

나도 긴장한다. 떨리고 불안하다.

하지만 그건 내가 준비되었다는 좋은 신호다.

– 스테폰 커리 Stephen Curry(농구선수)

무슨 이야기를 할지 정하고, 자료를 조사해서 꼼꼼히 원고를 썼다. 여러 번 고쳐가며 실전에 가깝게 연습도 했다. 이제 남은 것은 무대를 즐기는 것뿐이다.

많은 이들이 무대 위에서 즐거움을 느끼지 못한다. 놀라운 일도 아니다. 정치인이나 연예인처럼 연단이나 무대 위에 자주 오르는 사람은 극히 드물기 때문이다. 하지만 제대로 준비한다면 최고의 무대를 만끽할 수 있다. 심지어 당신이 엄청나게 내향적인 성격이라도 그렇다.

세계적인 자선가로 손꼽히는 세일즈포스의 CEO 마크 베니오프의 부인인 린 베니오프Lynne Benioff도 스스로를 "엄청난 내향인"이라고 나에게 소개했다. 베니오프 부부는 지금까지 10억 달러가 넘는 금액을 기부하고 각종 자선 기금 모금 행사에도 자주 초대받는다. 그러던 중 린 베니오프가 어느 기금 모금 캠페인의 공동 의장을 맡아 연설을 해야 할 일이 생겨 나를 찾아온 것이다. 린은 사람들 앞에서 말하는 일이 "끔찍할 정도로 두렵다"라고 털어놓았다.

우리는 철저하게 준비했다. 행사 몇 주 전부터 무슨 메시지를 전할지 논의했고, 연설문을 작성한 다음에는 반복해서 연습했다. 연단에 올라 어떻게 행동해야 하는지와 극도의 긴장감으로 얼어붙는 상황까지 고려했다. 행사 당일, 린은 혹시라도 혈당이 떨어질 경우를 고려해 좌석 아래에 단백질 바를 챙겨두었고 단상에 오를 때는 입 마름에 대비해 물병을 들고 갔으며, 기침이 나올 수도 있기에 사탕도 준비했다.

짐작했겠지만 린은 단상으로 올라가 완벽하게 해냈다. 연설이 끝난 후 린은 흥분감에 휩싸여 이렇게 말했다. "순간에 온전히 집중할 수 있었어요. 깊게 숨을 쉬면서 마음을 가라앉히고, 사람들이 느끼는 기쁨과 흥분을 함께 느끼려고 했죠. 정말 멋졌어요. 불타오르는 것 같았죠. 끝난 후에는 완전히 기진맥진했지만 태어나 처음으로 사람들 앞에서 말하는 게 즐거웠어요!"

## 100퍼센트 기량을 발휘하기 위한 체크리스트

처음부터 강조했듯 모든 발표는 부분적으로 퍼포먼스다. 사람들 앞에 나설 때는 의상도 전략적으로 입어야 한다. 예를 들어 도너번 리빙스턴은 졸업식에서 알록달록한 어깨띠로 자신을 더욱 돋보이게 했다. 축구

선수 알폰소 데이비스는 FIFA에서 연설할 때 빨간색과 흰색 옷을 입어 캐나다인으로서의 자부심을 표현했다. 옷은 상황에 맞게, 즉 자리에 어울리는 차림이어야 한다. 하지만 메시지를 더욱 강조할 수 있도록 색다른 요소를 약간 추가하는 정도는 괜찮다. 사람들과의 연대를 상징하는 핀을 달거나 연설하는 학교나 나라를 대표하는 색상을 활용하는 것도 좋은 방법이다.

너무 심각하게 고민할 필요는 없다. 이 책에서 소개된 연사들 대부분은 평소 옷차림으로도 훌륭한 연설을 해냈다. 학교에서 시를 낭송했던 올리비아 벨라는 발표할 때 가장 좋아하는 티셔츠를 입었다. "안전하다고 느껴지기" 때문이었다.

한편 오바마는 시카고에서 지역사회 조직가로 활동했을 때, 긴장을 없애기 위해 교회에서 사람들의 이야기를 들으며 친분을 다졌다고 한다. 그러면 나중에 그들 앞에서 말할 때도 상대적으로 덜 긴장하게 된다고 했다. 완전히 낯선 사람들에게 말하는 것이 아니기 때문이다. "이미 이야기를 나누어본 사람들에게 말하는 거니까 낯선 사람들 앞에서와 달리 덜 긴장하게 돼. 이미 관계가 형성되었고 기본적인 신뢰가 쌓인 상태니까 말이야."

이 방법을 응용해서 발표 전에 청중과 어울리는 시간을 가져보는 것도 좋다. 당신의 이야기를 들을 사람들과 대화하고 친분을 쌓으며 관심사가 무엇인지 들어보는 것이다. 그러면 본 무대에서 말할 때도 친근한 느낌을 살릴 수 있다. "조금 전에 이 자리에 함께한 멜리사와 이야기를 나눴는데"라고 직접 언급하는 식이다.

간혹 원고는 언제까지 살피고 수정하는 게 좋은지에 관한 질문을 받는다. 연단에 오르기 직전까지 붙들고 있는 게 실수를 줄이는 것인지, 무대 뒤에서는 원고를 보지 않고 모두 외운 상태여야 긴장을 완화할 수 있는지 묻는 것이다. 이 질문에 대한 답으로 내 간담을 서늘하게 했던 엄청난 사건을 하나 소개해볼까 한다.

어느 날 저녁, 나는 가족과 외식을 즐기고 있을 때 백악관 전담조사팀으로부터 긴급 메시지를 받았다. 오바마가 곧 연설할 예정인데, 연설문에 심각한 오류가 있다는 것이었다. 그가 연설에서 추모하려던 해병대원이 전사한 곳은 아프가니스탄이었는데, 내가 이라크라고 적어둔 것이다. 심지어 유가족이 청중석에 앉아 있는 상황이었다. 자칫 잘못하면 크나큰 상실을 겪은 가족에게 엄청난 실례를 저지를 수도 있었다. 나는 다급하게 연설 현장의 보좌진들에게 메시지를 보냈지만 이미 늦었다는 답이 돌아왔다. 오바마는 연설을 시작한 상태였다. 속이 울렁거리기 시작했다. 그때 무대 뒤에서 대기하던 대통령의 일정 관리 책임자 마빈 니컬슨이 해결 방법을 떠올렸다. 대통령은 연설에서 프롬프터를 사용하고 있었는데, 해병대원 이야기는 연설의 마지막에 나올 예정이었다. 다행히 아직 시간이 약간 있었다. 마빈은 프롬프터에 띄우는 원고를 수정하기 위해 곧장 텔레프롬프터 담당자에게 달려갔다. 담당자는 오바마가 연설하는 동안 후반 연설문의 오류를 수정해주었다. 마빈의 기지 덕분에 오바마는 무대 뒤에서 벌어진 긴박한 상황을 전혀 알지 못한 채 전사한 해병대원의 이야기를 전했다. 올바르고 정확한 정보로 말이다.

물론 이 사례는 아주 극단적인 경우다. 그러나 명백한 오류는 마지막까지 수정해야 한다. 원고는 실제로 연단에서 읽기 전까지는 얼마든지 고칠 수 있다. 다시 말해 단어 하나를 바꾸거나 문장 하나를 삭제하는 정도도 괜찮다. 하지만 연설이 시작하기 몇 시간 전 혹은 고작 몇 분 전에 원고 전체를 뜯어고치려 해서는 안 된다. 이는 긴장을 악화시키고 실수를 유발할 뿐이다.

물론 오바마는 이런 일을 자주 했다. 그는 때와 장소를 가리지 않고 원고를 수정했고, 때로는 무대에 올라가기 직전까지 원고를 고쳤다. 사람들이 자리에 앉아 환호성을 지르고 발을 구르고 있는데도, 오바마는 무대 뒤에서 차를 홀짝이며 차분하게 마지막 수정 사항을 건넸다. 그러면 우리는 프롬프터 담당자에게 달려가 미친 듯이 단어를 하나하나 입력해야 했다. 이런 일이 벌어질 때마다 수명이 몇 년씩 줄어드는 기분이었다. 오바마였기에 가능한 일이다. 한 나라의 대통령 말이다. 대통령쯤 되면 사람들이 당신을 기다려줄 것이다. 대통령의 연설은 대통령이 시작해야 비로소 시작된다. 오바마가 연설 직전까지 태연할 수 있었던 이유도 아마 그 때문일 것이다. 덕분에 백악관 연설 작성팀이 보내는 이메일의 제목은 "최종본입니다"에서 "진짜 최종본입니다"라고 바뀌기 일쑤였다.

절대 직전까지 수정해야 하는 상황을 만들지 말길 바란다. 더 이상의 수정은 멈추고 연습에 집중하는 편이 훨씬 도움이 된다.

그렇다면 원고를 완벽히 숙지했으니 연단에 오를 땐 원고를 들고 가지 않아도 될까? 원고를 한 글자 한 글자 그대로 읽을 생각이 아니더라도 간단한 커닝 페이퍼는 준비하는 것이 좋다. 원고 전체 혹은 한 페이지짜리 개요나 핵심 포인트를 지니고 있으면 예기치 않은 상황에 대응하기 쉽다.

오바마가 라스베이거스에서 유세 연설을 할 때였다. 오바마는 언제나처럼 힘찬 인사와 함께 연설을 시작했다. "안녕하세요, 라스베이거스 여러분!" 그는 주최 측에 인사를 건네고 지지자들에게 감사 인사를 전한 뒤 본격적으로 주장을 펼쳐나갔다. 그렇게 몇 분쯤 지났을까. 오바마의 말에 따르면, 3공 바인더를 한 장씩 넘기며 연설을 하다가 다음 페이지를 넘겼는데 아무것도 없었다고 했다. 완벽한 백지, 아니 아무 종이도 끼우지 않은 투명한 비닐 속지뿐이었다. 누군가 연설문의 나머지 부분을 바인더에 끼우는 것을 깜빡한 것이다. 심지어 그 연설장은 프롬프터도 따로 준비되지 않은 자리였다. 오바마는 남은 연설을 혼자 힘으로 해내야 했다.

연설이 끝난 후, 오바마는 마빈 니컬슨에게 물었다. "연설 어땠어?" 단상 위에서 무슨 일이 벌어졌는지 모르는 마빈은 "훌륭했어요, 보스"라고 대답했다. 오바마는 웃으며 말했다. "좋았다니 다행이네. 대부분 즉흥적으로 만들어서 했거든!"

지금도 그때만 생각하면 등에 식은땀이 난다. 연단에 올라가 한참 말하고 있는데 중간부터 원고가 백지라면? 이런 사태가 일어나서는 안 된다. 나는 원고가 여러 장이라면 모든 페이지에 번호를 매기고, 연단에 올라가기 전에 모든 페이지가 순서대로 끝까지 있는지 반드시 확인할 것을 권한다. 휴대전화나 태블릿 화면을 보며 발표할 때라도 종이에 출력한 원고는 필요하다. 기기가 갑자기 멈추거나 방전되어 꺼질 수도 있기 때문이다. 오바마도 출력한 원고의 중요성을 잘 알고 있었다. "원고는 반드시 가지고 있어야 해. 다 외웠다고 해도 말이야. 갑자기 머릿속이 하얘질 수도 있으니까."

## 천하의 오바마도 긴장한다

여기까지 단단히 준비했는데도 여전히 불안하고 도망치고 싶은 충동이 드는가? 무대 아래서 순서를 기다리는데 식은땀이 흐르는가? 지극히 정상적인 반응이다. 태곳적부터 우리의 몸과 뇌는 위협을 감지할 때마다 이런 식으로 반응해왔다. 보스턴대학교의 헨드릭슨 박사는 이때 느끼는 감정을 이렇게 설명했다.

"위협을 감지할 때 우리는 네 가지 반응 중 하나를 보입니다. 투쟁, 도피, 경직, 회유죠. 위험을 피하려고 싸우거나, 도망치거나, 그 자리에 얼어붙거나, 상대를 달래서 빠져나가려고 합니다. 아드레날린 수치가 급격히 증가하면서 열기를 식히기 위해 땀이 나기 시작합니다. 몸이 과열되지 않도록요. 호흡이 빨라져 입이 마르고 혈액이 심장으로 몰리면서 손은 차갑고 축축해집니다. 심장은 더 빠르게 뛰고, 혈액을 싸우거나 도망칠 때 필요한 큰 근육으로 보냅니다."

몸이 떨리고 땀이 난다면 당신의 몸이 해야 할 일을 제대로 하고 있다는 뜻이다. 당신이 이 순간을 무사히 이겨내고 성공할 수 있도록 준비하는 것이다. 혹은 이렇게 생각해도 좋다. 식은땀이 많이 날수록 성공 가능성도 커진다고 말이다.

아무리 뛰어난 가수나 배우, 운동선수라도 본게임 직전에는 떨고 긴장한다. 오바마도 예외는 아니었다. 2004년 보스턴 전당대회 연설을 앞두고 그는 자신 있게 행사장으로 들어서면서 기자에게 농담까지 던졌지만 나중에는 "약간 긴장했었다"라고 솔직히 인정했다.

긴장한다는 것은 그만큼 그 순간을 중요하게 생각한다는 뜻이므로 좋은 일이다. 다만 긴장감으로 얼어붙어서 말을 하지 못하면 안 되므로 호흡법을 미리 익혀두길 권한다. 나는 네이비실에서 스트레스를 완화하기 위해 사용하는 박스 호흡법을 활용한다. 4초간 숨을 들이마신 뒤 4초간 숨을 참았다가, 4초간 숨을 내쉬고 다시 4초간 숨을 멈추는 것이다. 이것을 몇 차례 반복하면 긴장이 완화된다. 긴장을 가라앉히는 호흡법은 비단 박스 호흡법 외에도 여러 가지가 있으므로 자신에게 맞는 호흡법을 찾아보자.

심호흡까지 해도 긴장을 가라앉히기 어렵다면 어떻게 해야 할까? 나는 있는 그대로 받아들이는 것도 방법이라고 조언한다. 헨드릭슨 박사도 이렇게 설명한다. "불안과 흥분은 신체적으로 나타나는 반응이 유사합니다. 그러니 신체적으로 나타나는 반응을 바꾸려 하기보다 마음가짐을 바꾸어서 불안한 마음을 흥분감으로 전환해보세요."

이와 같이 자신의 감정을 다른 방식으로 새롭게 판단하는 방법을 "감정 재평가"라고 하는데, 하버드 경영대학원의 앨리슨 우드 브룩스 교수는 흥미로운 실험을 통해 감정 재평가의 작동 원리를 증명했다. 먼저 140명의 참가자들에게 2분짜리 발표를 준비하게 했다. 그리고 두 그룹으로 나누어 한쪽 그룹에는 "나는 침착하다"를 되뇌도록 시켰고, 나머지 그룹에는 "나는 흥분된다"라고 되뇌도록 했다. 결과는 놀라웠다. "나는 흥분된다"라고 말한 참가자들이 더 설득력 있게 발표했고, 유능하며 자신감 넘치고 끈기 있는 사람이라는 인상을 주었다.

다시 말해 몸이 긴장으로 떨고 있는데 "나는 침착하다"라고 정 반대 감정을 떠올린 그룹보다는 몸이 느끼는 긴장과 유사한 반응을 조금 더 긍정적인 감정으로 떠올린 그룹이 더 멋지게 발표했던 것이다.

무대에 오르기 전에 음악을 크게 트는 것도 도움이 된다. 스피커나 이어폰, 어느 것이든 상관없다. 잔잔한 음악보다는 에너지를 끌어올릴 수 있는 강렬한 비트의 음악으로 선곡하자. 오바마는 중요한 연설 전에는 항상 에미넴의 〈Lose Yourself〉를 들으며 집중하곤 했다. 나 역시도 힙합 그룹인 하우스 오브 페인의 〈Jump Around〉를 강연이나 연설을 하기 전에 종종 듣는다. 열정을 폭발시킬 수 있는 나만의 노래를 찾아보라. 무대에 올라가기 전에 크게 틀어두면 사기가 충전될 것이다.

## 목소리부터 보디랭귀지까지, 무대 위의 기술

드디어 당신이 말할 차례다. 무슨 말을 할지 고민하고 글을 쓰고 반복해서 연습한 모든 시간이 이 순간을 위한 것이다. 무대에 오르면 미소와 인사로 시작하자. 거창할 필요는 없다. 단순하게 "안녕하세요!"라고 하거나, 시간에 따라 "좋은 저녁입니다!"라고 말하면 된다. 만약 외국에서 발언한다면 현지 언어로 인사하는 것도 좋다. 다만 어떤 인사말을 선택하든 미소는 잊지 말라. 인사와 마찬가지로 미소는 사람들에게 친근함을 전하는 신호다. 신뢰도를 높이는 데도 도움이 된다. 미소가 호감과 신뢰도를 높여주고 더 지적이며 유능한 사람처럼 보이게 한다는 연구도 아주 많다. 독일 튀빙겐대학교의 연구에 따르면 미소는 전염성이 있어서 사람들에게 긍정적인 영향도 준다. 혹시 모를 상황에 대비해 원고 맨 위에 "웃자!"라고 크게 써두라.

인사 후 당신의 시선은 어디로 향해야 할까? 당신의 말을 듣는 사람들을 향해야 한다. 원고를 보려고 고개를 숙이거나 발표 자료를 띄운 화면, 시계 같은 데 눈을 돌려서는 안 된다. 눈을 마주치지 않으면 불안해 보이거나 자신감이 없어 보인다. 만약 앞에서 조언한 것처럼 원고를 큰 글씨로 페이지 하단을 비워서 출력했다면 한 줄씩 읽을 때마다 자연스럽게 고개를 들고 청중과 시선을 맞추기 쉬울 것이다. 무대에 오르기 전에 청중과 대화를 나눴다면, 연단에서 당신이 아는 사람들을 찾아보고 그들에게 이야기하듯 말하는 것도 좋다. 한 가지 이야기를 마치면 잠시 멈추고 시선을 다음 사람에게 옮긴 뒤 그다음 이야기를 이어가는 식이다. 이렇게 하면 공간 전체를 가로지르며 시선을 움직일 수 있다.

말의 속도, 목소리의 높낮이와 음량에도 신경 써야 한다. 너무 빠르거나 지나치게 큰 소리로 말하면 과하게 열정적인 영업사원처럼 보일 수 있다. 반대로 너무 조용한 목소리나 지나치게 느린 속도로 말하면 듣는 사람들은 금방 지루하다고 느낀다. 필요 이상으로 자주 멈추는 일도 피하자.

말하는 속도와 목소리의 고저, 어투는 중요하다. 이를 증명하는 재미있는 영상이 있다. 코미디쇼 《새터데이 나이트 라이브 Saturday Night Live, SNL》의 작가 윌 스티븐은 〈TED 강연에서 똑똑한 사람처럼 말하는 법〉이라는 제목의 TED 강연을 한 적이 있다. 6분짜리 영상 속에서 그는 매우 중요한 이야기를 전달하는 것처럼 보인다. 그러나 실제로 그가 하는 말을 들어보면 거의 아무 내용도 없다. 그는 영상에서 "저는 사실 이 자리에서 여러분께 할 말이 하나도 없습니다. 하지만 말하는 방식만으로도 할 말이 많은 것처럼 보이게 할 수 있죠"라고 말한다. 실제로

TED 강연에서
똑똑한 사람처럼
말하는 법
윌 스티븐, 2015

이 영상은 조회수가 거의 1,500만 회에 달한다.

기계처럼 단조로운 목소리로 말하지 않도록 주의해야 한다. 오바마는 "목소리의 높낮이, 톤, 음량까지 모든 것이 감정을 전달하지"라며 늘 연설에서 목소리를 능수능란하게 사용했다. 오바마에게 배운 목소리 사용법은 다음과 같다.

- **소리 지르지 말라.** 요즘은 일반적으로 마이크를 사용하기에 소리가 제대로 들리지 않을까 봐 걱정할 필요는 없다. 오바마는 이렇게 말했다. "연설 내내 고래고래 소리를 지르면 사람들이 다 떨어져 나가. 요즘은 마이크 성능이 얼마나 좋아서 소리 지르지 않아도 다 들려. 마이크가 하는 일이 뭔데!"
- **대화하듯 말하라.** 가족이나 친구들과 대화할 때처럼 편안한 목소리로 말해야 한다. 지나치게 시끄럽지 않고 자연스럽게, 공격적이지 않고 부드럽게 말이다. 오바마는 긴장으로 굳어 딱딱하게 말해서는 안 된다고 조언했다. "우리가 친구에게 말할 때 내내 소리를 지르진 않잖아? 하는 말을 지나치게 의식하거나 평가받는다고 생각하지도 않고 실패를 두려워하지도 않지."
- **중요한 부분에서는 목소리를 낮춘다.** 열의에 넘치는 화자는 중요하다고 생각하는 부분마다 목소리를 높이곤 한다. 하지만 오바마는 이렇게 조언했다. "정말 강조하고 싶은 부분에서 목소리를 낮춰봐. 거의 속삭이는 것처럼 말이야."
- **강조할 때는 목소리를 높여라.** 중요한 부분을 강조하거나 박수나 환호가 예상되는 부분으로 다가갈 때는 조금씩 목소리를 높여 보자. 영화의 클라

이맥스와 같은 효과를 만들 수 있다.

- **천천히 또렷하게 말하라.** 말의 속도도 강약 조절이 필요하지만 전반적으로는 각 단어가 하나의 문장인 것처럼 천천히 말하는 것이 좋다. 발음이 뭉개지지 않도록 신경 쓰자. 사람들이. 모든. 말을. 기억하길. 바란다면. 말이다.

- **핵심으로 갈 때는 속도를 올려라.** 모든 부분이 너무 느리면 금방 지루해지고 중요한 부분과 그렇지 않은 부분을 구별하기가 어렵다. 따라서 말에 활력을 더해야 하는 부분이나 중요한 내용으로 나아갈 때는 주저하지 말고 속도를 올려보자.

- **발음을 과장하지 말라.** 예전에 어떤 연사가 모든 음절을 과장해서 발음하는 것을 들은 적이 있다. "우리는 번-영을! 기-회를! 그-리-고 안-전을 추구합니다!" 같은 식이었다. 이렇게 말하면 매우 부자연스럽게 느껴지며 마치 기계가 말하는 것처럼 들린다. 분명하게 말하되 어색해지지 않게 주의하자.

- **잠시 멈추고 숨을 쉬어라.** 말이 쉬지 않고 이어지면 듣는 사람도 지친다. 이야기를 들려줄 때나 사람들이 내용을 되새길 시간이 필요할 때, 혹은 다른 내용으로 넘어갈 때 잠시 여유를 두고 깊이 호흡해보자.

- **말이 막히면 잠시 멈추어도 괜찮다.** 다음에 해야 할 말이 기억이 나지 않거나 머릿속에서 엉키는 경우 순간적으로 말이 끊길 수 있다. 그럴 때는 잠시 멈추고 원고에서 다음 말을 찾자. 괜히 "음, 어, 그러니까, 그게" 같은 불필요한 말로 침묵을 채우려 하면 오히려 어색하고 자신감이 없어 보인다.

하나하나 이야기하다 보면 끝이 없지만 전부 기억할 필요는 없다. 철저하게 지켜야 할 규칙이 아니라 추구하면 좋은 목표일 뿐이니까. 가끔은 침묵이 길어지도록 내버려두거나 불필요한 말을 많이 사용해도 좋은 연사가 될 수 있다. 오바마도 종종 그랬다. 그저 최선을 다하면 된다. 나답게, 평소 내가 말하는 대로 말하면 된다.

한편 몸짓이나 손짓, 표정 등 신체적인 행동을 통해 전하는 비언어적 소통이 매우 중요하다는 이야기를 들어본 적이 있을 것이다. 발언할 때는 이렇게 서야 한다거나, 발을 이런 식으로 고정해야 한다거나, 손은 이렇게 움직여야 한다든가, 몇 걸음 걷고 핵심을 말하고 나서 멈추어야 한다 등 온갖 지침이 흔히 돌아다닌다.

나는 보디랭귀지의 중요성이 지나치게 과장되었다고 생각한다. 혹시 우리의 의사소통 중 93퍼센트가 비언어적인 요소로 이루어진다는 말을 들어보았는가? 가장 널리 인용되는 의사소통의 원칙 중 하나로 캘리포니아대학교 로스앤젤레스 캠퍼스의 심리학 교수 앨버트 머레이비언이 1967년에 발표한 연구에 뿌리를 두고 있다. 머레이비언 교수는 7-38-55 법칙이라고 명명했는데, 의사소통의 7퍼센트만이 언어로 이루어지고 38퍼센트는 목소리 톤, 나머지 55퍼센트는 보디랭귀지에 의해 좌우된다는 내용이다. 즉 38퍼센트와 55퍼센트를 더해 '말할 때는 비언어적 요소가 93퍼센트'라는 말이 널리 퍼진 것이다.

하지만 조금만 생각을 해봐도 이상한 점을 발견할 수 있다. 말을 하는데 의사소통의 93퍼센트가 말이 아니라 몸짓과 목소리에 달려 있다니 앞뒤가 안 맞는다. 이는 머레이비언 교수의 연구를 제대로 이해하지 못해서 발생한 오해다. 사실 그 연구는 청자가 화자의 감정을 어떻게 인식하는지 조사한 것이었다. 다시 말해 화자가 말할 때 사랑을 표현하는가와 같은 것이다. 즉, 감정 전달에 관한 연구이지 말의 내용 전달에 관한 연구가 아니다. 이 연구가 너무 많이 와전된 나머지, 머레이비언 교수가 "화자가 자신의 감정이나 태도에 대해 이야기하는 경우가 아니라면 7-38-55 법칙은 적용되지 않는다"라고 직접 해명하기까지 했다.

자세 역시 마찬가지다. 혹시 무대에서 슈퍼맨이나 원더우먼 같은 "파워 포즈"로 서 있으면 호르몬이 분비되어 스트레스가 줄어들고 자신감이 높아진다는 이야기를 들어보았는가? 이 주장은 2012년에 미국의 심리학자 에이미 커디 박사가 TED 강연에서 언급하면서 크게 인기를 얻었다. "두 가지 힘 있는 간단한 자세를 1분 동안 취하는 것만으로도 즉각적으로 강해질 수 있다"라는 내용의 연구를 바탕으로 한 것이었다. 하지만 다른 연구자들이 동일한 실험을 반복했을 때는 같은 결과가 나타나지 않았다. 게다가 커디 박사와 함께 이 연구를 공동 진행했던 주저자는 나중에 연구 데이터의 빈약함을 인정하고 파워 포즈의 효과를 부정했다.

보디랭귀지가 중요하지 않다는 의미가 아니다. 내가 하고 싶은 말은 보디랭귀지에 너무 집착하지 말라는 것이다. 몸짓 하나하나에 신경을 쓰다 보면 자연스럽고 진솔한 모습을 보이기 어렵다. 보디랭귀지가 없어도 좋은 발표가 될 수 있지만, 보디랭귀지가 제아무리 훌륭한들 형편없는 발표를 살리지는 못한다.

보디랭귀지의 핵심은 나다운 자연스러움이다. 보디랭귀지를 쓰고 싶다면 다음의 두 가지를 명심하자.

- **편안하게 행동하라.** 몸에 힘을 뺀 다음 등을 곧게 펴고 똑바로 서면 보기도 좋고 호흡도 훨씬 수월해진다. 또한 팔을 크게 휘두르는 동작은 주의를 산만하게 만들 뿐만 아니라 지나치게 흥분한 사람처럼 보이므로 피하는 것이 좋다. 연단을 내리치는 동작도 독재자처럼 보일 우려가 있으므로 주의하자.

- **몸짓이 말과 조화를 이루도록 하라.** 몸짓을 적당히 사용하면 메시지를 자연스럽게 강조할 수 있다. 예를 들어 "여러분, 환영합니다!"라고 말하면서 두 팔이나 손을 살짝 벌려 환영하는 분위기를 표현하거나 "우리는 하나 되어 힘을 합쳐야 합니다"라고 하면서 팔을 안으로 끌어모으거나 두 손을 모아 보이는 식이다. "진심으로 감사드립니다"라고 할 때는 가슴에 한 손을 가볍게 얹을 수도 있다. 알폰소 데이비스가 FIFA에서 연설하게 되어 영광이라고 말하는 순간 바로 이 제스처를 보였다.

아무리 철저히 준비해도 예상치 못한 일이 벌어질 가능성은 항상 있다. 가까이에 물을 준비해두고, 입이 마르거나 말이 끊겼을 때 물을 한 모금 마시며 잠깐 숨을 돌리자. 그러면 생각을 정리할 시간도 벌 수 있다. 단어를 잘못 발음했거나 문장을 더듬었어도 너무 걱정할 필요는 없다. 사람들은 그 실수를 알아차리지 못하거나 그다지 중요하게 여기지 않을 수도 있다. 사과하는 순간 오히려 실수에 주의가 집중되므로 숨을 깊게 쉬고 대본에서 다음 말할 부분을 찾은 뒤 계속 진행한다.

사람들의 관심이 시들해지는 것 같다면 도중에 청중을 참여시키는 것도 좋다. 이는 오바마도 자주 사용하던 방법이다. "선거 유세를 하다 보면 가끔 반응이 시들할 때가 있거든. 사람들이 관심을 잘 보이지 않으면 난 다른 방법을 썼어. '불타는 열정! 준비 완료!' 같은 구호를 외치는 거지." 반응이 미적지근할 때는 목소리에 변화를 주거나 잠시 대본에서 벗어나 색다른 시도를 해보는 것도 좋다. 질문을 던지거나 일화를 들려주는 식이다.

때로는 기술적인 문제가 발생할 때도 있다. 슬라이드가 멈추거나 영상이 재생되지 않는 일은 꽤 흔하다. 당황하지 말고 주도적으로 주위에 도움을 요청해보자. 그 순간조차 즐겨라. 한번은 오바마가 연설하던 중 연설대에 부착된 대통령 문장紋章이 바닥에 쿵 떨어진 적이 있었다. 오바마는 그 문제를 무시하거나 놀라는 모습을 보이는 대신 이렇게 농담했다. "괜찮습니다. 이게 없어도 다들 제가 대통령인 건 아시니까요. 하지만 무대 뒤에 있는 누군가는 지금 무척 긴장하고 있겠네요." 청중은 그의 농담에 웃었다. 그는 다시 연설로 돌아가는 순간에도 더 큰 웃음을 끌어냈다. "어디까지 했죠?"

## 신은 당신에게 목소리를 주었다

인사와 미소부터 시선, 목소리의 톤, 몸짓과 같은 비언어적 소통 방식을 능숙하게 사용하고 자신을 제대로 표현할 수 있다면 더할 나위 없이 좋다. 하지만 결국 무엇보다 중요한 것은 발언 내용이다. 자리에서 일어나지도, 스스로 목소리를 낼 수도 없었지만 훌륭한 연설을 한 사례를 들려주고자 한다.

엘리자베스 본커Elizabeth Bonker는 생후 1년까지는 평범한 아기였지만

15개월이 되었을 무렵 모든 것이 달라졌다. "전날까지만 해도 환하게 웃으며 말하던 아이였어요. 그런데 다음 날 갑자기 소리를 지르며 바닥에 머리를 부딪치더니, 말을 하지 못하게 되었죠"라고 엘리자베스 어머니는 말했다. 엘리자베스는 자폐 판정을 받았다. 말을 듣고 이해할 수는 있었지만 자신의 생각을 표현할 수 없었다.

그러던 어느 날, 엘리자베스의 어머니는 같은 자폐 아동을 키우는 여성이 아이들에게 글자를 가르친다는 소식을 들었다. 엘리자베스는 그곳에서 글자를 배웠고, 얼마 지나지 않아 단어와 문장을 만들어냈다. 엘리자베스는 내게 보낸 이메일에서 당시를 이렇게 회상했다. "나는 자유로워졌어요. 내 삶은 절망에서 희망으로 바뀌었죠." 엘리자베스는 곧 시를 쓰기 시작했고, 고등학교 졸업 후에는 뛰어난 학생을 뽑는 플로리다의 롤린스칼리지 우등 프로그램에 합격했다. 평균 성적 4.0으로 수석 졸업생이 되었으며 동급생의 추천을 받아 졸업식 연설자로 선정되기까지 했다. 당시 엘리자베스는 자폐인들이 타이핑을 통해 소통할 수 있게 돕는 비영리단체까지 설립한 상태였다.

엘리자베스는 효과적인 연설에 필요한 거의 대부분의 요소를 사용할 수 없었다. 미소를 짓거나 목소리의 높낮이를 조절할 수도 없고, 차분히 서 있을 수도 없었으며, 시선을 맞추거나 팔을 움직여 내용을 강조할 수도 없었다. 하지만 엘리자베스는 훌륭한 연설을 해냈다. 세상에 꼭 전하고 싶은 강력한 메시지가 있었기 때문이다. 이메일 인터뷰에서 엘리자베스는 그 과정을 설명해주었다. "많이 고민했어요. 그다음에 글을 썼죠. 머릿속에 있는 생각을 다 꺼낸 다음 단어와 문장을 하나하나 다듬었어요." 어머니가 키보드를 잡아주면 엘리자베스는 오른손 검지로 한 글자씩 천천히 문자를 입력했다. 여기까지만 한 달 넘게, 총 50시간이 걸렸다. 그리고 연습이 이어졌다. 엘리자베스에게 연습이란 자신의 원고를 음성 출력 소프트웨어로 반복해서 듣는 것이었다. 연설 전날에는 졸업식이 열릴 행사장을 찾아 연단까지 걸어가는 리허설을 했다.

졸업식 당일, 꽃으로 장식한 학사모를 쓰고 가운을 입은 엘리자베스가 연단으로 걸어가 수천 명의 관중 앞에 섰다. 그리고 여성의 목소리를 한 컴퓨터의 기계음으로 연설을 시작했다. "졸업을 맞아 기쁨에 찬 2022년 졸업생 학우 여러분, 안도의 숨을 내쉬고 계신 부모님들, 안녕하세요." 엘리자베스는 동기들의 성취를 축하한 뒤 오직 자신만이 할 수 있는 이야기를 이어갔다. 엘리자베스는 "저는 타이핑을 배운 덕분에 침묵의 감옥에서 해방될 수 있었습니다"라고 말하며 그간의 고통을 털어놓았다. "저는 이전까지 평생 이해받지도, 인정받지도 못하는 고통을 겪었습니다. 제가 다닌 고등학교의 교장 선생님은 '저능아는 졸업생 대표가 될 수 없다'라고 하셨죠. 하지만 저는 오늘 이 자리에 서 있습니다."

사람들은 환호성을 터트렸다. 이어 엘리자베스는 자신이 존경하는 헬렌 켈러처럼 자신의 삶을 봉사에 바치겠다는 의지를 표했다. "전 세계에는 약 3,100만 명의 말을 하지 못하는 자폐인이 있습니다. 저는 그들이 침묵 속에서 고통받지 않도록 돕고 자신의 길을 선택할 수 있도록 목소리를 찾아줄 것입니다."

롤린스칼리지
졸업식 연설
엘리자베스 본커, 2022

연설이 끝나자 기립 박수가 쏟아졌다. 엘리자베스의 어머니는 감격의 눈물을 흘리며 그 순간을 지켜보았다. 엘리자베스는 마지막으로 사람들에게 행동을 촉구하며 강렬한 여운을 남겼다. "신은 여러분에게 목소리를 주셨습니다. 그 목소리를 사용하세요." 엘리자베스는 단 한마디도 직접 말하지 않았지만, 그 연설은 전 세계로 퍼져나가 많은 사람들을 매료시켰다. 어떻게 그런 연설을 할 수 있었는지 묻자, 엘리자베스의 답변은 간단했다. "마음에서 우러나오는 말을 썼어요. 그게 사람들의 마음에 닿았죠. 누구나 자신의 삶에 의미와 목적이 있기를 바라니까요."

어쩌면 당신도 엘리자베스처럼 사람들이 훌륭한 의사소통을 위해 필수라고 말하는 요소들을 행할 수 없을지도 모른다. 하지만 상관없다! 말을 할 수 없어도 당신에게는 여전히 목소리가 있다. 시력이나 청력을 잃었다 해도 여전히 앞을 바라보고 원하는 미래를 상상할 수 있다. 몸을 제대로 가누지 못하거나 자유롭게 움직일 수 없어도 자신이 믿는 가치와 더 공정하고 평등한 세상을 위해 일어설 수 있다. 엘리자베스가 보여준 것처럼 목소리를 사용하려는 의지만 있다면 누구나 자신만의 목소리를 찾을 수 있다.

## 이제 무대 위의 자유를 만끽하라

핀란드 어느 극장의 무대 뒤. 무대 밖에서 내 앞 순서인 연사가 연설을 마무리하는 소리가 들렸다. 그때 나는 낮은 소리로 연습하면서 원고에서 불필요한 단어를 빼는 중이었다. 심장이 빠르게 뛰었지만 그것이 자연스러운 현상이라는 사실을 상기했다. 그리고 나 자신에게 말했다. 실수해도 괜찮아. 사람들은 잘 모를 테니까. 그리고 무대에서 잘했는지 못했는지가 내 가치를 결정하진 않아.

드디어 그 시간이 왔다. 300명의 청중이 나를 기다리고 있었다. 이제 돌이킬 수 없었다. 무대로 나가기 전, 짧은 동영상을 틀어 분위기를 띄웠다. 전 세계에서 다양한 언어로 인사하는 오바마의 모습만 모아 편집한 영상이었다. 잠시 후, 나는 활기차게 가볍게 뛰어 무대로 나갔다. 미소를 지으며 핀란드어로 "Hei!" 하고 인사하자 청중도 화답했다. 이어서 새로 사귄 핀란드 친구들이 맥주를 마시며 알려준 표현을 시도해보았다. 11월의 끔찍한 날씨를 욕하는 말이었는데, 말을 하자마자 청중석에서 웃음과 환호가 터졌다.

물론 실수도 있었다. "음"이나 "아" 같은 불필요한 말들을 너무 자주 했고, 손을 과하게 흔들었다. 핀란드어든 영어든 발음이 몇 번 꼬였고, 안정감을 주는 연단이 없다 보니 발꿈치에 힘을 주며 몸을 앞뒤로 흔들기도 했다. 다음 슬라이드를 너무 일찍 띄우는 실수를 저지르기도 했고, 한번은 동영상이 예상보다 늦게 재생되는 바람에 어색한 침묵 속에 서 있어야 했다.

그래도 점점 감이 잡혔다. 목소리도 안정을 찾아갔고 말도 자연스럽게 나왔다. 리듬을 타기 시작했다. 청중석에서 새로 사귄 친구들을 찾아 그들에게 직접 이야기하듯 말했다. 문장을 짧게 끊어 말하는 한편, 잠시 멈추고 숨을 고르면서 다음 문장을 머릿속에 그려보려고 노력했다. 그때 나는 무엇을 느꼈다. 사람들 앞에서 말할 때 한번도 느껴본 적 없는 느낌이었다. 빠르게 뛰던 심장이 가라앉고 온몸을 감싸는 듯한 고요함이 밀려왔다. 모든 말과 행동에 대한 의심도 사라졌다. 나는 온전히 그 공간에 존재하고 있었다. 편안했다. 그 순간을 정말로 즐기고 있었다. 사람들도 즐거워하는 것 같았다. 미소를 짓고 경청하고 고개를 끄덕였다. 내가 전하는 말이 받아들여진다는 느낌이 들수록 더 많이 주고 싶어졌다. 오바마가 말했던 바로 그 순간이었다. 연사와 청중 사이에 오가는 뚜렷한 감각. 서로 주고받는 감정의 전류. 그 자리에 있는 사람들이 모두 함께 나누는 경험.

나는 오직 나만이 할 수 있는 이야기를 하려고 했다. 사람들을 백악관으로, 오바마와 함께한 세계 곳곳으로 데려가 내가 배운 것들을 나누고 그의 연설 영상도 보여주었다. 그리고 그 자리에 모인 사람들이 중요하게 여기는 가치에 호소했다. 시리아의 옴란을 보살펴주겠다고 손을 내밀었던 어린 소년 알렉스 마이테베리의 이야기를 전할 때는 예상치 못하게 목이 메이기도 했다. 잠시 숨을 고르며 주위를 둘러보니 한 여성이 눈물을 훔치는 모습도 볼 수 있었다. 나는 행동으로 이어가야 한다는 메시지로 나아갔다. 우리가 목소리를 내면 더 정직하고 품위 있고 공감할 줄 아는 세상을 만들어갈 수 있다는 희망을 전했다.

나는 연설을 마무리하며 핀란드어로 한마디했다. 어떤 연설이든 완벽하게 끝맺을 수 있는 바로 그 말. "감사합니다." 원래 주어진 시간은 20분이었지만 그제서야 뒤늦게 거의 50분 가까이 말했다는 사실을 깨달았다. 마무리하는 순간 불안감이 스쳤다. 너무 길게 말했나? 사람들을 지루하게 만든 건 아닐까? 내 발표가 또다시 실패로 끝나버린 걸까? 그런데 사람들이 박수를 치기 시작했다. 환호성도 터져 나왔다. 내 이야기를 들어준 사람들이 자리에서 일어나 기립박수를 보냈다. 박수가 멈추지 않았다. 믿을 수가 없었다.

내가 해냈다. 오랫동안 두려워하며 피했던 일. 나에게는 그런 능력이 없다고 생각했던 일. 그런 일을 해낸 것이다. 그 자리에 서서 박수를 보내는 사람들을 보면서 나는 자유를 느꼈다. 오랫동안 내 안에서 끊임없이 속삭이던 의심의 목소리에서 마침내 자유로워졌다. 나에게는 사람들 앞에서 말할 가치가 있는 무언가가 아무것도 없다는, 내가 목소리를 내면 끔찍한 일이 생길지도 모른다는 걱정에서 자유로워졌다. 고향에서 수천 마일 떨어진 무대 위에서, 마침내 용기를 내어 나 자신을 드러낸 순간, 마침내 나만의 목소리를 찾아낸 것이다.

## 핵심 다운로드

발표를 앞둔 마지막 순간에는 최대한 집중해서 기량을 발휘해야 한다. 무대에 오르기 전부터 무대 위에 오른 뒤까지 마지막으로 체크해야 할 사항을 알아보자.

- **의상으로 메시지를 강화하라.** 사람들과의 교감을 도와주는 특정한 옷이나 색깔, 액세서리가 있다면 착용해보자. 그러나 무엇보다 발표하는 당사자가 안정감과 편안함을 느낄 수 있는 옷을 입어야 한다.
- **청중을 친구로 만들어라.** 가능하다면 발표 전에 청중과 어울려보자. 몇 마디 대화를 나누며 친근감을 쌓아두면 발표 도중도 안정감을 느낄 수 있다.
- **틀린 부분은 바로잡되 편집은 적당한 수준에서 멈추어라.** 내용의 정확성은 마지막까지 확인하라. 틀린 부분이 있으면 꼭 바로잡아야 한다. 하지만 막판에 원고를 다시 쓰려고 해서는 안 된다. 자신의 감을 믿고 연습에 집중하라.
- **많은 사람들 앞에 서는 자리에서 긴장하는 건 당연하다.** 불안은 정상적인 반응이며, 몸이 성공을 위해 준비하고 있다는 신호다. 자신에게

맞는 호흡법을 찾아보자. 긴장으로 떨려도 발표에 대한 기대로 흥분되기 때문이라고 생각하는 것도 방법이다. 무대에 오르기 전 나만의 파이팅 송으로 사기를 올려라.

💬 **원고가 끝까지 있는지 꼼꼼히 확인하라.** 원고에는 페이지 수를 매기고, 빠진 페이지가 없는지 마지막으로 점검한다.

💬 **웃어라!** 미소를 지으면 사람들과 금방 공감대를 형성할 수 있다. 원고 맨 위에 '웃자!'라고 적어놓자.

💬 **시선을 맞춘다.** 시선을 이용해서 자신감을 보여주고 신뢰를 쌓자. 새로운 부분으로 넘어갈 때마다 자연스럽게 시선을 옮겨 다른 사람과도 눈을 맞추며 이야기한다.

💬 **목소리에 변화를 주어라.** 강조하고 싶은 부분에서 오히려 목소리를 낮추고 천천히 말해보자. 사기를 올리고 열정을 전달하고 싶을 때는 좀 더 크고 빠르게 말한다. 또한 불필요한 "음, 어" 같은 말을 쓰기보다 차라리 짧게 침묵하라.

💬 **보디랭귀지는 자연스럽게 사용하라.** 보디랭귀지를 쓸 때는 과하게 꾸미지 말고 가족이나 친구와 이야기할 때처럼 편안하게 몸을 움직여라. 또한 단순하고 자연스러운 제스처로 메시지를 강조하라.

💬 **당황하지 말라.** 말을 더듬어도 자연스럽게 넘어가라. 사람들의 관심이 시들해지는 것 같다면 이야기를 들려주거나 질문을 던진다. 가벼운 농담을 던져 분위기를 푸는 것도 좋다.

💬 **감사 인사로 끝내라.** 마지막 말은 시간과 관심을 내어준 사람들을 향한 감사의 말이 되어야 한다. 사람들에게 박수를 쳐도 된다고 알리는 신호이기도 하다.

**마치며**

# 당신의 인생은
# 변화할 일만 남았다

당신은 사람들 앞에서 말을 했다. 친구를 위한 건배사든, 사랑하는 이를 기리는 추도사든, 직장에서의 발표든, 주민 회의에서의 발언이든, 중요하게 여기는 대의를 위한 열정적인 호소였든 말이다. 이제 자신의 말을 돌아보자. 완벽했는가? 아마 아닐 것이다. 실수를 했는가? 거의 확실하다. 농담과 재치 있는 말이 매번 웃음을 얻었는가? 한 명도 빠짐없이 당신의 논리에 설득되었는가? 당연히 아닐 것이다. 하지만 괜찮다. 발표는 발표일 뿐. 정말로 중요한 것은 당신이 사람들 앞에 서서 해냈다는 점이다. 오바마는 청중의 반응에 대해 이렇게 말했다. "항상 모든 일이 내가 원하는 대로 돌아가지는 않아. 하지만 할 일을 제대로 했다면 기대만큼 열광적인 반응을 얻지 못했어도 괜찮아. 사람들에게 중요한 정보를 전달했으니까."

이번에 완벽하지 못했어도 계속해나가야 한다. 그래야만 앞으로 나아갈 수 있다. 말은 하면 할수록 점점 더 잘하게 된다. 오바마도 바로 그 점을 이야기했다. "대규모 프로젝트를 위한 프레젠테이션이든 아이의 학교에서 열리는 학부모 회의에서 하는 발표든 똑같아. 세상 모든 일이 그렇듯 연설도 연습이 필요해. 그래야 최고의 실력을 발휘할 수 있거든."

그렇다면 오바마가 "최고의 실력"을 발휘한 순간은 언제였을까? 나는 그에게 물어보았다. 지금까지 모든 경력을 돌아봤을 때 사람들 앞에서 말을 하고 최고라고 느낀 순간이 언제였느냐고. 내 질문에 오바마는 그의 정치 경력에서도 비교적 초기에 한 연설을 들었다. 일리노이주 상원의원으로 시카고의 집회에서 이라크 침공에 반대했던 연설, 보스턴 전당대회 기조연설, 필라델피아에서 미국 사회의 인종 문제를 지적한 연설이 그것이었다. 오바마는 최고의 순간을 이렇게 설명했다. "가슴과 머리, 감정과 생각, 아이디어와 열정과 논리가 하나로 모일 때가 있어. 내가 말하는 내용에 대해 충분히 경험을 쌓고 수없이 연습을 반복한 뒤에 말할 때 말이야. 철저하게 준비해서 유연하게 순간의 흐름을 따라갈 때 느껴지는 자유로움이 있어."

그렇다면 언제 최고의 연설을 했는지, 내 목소리가 작게나마 세상에 변화를 가져왔는지는 어떻게 알 수 있을까? 답은 간단하다. 그 순간이 오면 알 수 있다. 사람들이 당신의 말을 들으며 무엇을 느끼는지 직접 보여줄 것이기 때문이다. 당신이 미소를 지으며 인사하면 그들도 미소로 인사할 것이다. 서로의 공통점이나 연결고리를 두고 가볍게 농담을 던지면 사람들은 빙그레 웃거나 박장대소할 것이다. 설득력 있는 주장을 펼치면 고개를 끄덕이며 공감할 것이고, 감동적인 이야기를 들려주면 집중하며 귀 기울이고 결말이 궁금해 몸을 앞으로 기울일 것이다. 박수가 터질 수도 있다. 그들이 소중히 여기는 가치를 당신이 대변해주었기 때문이다. 당신의 말이 사람들의 마음 깊은 곳을 건드리면 눈물을 흘릴 것이고, 강력하고 진실한 이야기를 전하면 박수치고 일어나 환호할 수도 있다.

앞으로 당신의 세상도 달라질 것이다. 사람들이 당신의 호소에 답해 행동에 나설 것이다. 가족과 친구들이 사랑하는 이의 유산을 이어가고, 동료는 직장에서 자발적으로 더 큰 노력을 쏟으며, 기업들은 당신의 제품과 가치를 보고 거래할 것이다. 사람들이 당신의 청원에 서명하고, 이름 모를 아이가 존엄과 미소를 잃지 않고 학교에 다닐 수 있도록 이웃들이 옷을 기부할 것이다. 설령 당신이 원하는 변화가 당장 이루어지지 않더라도 당신의 말이 불러온 영향을 느낄 수 있을 것이다. 사람들의 마음과 생각은 서서히 열리기 시작할 것이다. 혹은 사람들이 세상을 지금까지와 다르게 바라보게 될지도 모른다. 오랫동안 당연하게 여겼던 문제에 새로운 해결책이 필요하다는 사실을 처음으로 인정할 수도 있다. 사람들이 당신의 희망을 공유하고 당신의 비전을 받아들이면 당신이 외쳤던 생각은 더 이상 막연한 꿈이 아니다. 조금씩 현실이 되어간다.

신기하게도 목소리를 내면 주위는 물론이고 우리 자신부터 변한다. 이 책에서 소개한 사람들 모두가 같은 이야기를 했다. 그랜드래피즈의 시의원들 앞에 서서 연설했던 나이아라 태밍가는 그 경험을 통해 자신이 지역사회를 위해 목소리를 낼 수 있다는 믿음을 얻었다. "저 자신에 대한 믿음이 커졌어요. 그래서 제 태도도 많이 달라졌죠. 자신의 빛을 가리려 하지 말고, 당신의 메시지에 담긴 힘을 절대 의심하지 마세요."

시리아의 옴란에게 보낸 편지를 읽는 영상이 퍼진 이후, 알렉스 마이테베리는 세계 곳곳에서 말할 기회를 얻었다. 텍사스에서는 무려 5천 명의 젊은이들 앞에 섰다. 연단이 높아서 발판에 올라서야 했다. 알렉스는 말했다. "여러분의 목소리가 얼마나 큰지 놀라게 될 거예요. 관심을 보여줄수록 더 많은 사람을 도울 수 있어요."

완벽해져야 한다는 두려움을 솔직하게 토로한 올리비아 벨라는 자신의 시를 영어 수업에서 낭독한 경험 덕분에 감정을 더 적극적으로 표현하게 되었다. "우리는 속마음을 드러내길 두려워해요. 그러면 우리 자신을 치유할 수가 없죠. 표현하지 않는다고 감정이 사라지지 않아요. 우리 몸에 스트레스로 쌓이죠. 삶에서 그런 긴장감을 없애고 타인과 깊이 교감하는 방법은 자신의 감정을 존중하고 표현하는 것뿐이에요."

핀란드에서 처음으로 제대로 나만의 메시지를 전한 후 나에게도 변화가 찾아왔다. 내 안에서 끊임없이 들려오던 의심의 목소리가 잠잠해진 것이다. 완전히 사라진 것은 아니지만 한결 조용해졌다. 이제는 강연 초청이 들어와도 더 이상 핑계를 대면서 피하지 않게 되었다. 나에겐 사람들에게 들려줄 이야기가 있다는 믿음이 생겼다. 50-25-25 법칙도 성실하게 따른다. 계획을 세우고 준비하고 원고를 쓰고 고치고 연습하고 또 연습한다. 물론 긴장하는 것은 여전하다. 가끔 말을 더듬기도 한다. 앞으로도 계속 그럴지 모른다. 하지만 이제는 내가 할 수 있다는 사실을 안다.

뿐만 아니라 이 책에 등장하는 연사들은 목소리를 낸 덕분에 전에는 생각도 하지 못했던 훨씬 다양한 사람들과 만나며 삶을 확장해나가고 있다. 잰더 모리츠가 졸업식 연설에서 곱슬머리에 대해 이야기한 후, 그가 설립한 소외된 공동체를 보호하는 비영리단체 사회적 형평성과 교육 이니셔티브Social Equity and Education Initiative에 기부금이 쇄도했다. "예전에는 교사가 꿈이었지만 이제는 사회제도를 바꾸고 싶어요." 그는 그 일을 계기로 대학 전공을 정치학으로 바꾸었다.

엘리자베스 본커는 졸업식에서 한 연설이 화제가 되면서 "인생이 바뀌었다"라고 말한다. 엘리자베스가 설립한 비영리단체 커뮤니케이션 포 올Communication 4 ALL은 전 세계적으로 많은 지지를 받고 있다. 엘리자베스는 세계 곳곳을 다니며 정부와 학교에 비언어 사용자가 자신을 표현할 수 있는 도구를 제공할 것을 촉구하고 있다. 엘리자베스는 말한다. "소통 없이 사는 삶은 진정한 삶이 아닙니다. 모든 사람은 인정받고 목소리를 내기를 원합니다."

어맨다 존스는 학교 도서관에서 일부 책을 검열해 없애려는 시도에 맞서는 발언을 한 뒤, 사서들을 지원하는 연대를 결성했다. 어맨다는 독서의 자유를 옹호하는 운동가로 전국을 돌며 지역사회와 지도자들에게 간단하지만 강력한 메시지를 전하고 있다. "사서들을 믿으세요."

브레이든 해링턴은 전국 방송에서 용감하게 연설한 후 또래 청소년들에게 두려움을 이겨내는 용기에 대해 이야기하기 시작했다. 그는 앞으로 자신과 같은 아이들을 돕는 언어 치료사가 되겠다는 꿈을 키우고 있다. 브레이든은 자신의 방에서 전국의 수백만 명에게 전달한 메시지에 관한 동화책까지 썼다. 그 책은 모두를 위한 조언으로 끝맺는다. "사람들 앞에서 말하는 것을 두려워하지 마세요. 내 생각을 말하고 목소리를 내세요. 우리는 있는 그대로도 멋지니까요!"

당신도 그렇게 될 수 있다. 사람들은 "당신의 말이 내 마음에 와닿았어요", "당신 덕분에 생각이 바뀌었어요", "당신 덕분에 희망이 생겼어요"라며 당신을 찾아올 것이다.

 무엇을 말해야 하는지 뿐만 아니라, 어떻게 말해야 하는지도 알게 되었으므로 당신의 삶에는 변화를 맞이할 일만 남았다.

### 감사의 말

책을 쓰는 일은 연설문을 쓰는 작업과 비슷한 점이 많다. 때로는 짜릿하고 때로는 힘겹기도 하다. 이 책은 구상에서 완성에 이르기까지 3년이라는 시간이 걸렸다. 나 혼자서는 결코 할 수 없는 일이었다. 그 길의 모든 순간마다 격려와 지지를 보내준 수많은 가족과 친구, 동료들에게 감사를 전한다.

처음 에비타스 크리에이티브 매니지먼트의 브리짓 맷지에게 이 책의 아이디어를 이야기했을 때는 막연한 개념밖에 없었다. 브리짓은 "이제 그 아이디어로 출간기획서를 만드는 거예요"라고 알려주었다. 나는 이렇게 물었다. "출간기획서에 뭐가 들어가죠?"

그 후 1년 동안 브리짓의 도움을 받아 책을 썼다. 브리짓과 엘레나 스타이너트가 편집을 도와준 덕분에 나만이 쓸 수 있는 이야기를 쓸 수 있었다. 내 아이디어를 기획서로 정리할 수 있도록 도와준 두 사람에게 감사한다. 이 책이 전 세계 50개가 넘는 국가에서 독자들을 만날 수 있도록 힘써준 바네사 커와 에린 파일스를 비롯한 에비타스의 모든 관계자, 리드 컴퍼니의 탁월한 리즈 바이버와 그가 이끄는 열정적인 팀(미창, 미아 제이콥스, 알렉스 래브니, 브리아나 새슨)에도 감사를 전한다.

이 책이 현실로 이루어질 수 있다는 확신이 들었던 것은 홀리스 하임

바우치가 기획서에 열정을 보였을 때였다. 모든 작가가 홀리스 같은 편집자와 함께할 수 있다면 얼마나 좋을까. 홀리스는 나에게 말했다. "내가 아이디어를 제안할 수도 있지만 이 책은 당신의 책이에요. 당신이 자랑스러워해야 해요.".

여러 차례의 수정 과정에서 홀리스와 제임스 나이드하르트는 내용을 더 명료하게 개선하는 방법을 알려주었다. 홀리스는 지나치게 긴 초고를 받고 이렇게 말해주었다. "어떤 초고든 15퍼센트를 줄일 수 있다고 하더군요." 홀리스, 제임스, 그리고 제시카 길로와 레이철 몰랜드를 비롯한 하퍼콜린스의 모두에게, 내 기획안을 내가 자랑스러워할 수 있는 책으로 만들어주어 감사하다.

오바마 대통령의 백악관 연설문 작성팀과 함께한 8년 동안의 우정과 동료애를 영원히 잊지 못할 것이다. 이 책을 위해 소중한 기억을 나누어 준 존 패브로, 코디 키넌, 벤 로즈, 애덤 프랭클, 사라 허위츠, 존 러벳, 카일 오코너, 타일러 레치텐버그, 데이비드 릿, 사라다 페리, 스티븐 크루핀, 데이브 캐벌, 로라 딘, 수재너 제이콥, 제브 칼린뉴먼에게 깊은 감사를 전한다.

데이비드 액설로드는 오바마 대통령의 역사적인 2008년 선거운동에 대한 기억을 나누어주었다. 그는 언제나 "안녕들 하신가, 언어 장인들!"이라는 인사와 함께 우리 연설문 작성팀을 웨스트윙 사무실에서 따뜻하게 맞아주었다.

오바마 대통령에게도 감사하다. 연설문을 쓰는 사람으로서 최고의 상사를 만날 수 있어서 행운이었다. 오바마는 단순히 원고를 수정하는 것이 아니라 품위와 정직함, 공감을 담아 말하는 법을 가르쳐주었다.

또한 실제로 목소리를 낸 사람들의 솔직함과 도움이 없었다면 이 책은 나올 수 없었을 것이다. 애슐리 올, 린과 마크 베니오프, 엘리자베스 본커, 낸시 브링커, 윌리엄 코언, 레이첼 덴홀랜더, 펠릭스 핑크바이너, 브레이든 해링턴, 어맨다 존스, 도너번 리빙스턴, 킴벌리 마타루비오, 잰더 모리츠, 엘렌 모이, 알렉스 마이테베리, 코리 렘스버그, 나이아라 태밍가, 올리비아 벨라, 그리고 에번 울프슨. 여러분의 이야기를 이 책에서 나눌 수 있게 해주어 감사하다.

효과적인 소통의 과학에 대해 직접 대화를 나누거나 내 질문에 답해준 연구자, 학자, 심리학자, 신경과학자들에게도 깊은 감사의 마음을 전한다. 시난 아랄, 크리스 베일, 조나 버거, 다나 카니, 매슈 파인버그, 댄 페슬러, 미셸 겔팬드, 잭 고먼, 유리 해슨, 챈 헬먼, 엘런 헨드릭슨, 알리사 레먼, 캐서린 밀크먼, 데브 로이, 탈리 샤롯, 알모그 심촌, 데버라 스몰, 제이 반바벨, 소루시 보수기, 롭 윌러, 앨리슨 우드 브룩스.

원고에 솔직한 피드백을 보내준 모두에게도 감사를 전한다. 루마나 아메드, 톰 베처러, 밥 부어스틴, 나히다 차크투라, 킴 드모트, 줄리 일, 댄 파버, 에드워드 펠젠탈, 존 깁슨, 리사 파인, 크리스 호프, 다비 호퍼, 사라 허위츠, 라샤드 후세인, 제브 칼린뉴먼, 코디 키넌, 나심 쿠리, 세라 쿨라브다라, 스티븐 크루핀, 피터 마호니, 안티 무스타칼리오, 알렉스와 발 마이테베리, 카일 오코너, 사라다 페리, 조 플렌즐러, 케빈 바니, 메러디스와 랜스 웨이드 덕분에 책의 완성도를 높일 수 있었다.

사실 확인이 필요할 때 내가 의지할 곳은 정해져 있었다. 실버 스트리트 스트래티지스의 크리스틴 바르톨로니, 알렉스 플래트킨, 앨리슨 켈리는 오바마 대통령의 백악관 연설문을 검토할 때와 똑같이 철저하게 이 책의 사실 확인 작업을 해주었다. 그들은 나를 수많은 실수에서 구해주었다. 만약 이 책에 오류가 있다면 내가 그들의 현명한 조언을 따르지 않았기 때문일 것이다.

이 책이 거의 완성된 시점에 나는 아메리칸대학교에서 연설문 작성을 가르치기 시작했다. 하지만 수업마다 오히려 학생들에게서 젊은 시선을 통해 세상을 새롭게 보는 법 등 많은 것을 배우고 있다. 그들의 통찰과 이상을 보면서 이 책이 다음 세대의 연사와 지도자들에게 유용하기를 바라는 마음으로 원고를 다듬었다. 그들이 원하는 변화를 위해 목소리를 높일 때 이 책이 도움이 되기를 바란다.

이 책에 매달린 3년의 시간을 너그러이 이해해주고 원고를 읽고 피드백을 주고 변함없는 사랑으로 힘이 되어준 가족들에게도 감사를 전한다. 나의 부모님 스타치와 페기, 누이 에리카와 케이, 매제 벤 올섭, 처남 부부 찰리와 하넌 압델라, 아니발과 디애나 압델라, 장모님 사미아 압델라.

마지막으로 이 여정에도 함께해주었고 내가 매일 하루를 버티게 해준 세 사람이 있다. 잭과 클레어, 나는 이 책을 모든 사람을 위해 썼지만 특히 너희들 같은 젊은이들을 생각하며 썼다. 너희들이 자신의 목소리를 찾고 생각을 전하고 주변 사람들에게 영감을 주는 모습을 보는 것보다 기쁘고 자랑스러운 일은 없단다. 너희들의 미래가 기대된다.

그 누구보다 내 아내 메리에게 감사하고 싶다. 이 책은 당신의 끝없는 사랑과 지지, 그리고 인내 없이는 세상에 나오지 못했을 거야. 내가 무슨 내용을 써야 할지 고민할 때도, 글이 잘 나오지 않아 자신감을 잃었을 때도 당신은 묵묵히 곁에서 응원해주었지. 초고를 읽고 좋은 피드백을 주었고 최종 원고에서는 모두가 놓친 부분을 찾아냈지. 예전에 당신이 선물해준 칼릴 지브란의 시집에 이런 구절이 있었어. "사랑이 손짓하면 따라가라."

메리, 지금까지 당신을 따라가게 해주고, 사랑할 수 있게 해줘서 고마워.

> 부록

# 오바마의
# 보스턴 민주당 전당대회 연설문

 이 전당대회에서 연설할 수 있는 영광스러운 기회를 주신 데 대해, 이 나라의 교차로이자 링컨의 땅인 위대한 일리노이주를 대표하여 깊이 감사드립니다. 오늘 밤 이 무대에 서 있다는 사실은 제게 특별한 의미로 다가옵니다. 솔직히 말하자면, 제가 이 자리에 오를 수 있었던 가능성은 애초부터 거의 없었습니다. 제 아버지는 케냐의 작은 마을에서 태어나 외국인 유학생으로 미국에 왔습니다. 어릴 적 염소를 몰고 초라한 양철지붕의 판잣집 학교에서 공부했지요. 그의 아버지, 그러니까 제 할아버지는 남의 집에서 요리를 맡아 하던 하인이었습니다.

 하지만 할아버지는 아들에게 더 큰 꿈을 품고 계셨습니다. 아버지는 성실한 노력과 끈기 덕분에 장학금을 받아 마법과도 같은 곳에서 공부할 기회를 얻었습니다. 수많은 이들에게 자유와 기회의 등대로 여겨져 온 바로 이곳, 미국이었습니다. 아버지는 미국에서 유학하던 중 어머니를 만났습니다. 어머니는 지구 반대편, 캔자스의 작은 마을에서 태어나 자랐지요. 어머니의 아버지, 제 외할아버지는 대공황의 어려운 시기 내내 유전과 농장을 전전하며 일했고, 진주만 공습이 일어난 바로 다음 날 군에 입대해 패튼 장군의 부대에서 유럽 전역을 누볐습니다. 그 사이 외할머니는 홀로 자녀를 키우며 폭격기 조립 공장에서 일하셨지요. 전쟁이 끝난 뒤 두 분은 제대군인 원호법GI Bill의 도움으로 학업을 이어갔고, 연방주택청Federal Housing Administration, FHA의 지원을 받아 내 집을 마련했으며, 더 나은 기회를 찾아 서부로 이주하셨습니다.

외할아버지와 외할머니 또한 딸을 위해 더 큰 꿈을 품으셨습니다. 서로 다른 두 대륙에서 똑같은 꿈이 품어진 것이지요. 제 부모님은 믿기 어려울 만큼 특별한 사랑을 나누었을 뿐만 아니라, 이 나라가 지닌 가능성에 대한 굳은 믿음도 함께했습니다. 두 분은 제게 '축복받은 자'라는 뜻을 가진 아프리카식 이름, 버락이라는 이름을 지어주셨습니다. 관용과 포용의 나라 미국이라면 그런 이름이 결코 성공의 걸림돌이 되지 않으리라 믿으셨던 것입니다. 부모님은 부유하지는 않았지만, 아들이 최고의 교육을 받을 수 있으리라고 믿으셨습니다. 이 너그러운 나라에서는 부자가 아니어도 누구나 자신의 잠재력을 마음껏 펼칠 수 있기 때문입니다. 지금은 두 분 모두 세상을 떠나셨지만, 오늘 밤 분명 하늘에서 저를 바라보며 자랑스러워하고 계실 것입니다.

오늘 저는 제 안에 흐르는 다양한 혈통에 감사하는 마음으로 이 자리에 서 있습니다. 그리고 부모님의 꿈이 이제는 저의 사랑스러운 두 딸을 통해 살아 숨 쉬고 있음을 느끼며 이 자리에 서 있습니다. 제 이야기가 더 큰 미국 이야기의 일부이며, 먼저 길을 닦아준 이들이 있었기에 가능했고, 이 세상 다른 어떤 나라에서도 결코 쓰이지 못했을 이야기라는 사실을 깨달으며 이 자리에 서 있습니다. 오늘 밤 우리는 미국의 위대함이 초고층 빌딩이나 막강한 군사력, 경제 규모에서 나오는 것이 아니라는 진실을 다시 한번 확인하기 위해 이 자리에 모였습니다. 우리의 자긍심은 아주 단순한 원칙에 뿌리를 두고 있습니다. 200년도 더 전에 선포된 선언문에 명확히 담긴 원칙입니다. "우리는 다음의 진리를 자명한 것으로 믿는다. 모든 인간은 평등하게 태어났고, 창조주로부터 양도할 수 없는 권리를 부여받았으며, 그 권리에는 생명과 자유, 그리고 행복을 추구할 권리가 포함된다."

바로 그것이 미국의 진정한 위대함입니다. 그것은 사람들의 소박한 꿈을 믿는 마음이며, 작은 기적을 결코 포기하지 않는 믿음입니다. 우리가 밤마다 아이들을 재울 때 그 아이들이 굶주리거나 헐벗지 않으며 위험으로부터 안전하다고 믿을 수 있는 나라입니다. 자기 생각을 자유롭게 말하고 글로 표현할 수 있으며, 어느 날 갑자기 끌려갈 걱정을 하지 않아도 되는 나라입니다. 좋은 아이디어가 있다면 뇌물을 주거나 누군가의 아들을 고용하지 않고도 스스로 사업을 시작할 수 있는 나라입니다. 정치적 의견을 표현할 때 보복을 두려워하지 않아도 되고, 우리가 던진 표가 제대로 집계된다고 믿을 수 있는 나라입니다. 물론 대부분의 경우에는 말입니다.

올해 이번 선거에서 우리는 우리 자신의 가치와 다짐을 다시 확인하라는 부름을 받고 있습니다. 우리의 가치관을 냉혹한 현실 앞에 세워놓고, 우리 선조들이 남긴 유산과 미래 세대에게 한 약속에 비추어 우리가 얼마나 잘 부응하고 있는지 돌아봐야 합니다. 미국 시민 여러분, 민주당원이든 공화당원이든 무소속이든 상관없이, 오늘 밤 저는 분명히 말씀드리고 싶습니다. 우리에겐 아직 해야 할 일이 더 많이 남아 있습니다. 제가 일리노이주 게일즈버그에서 만난 노동자들, 멕시코로 이전하는 메이태그 공장 때문에 일자리를 잃고 이제는 시급 7달러짜리 일자리를 놓고 자기 자식들과 경쟁해야 하는 그들을 위해 우리가 해야 할 일이 있습니다. 제가 만난 한 아버지, 직장을 잃고 눈물을 삼키며 한 달에 4,500달러나 되는 아들의 약값을 건강보험도 없이 어떻게 감당해야 할지 막막해하고 있었던 그를 위해서도 우리가 할 일이 있습니다. 또한 이스트 세인트루이스에서 만난 한 여학생을 비롯하여 좋은 성적과 열정 그리고 의지까지 갖추었지만 대학에 갈 돈이 없는 수많은 청소년들을 위해서도 우리가 해야 할 일이 아직 남아 있습니다.

오해하지 마십시오. 제가 만난 사람들, 작은 마을이든 대도시든, 식당이든 업무 지구든, 어디서 만났든 그들은 정부가 자신들의 모든 문제를 해결해주길 기대하지 않습니다. 그들은 더 나은 삶을 위해 스스로 열심히 노력해야 한다는 사실을 잘 알고 있고, 실제로 그렇게 하고자 합니다. 시카고 교외 지역에 사는 사람들도 자신이 낸 세금이 복지기관이나 국방부에서 낭비되는 걸 원치 않습니다. 도시 지역 어디를 가도 사람들은 아이들의 교육을 전적으로 정부에게 기댈 수 없다고 말할 것입니다. 그들은 부모가 부모의 역할을 다해야 하며, 아이들이 무언가를 성취하려면 우리가 그들에게 더 높은 기대를 걸어주어야 하고, 텔레비전을 꺼야 하며, 책을 든 흑인 학생을 향해 "백인처럼 행동한다"라고 비아냥거리는 모욕적인 말도 반드시 뿌리 뽑아야 한다는 것을 알고 있습니다. 맞습니다. 사람들은 정부가 모든 문제를 해결해주길 바라지 않습니다. 하지만 그들은 뼛속 깊이 느끼고 있습니다. 우리의 우선순위가 조금만 달라진다면 이 나라의 모든 아이들이 사람답게 살아갈 기회를 보장받을 수 있고 누구에게나 기회의 문이 열릴 수 있다는 것을 말입니다. 사람들은 압니다. 미국은 더 잘할 수 있다는 것을요. 그리고 그들은 바로 그런 선택을 원하고 있습니다.

이번 선거에서 우리는 바로 그 선택지를 내놓습니다. 우리 당은 이 나라가 간직한 가장 고귀한 가치를 온 삶으로 보여주는 사람을 대표로 선택했습니다.

그가 바로 존 케리입니다. 존 케리는 공동체와 신념, 그리고 희생이라는 이상을 누구보다 깊이 이해하고 있습니다. 그 가치들이 바로 그의 삶을 이끌어온 원칙이기 때문입니다. 베트남 전쟁에서의 영웅적 참전에서부터 검사와 부지사로서의 공직 생활, 그리고 20년에 걸친 연방 상원의원으로서의 활동에 이르기까지, 존 케리는 언제나 이 나라를 위해 헌신해왔습니다. 그는 더 쉬운 길을 선택할 수도 있었지만, 언제나 더 어렵고 힘든 선택을 피하지 않았습니다. 그의 신념과 그가 걸어온 길은 우리 안에 있는 가장 훌륭한 가치를 일깨워줍니다.

존 케리는 열심히 일하는 사람이 보상받는 미국을 믿습니다. 그래서 일자리를 해외로 이전하는 기업에 세금 감면 혜택을 주는 대신, 미국 내에 일자리를 창출하는 기업에 그 혜택을 돌릴 것입니다. 존 케리는 모든 미국인이 워싱턴 정치인들처럼 수준 높은 건강보험을 부담 없이 누릴 수 있는 미국을 믿습니다. 존 케리는 에너지 자립의 가치를 믿습니다. 그래야만 우리가 석유 회사들의 이익이나 해외 유전의 불안정성에 휘둘리지 않을 수 있기 때문입니다. 존 케리는 이 나라를 전 세계가 부러워하는 나라로 만든, 헌법이 보장하는 자유의 가치를 믿습니다. 그래서 그는 결코 우리의 기본적 자유를 희생시키지 않을 것이며, 신념을 이용해 국민을 갈라놓는 일도 없을 것입니다. 또한 존 케리는 이 위험한 세계에서 전쟁이 어쩔 수 없는 선택지일 수는 있어도, 결코 첫 번째 선택이어서는 안 된다고 믿습니다.

얼마 전, 저는 일리노이주 이스트몰린에 있는 해외참전용사회에서 세이머스라는 젊은이를 만났습니다. 키가 190센티미터 가까이 되고, 맑은 눈매와 수더분한 미소를 지닌, 정말 잘생긴 청년이었습니다. 그는 해병대에 입대했고, 다음 주에 이라크로 떠날 예정이라고 했습니다. 그가 해병대를 선택한 이유, 국가와 지도자들에 대한 절대적인 신뢰, 임무와 봉사에 대한 깊은 헌신을 설명하는 모습을 들으며, 문득 이 청년이야말로 우리가 자식에게 바라는 모든 것을 갖춘 사람이라는 생각이 들더군요. 하지만 곧 제 자신에게 질문을 던지게 됐습니다. 과연 셰이머스가 우리를 위해 보여주는 헌신만큼, 우리도 그를 위해 헌신하고 있는가? 고향으로 돌아오지 못한 900명이 넘는 군인들이 떠올랐습니다. 그들은 누군가의 아들이었고, 딸이었으며, 남편이고 아내였고, 친구였고 이웃이었습니다. 또 가장의 수입 없이 간신히 생계를 이어가는 가정들, 혹은 팔이나 다리를 잃고 돌아왔거나 깊은 정신적 상처를 입었음에도 예비군이라는 이유로 장기적인 의료 혜택조차 받지 못하는 이들도 생각났습니다. 우리가 젊은 남녀를 위험한 전장으로 보내는 순간, 우리는 막중한 의무를 함께 지게 됩니다. 그들이 왜 그곳에 가야 했는지를 두고 숫자를 조작하거나 진실을 왜곡해서는 안 됩니다. 그들이 자리를 비운 동안 그들의 가족을 돌봐야 하고, 그들이 돌아오면 책임 있게 보살펴야 합니다. 무엇보다도, 우리는 승리를 이끌 수 있을 때 평화를 확보할 수 있을 때, 그리고 세계로부터 존중을 받을 수 있을 때만 충분한 병력을 갖춘 상태에서 전쟁에 나서야 합니다.

　분명히 해둘 것이 있습니다. 이 세상에는 반드시 맞서 싸워야 할 진짜 적들이 존재합니다. 우리는 그들을 끝까지 추적해 찾아내고, 반드시 물리쳐야 합니다. 그리고 존 케리는 그 사실을 누구보다 잘 알고 있습니다. 베트남에서 케리 중위가 전우들을 지키기 위해 기꺼이 목숨을 걸었던 것처럼, 케리 대통령 또한 미국의 안전과 안보를 위해 군사력을 동원하는 데 주저하지 않을 것입니다. 존 케리는 미국을 믿습니다. 그리고 그는 일부만 잘 사는 것만으로는 결코 충분하지 않다는 것을 압니다. 미국이라는 이야기에는 우리가 익히 아는 개인주의뿐 아니라 또 다른 요소가 들어 있습니다.

바로 우리가 하나의 국민으로 연결되어 있다는 믿음입니다. 시카고 남부 어딘가에 글을 읽지 못하는 아이가 있다면 그 아이가 내 자식이 아니라 해도 나에게는 중요한 문제입니다. 어딘가에서 한 노인이 약값을 감당하지 못해 약과 집세 사이에서 선택해야 하는 상황에 놓여 있다면 그분이 내 할머니가 아니라 해도 내 삶은 그만큼 가난해집니다. 어떤 아랍계 미국인 가족이 변호인의 도움도 받지 못한 채 적법한 절차 없이 체포되고 있다면 그것은 곧 시민으로서의 내 자유 또한 위협받고 있다는 뜻입니다. 나는 형제의 수호자이며 자매의 수호자라는 믿음, 바로 그 근본적인 믿음이야말로 이 나라를 움직이게 하는 힘입니다. 그 믿음이 있기에 우리는 저마다의 꿈을 향해 나아가면서도 '미국'이라는 하나의 가족으로 함께 살아갈 수 있는 것입니다. "에 플루리부스 우눔E pluribus unum." 여럿으로 이루어진 하나.

하지만 지금 이 순간에도 우리를 갈라놓으려는 이들이 있습니다. 사실을 왜곡해 자신에게 유리하게 포장하고 부정적인 광고를 퍼뜨리며 목적을 위해 수단과 방법을 가리지 않는 정치를 일삼는 사람들입니다. 저는 오늘 이 자리에서 그들에게 분명히 말하고 싶습니다. 자유주의적인 미국도, 보수주의적인 미국도 없습니다. 오직 미합중국만이 있을 뿐입니다. 흑인의 미국, 백인의 미국, 라틴계의 미국, 아시아계의 미국도 없습니다. 오직 미합중국만이 있을 뿐입니다. 정치 전문가들은 미국을 빨간 주와 파란 주로 나누기 좋아합니다. 빨간 주는 공화당을, 파란 주는 민주당을 상징하죠. 하지만 그들이 반드시 알아야 할 것이 있습니다. 파란 주에서도 위대한 신을 믿습니다. 빨간 주에서도 정부 요원이 도서관을 뒤지는 것을 달가워하지 않습니다. 파란 주에서도 리틀 리그를 지도하고, 빨간 주에서도 게이 친구들과 어울립니다. 이라크 전쟁에 반대한 사람 중에도 애국자가 있고, 그것을 지지한 사람 중에도 애국자가 있습니다. 우리는 하나의 국민입니다. 모두가 별과 줄무늬가 그려진 깃발 앞에 충성을 맹세하고, 모두가 이 미합중국을 지키고 있습니다.

**결**국 이번 선거에서 가장 중요한 것은 바로 이것입니다. 우리는 냉소의 정치를 따를 것인가, 아니면 희망의 정치를 선택할 것인가? 존 케리는 우리에게 희망을 이야기합니다. 존 에드워즈도 우리에게 희망을 이야기합니다. 제가 말하는 희망은 눈먼 낙관주의가 아닙니다. 실업 문제를 언급하지 않으면 저절로 사라질 것이라고 믿거나, 의료 위기를 외면하면 언젠가 해결될 것이라고 여기는, 고의에 가까운 무지와는 다릅니다. 제가 말하는 희망은 훨씬 더 실질적인 희망입니다. 모닥불 앞에 둘러앉아 자유의 노래를 부르던 노예들의 희망, 낯선 땅을 향해 배를 타고 떠난 이민자들의 희망, 메콩강 삼각주를 용감하게 순찰하던 젊은 해군 중위의 희망, 현실에 굴복하지 않고 도전하던 방직공의 아들의 희망, 그리고 미국이라는 나라에 자기 자리가 있을 거라고 믿었던 우스꽝스러운 이름을 가진 말라깽이 소년의 희망. 바로 그것이 제가 말하는 희망입니다. 대담한 희망입니다!

결국 그것이야말로 신이 우리에게 주신 가장 위대한 선물이자, 이 나라를 지탱하는 토대입니다. 보이지 않는 것을 믿는 마음, 더 나은 내일이 올 것이라는 믿음 말입니다. 저는 우리가 중산층에게 숨 쉴 틈을 주고, 노동자 가정에 기회의 문을 열어줄 수 있다고 믿습니다. 실업자에게는 일자리를, 노숙인에게는 따뜻한 보금자리를 그리고 미국 전역의 도시에서 폭력과 절망에 내몰린 청소년들에게는 구원의 손길을 내밀 수 있다고 믿습니다. 지금 우리는 역사의 갈

림길에 서 있습니다. 우리는 옳은 길을 선택할 수 있고, 우리 앞에 놓인 도전에 당당히 맞설 수 있습니다. 미국이여!

저는 조금도 의심하지 않습니다. 오늘 밤, 여러분도 저와 같은 열기를 느끼고 있다면, 저와 같은 절박함과 열정 그리고 희망을 품고 있다면, 그리고 우리가 해야 할 일을 해낸다면, 11월, 이 나라 곳곳에서, 플로리다에서 오리건까지, 워싱턴에서 메인까지, 사람들이 일어설 것입니다. 그리고 존 케리가 대통령으로, 존 에드워즈가 부통령으로 취임하게 될 것입니다. 그날 이 나라는 본래의 이상을 되찾을 것입니다. 길고 어두웠던 정치의 밤이 지나고 마침내 밝은 날이 떠오를 것입니다. 감사합니다. 신의 축복이 여러분과 함께하길 바랍니다.

## 참고 문헌

### 1장

Barack Obama, *Dreams from My Father: A Story of Race and Inheritance* (New York: Three Rivers Press, 1995). 『내 아버지로부터의 꿈』 (알에이치코리아, 2021).

### 2장

Chip Heath and Dan Heath, *Made to Stick: Why Some Ideas Survive and Others Die* (New York:Random House, 2007). 『Stick 스틱!』 (웅진지식하우스, 2022).

Gordon Bower and Michal Clark, "Narrative Stories as Mediators for Serial Learning," *Psychonomic Science* 15, no. 4 (April 1969): 181–82, https://doi.org/10.3758/BF03332778.

### 3장

Barack Obama, *A Promised Land* (New York: Crown, 2020). 『약속의 땅』 (웅진지식하우스, 2021).

Greg J. Stephens, Lauren J. Silbert, and Uri Hasson, "Speaker-Listener Neural Coupling Underlines Successful Communication," *Proceedings of the National Academy of Sciences* 107, no. 32 (August 10, 2010): 14425–30, https://doi.org/10.1073/pnas.1008662107.

Lauren J. Silbert, Christopher J. Honey, Erez Simony, David Poeppel, and Uri Hasson, "Coupled Neural Systems Underlie the Production and Comprehension of Naturalistic Narrative Speech," *Proceedings of the National Academy of Sciences* 111, no. 43 (September 29, 2014): E4687–96, https://doi.org/10.1073/pnas.1323812111.

### 4장

"President Obama to Bob Woodward: 'Mistake' to Dress Down Paul Ryan to His Face in Budget Speech," ABCNews.Go.com, September 6, 2012, https://abcnews.go.com/

Politics/obama-bob-woodward-mistake-dress-paul-ryan-face/story?id=17171273.

Ryan Lizza, "Battle Plans," *New Yorker*, November 8, 2008, https://www.newyorker.com/magazine/2008/11/17/battle-plans.

Zachary C. Irving, Catherine McGrath, Lauren Flynn, Aaron Glasser, and Caitlin Mills, "The Shower Effect: Mind Wandering Facilitates Creative Incubation During Moderately Engaging Activities," *Psychology of Aesthetics, Creativity, and the Arts* (2022), https://doi.org/10.1037/aca0000516.

## 5장

"Modeling the Future of Religion in America," Pew Research Center, September 13, 2022, https://www.pewresearch.org/religion/2022/09/13/modeling-the-future-of-religion-in-america/.

Emmanuel Ponsot, Juan Jose Burred, Pascal Belin, and Jean-Julien Aucouturier, "Cracking the Social Code of Speech Prosody Using Reverse Correlation," *Proceedings of the National Academy of Sciences* 115, no. 15 (March 26, 2018): 3972–77, https://doi.org/10.1073/pnas.1716090115.

## 6장

"Threats to American Democracy Ahead of an Unprecedented Presidential Election," Public Religion Research Institute, October 25, 2023, https://www.prri.org/research/threats-to-american-democracy-ahead-of-an-unprecedented-presidential-election/.

Almog Simchon, William J. Brady, and Jay J. Van Bavel, "Troll and Divide: The Language of Online Polarization," *PNAS Nexus* 1, no 1 (March 10, 2022): 1–12, https://doi.org/10.1093/pnasnexus/pgac019.

Christopher J. Bryan, Gregory M. Walton, Todd Rogers, and Carol S. Dweck, "Motivating Voter Turnout by Invoking the Self," *Proceedings of the National Academy of Sciences* 108, no. 31 (2011): 12653–56, https://doi.org/10.1073/pnas.1103343108.

Daniel Druckman, "Nationalism, Patriotism, and Group Loyalty: A Social Psychological Perspective," *Mershon International Studies Review* 38, no. 1 (April 1, 1994): 43–68, https://doi.org/10.2307/222610.

Daniel L. Byman, "How Hateful Rhetoric Connects to Real-World Violence," Brookings Institution, April 9, 2021, https://www.brookings.edu/articles/how-hateful-rhetoric-connects-to-real-world-violence/.

German Lopez, "Research Says There Are Ways to Reduce Racial Bias. Calling

People Racist Isn't One of Them," *Vox*, July 30, 2018, https://www.vox.com/identities/2016/11/15/13595508/racism-research-study-trump.

James Devitt, "Bridging Divides in an Age of Identity," New York University, September 7, 2021, https://www.nyu.edu/about/news-publications/news/2021/september/bridging-divides-in-an-age-of-identity.html.

Jonah Berger, *Magic Words: What to Say to Get Your Way* (New York: HarperCollins, 2023). 『매직 워드』 (문학동네, 2023).

Matthew S. Levendusky, "Americans, Not Partisans: Can Priming American National Identity Reduce Affective Polarization?," *Journal of Politics* 80, no. 1 (October 2017): 59–70, http://dx.doi.org/10.1086/693987.

Niklas K. Steffens and S. Alexander Haslam, "Power Through 'Us': Leaders' Use of We-Referencing Language Predicts Election Victory," *PLOS ONE* 8, no. 10 (October 23, 2013): e77952, https://doi.org/10.1371/journal.pone.0077952.

Virginia Choi, Snehesh Shrestha, Xinyue Pan, Michele Gelfand, and Dylan Pieper, "Threat Dictionary," www.michelegelfand.com/threat-dictionary.

Yarrow Dunham, "Mere Membership," *Trends in Cognitive Sciences* 22, no. 9 (September 2018): P780–93, https://doi.org/10.1016/j.tics.2018.06.004.

## 7장

"2020 Global Marketing Trends: Bringing Authenticity to Our Digital Age," Deloitte, https://www2.deloitte.com/content/dam/insights/us/articles/2020-global-marketing-trends/DI_2020%20Global%20Marketing%20Trends.pdf.

"Anheuser-Busch CEO Addresses Bud Light Controversy on 'CBS Mornings,' " Paramount, June 28, 2023, https://www.paramountpressexpress.com/cbs-news-and-stations/shows/cbs-mornings/releases/?view=106717-anheuser-busch-ceo-addresses-bud-light-controversy-on-cbs-mornings.

"By the Numbers: Speaking Out," Axios, June 22, 2023, https://www.axios.com/newsletters/axios-communicators-b6251fd3-572d-4098-bf2a-e9d3a55ce6ba.html?chunk=1&utm_term=emshare#story1.

"Celebrating Pride at Disney," Life at Disney, June 1, 2023, https://sites.disney.com/lifeatdisney/culture-and-values/2023/06/01/celebrating-pride-at-disney/.

"Empathy Is Key to Political Persuasion, Shows New Research," University of Toronto, Rotman School of Management, November 11, 2015, https://www.rotman.utoronto.ca/Connect/MediaCentre/NewsReleases/20151111.aspx.

"LGBTQIA+ Team Members & Guests," Target, https://corporate.target.com/sustainability-governance/our-team/diversity-equity-inclusion/team-members-guests/lgbtqia#:~:text=We%20embrace%20our%20team%20members,inclusive%2C%20safe%20employer%20and%20retailer.

"Poll: Obama's Speech Buoyed Public Support," CBS News, September 11, 2009, https://www.cbsnews.com/news/poll-obamas-speech-buoyed-public-support/.

"Starts With Us: American Values Poll," *NORC at the University of Chicago*, May 11–15, 2023, https://startswith.us/wp-content/uploads/Report-and-Methodology-For-Website.pdf.

"The 2022 EY US Generation Survey: Addressing Diverse Workplace Preferences," Ernst & Young LLP, https://www.ey.com/en_us/diversity-inclusiveness/the-2022-ey-us-generation-survey.

"The 2023 Axios Harris Poll 100 Reputation Rankings," Axios, May 23, 2023, https://www.axios.com/2023/05/23/corporate-brands-reputation-america.

Barack Obama, *A Promised Land* (New York: Crown, 2020). 『약속의 땅』 (웅진지식하우스, 2021).

Christopher A. Bail, Lisa P. Argyle, Taylor W. Brown, Alexander Volfovsky, "Exposure to Opposing Views on Social Media Can Increase Political Polarization," *Proceedings of the National Academy of Sciences* 115, 37 (August 28, 2018), https://www.pnas.org/doi/full/10.1073/pnas.1804840115.

Dame Vivian Hunt, Lareina Yee, Sara Prince, and Sundiatu Dixon-Fyle, "Delivering Through Diversity," McKinsey & Company, January 18, 2018, https://www.mckinsey.com/capabilities/people-and-organizational-performance/our-insights/delivering-through-diversity.

Giusy Buonfantino, "New Research Shows Consumers More Interested in Brands' Values Than Ever," *Consumer Goods Technology*, April 27, 2022, https://consumergoods.com/new-research-shows-consumers-more-interested-brands-values-ever.

Jan G. Voelkel, Mashail Malik, Chrystal Redekopp, and Robb Willer, "Changing Americans' Attitudes About Immigration: Using Moral Framing to Bolster Factual Arguments," *Annals of the American Academy of Political and Social Science* 700, no. 1 (2022): 73–85, https://doi.org/10.1177/00027162221083877.

Jesse Graham, Jonathan Haidt, and Brian A. Nosek, "Liberals and Conservatives Rely on Different Sets of Moral Foundations," *Journal of Personality and Social Psychology* 96, no. 5 (May 2009): 1029–46, https://doi.org/10.1037/a0015141.

Jonathan Haidt and Craig Joseph, "Intuitive Ethics: How Innately Prepared Intuitions

Generate Culturally Variable Virtues," *Daedalus* 133, no. 4 (Fall 2004): 55–66, http://dx.doi.org/10.1162/0011526042365555.

Matthew Feinberg and Robb Willer, "From Gulf to Bridge: When Do Moral Arguments Facilitate Political Influence?," *Personality & Social Psychology Bulletin* 41, no. 12 (December 2015): 1665–81, https://doi.org/10.1177/0146167215607842.

Peter Ditto and Spassena Koleva, "Moral Empathy Gaps and the American Culture War," *Emotion Review* 3, no. 3 (June 28, 2011): 331–32, https://doi.org/10.1177/1754073911402393.

Richard Edelman, "Companies Must Not Stay Silent," Edelman, February 3, 2023, https://www.edelman.com/insights/companies-must-not-stay-silent#:~:text=Business%20leaders%20must%20not%20only,and%20lead%20on%20societal%20issues.

Spassena P. Koleva, Jesse Graham, Ravi Iyer, Peter H. Ditto, and Jonathan Haidt, "Tracing the Threads: How Five Moral Concerns (Especially Purity) Help Explain Culture War Attitudes," *Journal of Research in Personality* 46, no. 2 (April 2012): 184–94, https://doi.org/10.1016/j.jrp.2012.01.006.

W. Malnight, Ivy Buche, and Charles Dhanaraj, "Put Purpose at the Core of Your Strategy," *Harvard Business Review*, September-October 2019, https://hbr.org/2019/09/put-purpose-at-the-core-of-your-strategy.

## 8장

Brendan Nyhan, Jason Reifler, Sean Richey, and Gary L. Freed, "Effective Messages in Vaccine Promotion: A Randomized Trial," *Pediatrics* 133, no. 4 (April 2014): e835–42, https://doi.org/10.1542/peds.2013-2365.

Daniel Vastfjall, Paul Slovic, Marcus Mayorga, and Ellen Peters, "Compassion Fade: Affect and Charity Are Greatest for a Single Child in Need," *PLOS ONE* 9, no. 6 (June 18, 2014): e100115, https://doi.org/10.1371/journal.pone.0100115.

Deborah Small, "To Increase Charitable Donations, Appeal to the Heart—Not the Head," Wharton School of the University of Pennsylvania, *Knowledge at Wharton*, June 27, 2007, https://knowledge.wharton.upenn.edu/podcast/knowledge-at-wharton-podcast/to-increase-charitable-donations-appeal-to-the-heart-not-the-head/#:~:text="It%27s%20easy%20to%20override%20people%27s,to%20generate%20feelings%20toward%20statistics.

Deborah Small, George Loewenstein, and Paul Slovic, "Sympathy and Callousness: The Impact of Deliberative Thought on Donations to Identifiable and Statistical Victims," *Organizational Behavior and Human Decision Processes* 102, no. 2 (March 2007):

143–53, http://dx.doi.org/10.1016/j.obhdp.2006.01.005.

Ezra M. Markowitz, Paul Slovic, Daniel Vastfjall, and Sara Hodges, "Compassion Fade and the Challenge of Environmental Conservation," *Judgment and Decision Making* 8, no. 4 (July 2013): 397–406, https://doi.org/10.1017/S193029750000526X.

Gloria Wilcox, "The Feelings Wheel: A Tool for Expanding Awareness of Emotions and Increasing Spontaneity and Intimacy," *Transactional Analysis Journal* 12, no. 4 (1982): 274–76, https://doi.org/10.1177/036215378201200411.

John Tierney, "Will You Be E-Mailing This Column? It's Awesome," *New York Times*, February 8, 2010, https://www.nytimes.com/2010/02/09/science/09tier.html.

Jonah Berger and Katherine L. Milkman, "What Makes Online Content Viral?," *Journal of Marketing Research* 49, no. 2 (April 2012): 192–205, https://doi.org/10.1509/jmr.10.0353.

Paul J. Zak, "Why Inspiring Stories Make Us React: The Neuro science of Narrative," *Cerebrum*, no. 2 (January-February 2015), http://www.ncbi.nlm.nih.gov/pmc/articles/pmc4445577/.

Pei-Ying Lin, Naomi Sparks Grewal, Christophe Morin, Walter D. Johnson, and Paul J. Zak, "Oxytocin Increases the Influences of Public Service Advertisements," *PLOS ONE* 8, no. 2 (February 27, 2013): e56934, https://doi.org/10.1371/journal.pone.0056934.

Robert Plutchik, "The Nature of Emotions: Human Emotions Have Deep Evolutionary Roots, a Fact That May Explain Their Complexity and Provide Tools for Clinical Practice," *American Scientist* 89, no. 4 (July-August 2001): 344–50, http://www.jstor.org/stable/27857503.

Stephanie M. Ortiz and Chad R. Mandala, "There Is Queer Inequity, But I Pick to Be Happy: Racialized Feeling Rules and Diversity Regimes in University LGBTQ Resource Centers," *Du Bois Review: Social Science Research on Race* 18, no. 2 (2021): 347–64, https://doi.org/10.1017/S1742058X21000096.

Tali Sharot, *The Influential Mind: What the Brain Reveals About Our Power to Change Others* (New York: Macmillan, 2017).

Tara Van Bommel, "The Power of Empathy in Times of Crisis and Beyond," Catalyst, 2021, https://www.catalyst.org/reports/empathy-work-strategy-crisis.

Thomas Sy and Daan van Knippenberg, "The Emotional Leader: Implicit Theories of Leadership Emotions and Leadership Perceptions," *Journal of Organizational Behavior* 42, no. 7 (September 2021): 885–912, https://doi.org/10.1002/job.2543.

William J. Brady, Julian A. Wills, John T. Jost, and Jay J. Van Bavel, "Emotion Shapes the Diffusion of Moralized Content in Social Networks," *Proceedings of the National Academy of Sciences* 114, no. 28 (June 26, 2017): 7313–18, https://doi.org/10.1073/pnas.1618923114.

## 9장

"Reading Level of State of the Union Addresses," University of California Berkeley School of Information, n.d., https://ischoolonline.berkeley.edu/blog/trump-state-of-the-union-analysis-reading-level-accessible/.

Christopher Ricks and Leonard Michaels, *The State of the Language* (Oakland: University of California Press, 1980).

Colin Cramer, George Loewenstein, and Martin Weber, "The Curse of Knowledge in Economic Settings: An Experimental Analysis," *Journal of Political Economy* 97, no. 5 (October 1989): 1232–54, https://doi.org/10.1086/261651.

## 10장

Cody Keenan, *Grace: President Obama and Ten Days in the Battle for America* (New York: Mariner Books, 2022).

R. Brooke Lea, David N. Rapp, Andrew Elfenbein, Aaron D. Mitchel, and Russel Swinburne Romine, "Sweet Silent Thought: Alliteration and Resonance in Poetry Comprehension," *Psychological Science* 19, no. 7 (July 2008): 709–16, https://doi.org/10.1111/j.1467-9280.2008.02146.x.

## 11장

Barack Obama, "Statement by the President on the Affordable Care Act," November 14, 2013, https://obamawhitehouse.archives.gov/the-press-office/2013/11/14/statement-president-affordable-care-act.

Danit Ein-Gar, Baba Shiv, and Zakary L. Tromala, "When Blemishing Leads to Blossoming: The Positive Effect of Negative Information," *Journal of Consumer Research* 38, no. 5 (February 2012): 846–59, https://doi.org/10.1086/660807.

Rachael Denhollander, "Rachael Denhollander: The Price I Paid for Taking on Larry Nassar," *New York Times*, January 26, 2018, https://www.nytimes.com/2018/01/26/opinion/sunday/larry-nassar-rachael-denhollander.html.

Soroush Vosoughi, Deb Roy, and Sinan Aral, "The Spread of True and False News Online," *Science* 369, no. 6380 (March 9, 2018): 1146–51, https://doi.org/10.1126/science.aap9559.

## 12장

Barack Obama, A Promised Land (New York: Crown, 2020). 『약속의 땅』 (웅진지식하우스, 2021).

Josh Boak and Martin Crutsingerap, "Geithner Memoir: He Made Repeated Offers to Resign," Associated Press, May 9, 2014, https://apnews.com/article/8f49426880b0426c87053bf39c2ddb5e.

Ted Sorensen, *Counselor: A Life at the Edge of History* (New York: HarperCollins, 2008)

Timothy F. Geithner, *Stress Test: Reflections on Financial Crises* (New York: Crown, 2014).

## 13장

"Health Benefits of Hope," Harvard University, T.H. Chan School of Public Health, 2021, https://www.hsph.harvard.edu/news/hsph-in-the-news/health-benefits-of-hope/.

"Hope Changes Everything," Hope Rising Oklahoma, https://hoperisingoklahoma.org.

"When It Comes to Politics and 'Fake News,' Facts Aren't Enough," National Public Radio, *Hidden Brain*, March 13, 2017, https://www.npr.org/transcripts/519661419?storyId=519661419.

Aamir Ishaque, Muhammad Tufail, and Naveed Farooq, "Psychological Capital and Employee Performance: Moderating Role of Leader's Behavior," *Journal of Business and Tourism* 3, no. 1 (June 30, 2017), https://www.semanticscholar.org/paper/Psychological-Capital-and-Employee-Performance%3A-of-Ishaque/6c25abb98f47876807545ad43e28a6b5f65286e4.

Caroline Copley and Ben Hirschler, "For Roche CEO, Celebrating Failure Is Key to Success," *Reuters*, September 17, 2014, https://www.reuters.com/article/us-roche-ceo-failure-idUSKBN0HC16N20140917/.

Casey Gwinn and Chan Hellman, *Hope Rising: How the Science of Hope Can Change Your Life* (New York: Morgan James Publishing, 2018).

Daniel M. T. Fessler, Anne C. Pisor, and Carlos David Navarrete, "Negatively-Biased Credulity and the Cultural Evolution of Beliefs," *PLOS ONE* 9, no. 4 (April 15, 2014): e95167, https://doi.org/10.1371/journal.pone.0095167.

Holly Burns, "How to Change Your Mind-Set About Aging," *New York Times*, September 20, 2023, https://www.nytimes.com/2023/09/20/well/mind/aging-health-benefits.html.

Jack M. Gorman, M.D., "과학자들은 뇌의 원시적인 영역과 고차원적 영역을 구분한다. 고차원적 사고는 주로 전전두엽 피질에서 이루어지며, 비교적 느리게 이성적인 사고를 담당한다. 원시적인 영역은 빠르게, 생각할 필요 없이 자동적으로 반응하며 두려움과 같은 감정을 담당한다," 다음에서 인용됨: Olga Khazan "Why People Fall for Charismatic Leaders," *The Atlantic*, October 13, 2016, https://www.theatlantic.com/science/archive/2016/10/why-people-fall-for-charismatic-leaders/503906/.

Jason Featherngill and Chan M. Hellman, "Nurturing the Hope and Well-Being of Oklahoma Students: The Role of Individual Career and Academic Planning," University of Oklahoma Hope Research Center and the Oklahoma State Department of Education, https://www.okedge.com/wp-content/uploads/2021/09/DRAFT-2-Nurturing-the-Hope-and-Well-being-of-Oklahoma-Students-2.pdf.

Jim Collins, *Good to Great: Why Some Companies Make the Leap and Others Don't* (New York: HarperBusiness, 2001), https://www.jimcollins.com/concepts/Stockdale-Concept.html. 『좋은 기업을 넘어 위대한 기업으로』(김영사, 2021).

Tali Sharot, "Optimism Bias: Why the Young and the Old Tend to Look on the Bright Side," *Washington Post*, December 31, 2012, https://www.washingtonpost.com/national/health-science/optimism-bias-why-the-young-and-the-old-tend-to-lookon-the-bright-side/2012/12/28/ac4147de-37f8-11e2-a263-f0ebffed2f15_story.html.

Tali Sharot, "The Optimism Bias," *Current Biology* 21, no. 23 (2011): R941–45, https://doi.org/10.1016/j.cub.2011.10.030.

Tali Sharot, "The Optimism Bias," *Time*, May 28, 2011, https://content.time.com/time/health/article/0,8599,2074067,00.html.

Tali Sharot, *The Optimism Bias* (New York: Vintage Books, 2012).

## 14장

Barbara L. Rees, "Effect of Relaxation with Guided Imagery on Anxiety, Depression, and Self-Esteem in Primiparas," *Journal of Holistic Nursing* 13, no. 3 (September 1995): 255–67, https://doi.org/10.1177/089801019501300307.

Dominic Gwinn (@DominicGwinn), X post, March 4, 2023, 3:07 p.m., "Mike Lindell went over his time during his speech at CPAC and the teleprompter displayed this message," https://twitter.com/DominicGwinn/status/1632110547150700544.

Emma Warnock-Parkes et al., "Seeing Is Believing: Using Video Feedback in Cognitive Therapy for Social Anxiety Disorder," *Cognitive and Behavioral Practice* 24, no. 2 (May 2017): 245–55, https://doi.org/10.1016%2Fj.cbpra.2016.03.007,

Neil A. Bradbury, "Attention Span During Lectures: 8 Seconds, 10 Minutes, or More?," *Advances in Physiology Education* 40, no. 4 (December 2016): 509–13, https://doi.org/10.1152/advan.00109.2016.

Thomas Gilovich, Kenneth Savitsky, and Victoria Husted Medvec, "The Illusion of Transparency: Biased Assessments of Others' Ability to Read One's Emotional States," *Journal of Personality and Social Psychology* 75, no. 2 (1998): 332, https://psycnet.apa.org/doi/10.1037/0022-3514.75.2.332.

## 15장

Albert Mehrabian and S. R. Ferris, "Inference of Attitudes from Nonverbal Communication in Two Channels," *Journal of Consulting Psychology* 31, no. 3 (1967): 248–52, https://doi.org/10.1037/h0024648.

Albert Mehrabian, " 'Silent Messages'—Wealth of Information About Nonverbal Communication (Body Language)," kaaj.com, http://www.kaaj.com/psych/smorder.html.

Alison Wood Brooks, "Get Excited: Reappraising Pre-Performance Anxiety as Excitement," *Journal of Experimental Psychology* 143, no. 3 (June 2014): 1144–58, https://doi.org/10.1037/a0035325.

Amy J. C. Cuddy, S. Jack Schultz, and Nathan E. Fosse, "P-Curving a More Comprehensive Body of Research on Postural Feedback Reveals Clear Evidential Value for Power-Posing Effects: Reply to Simmons and Simonsohn (2017)," *Psychological Science* 29, no. 4 (2018): 656–66, https://doi.org/10.1177/0956797617746749. 파워 포즈의 최초 연구자 중 한 명인 에이미 커디는 추후 연구를 업데이트하면서 파워 포즈가 자신감을 높이는 호르몬을 분비하지는 않더라도 사람들이 더 강력하다고 느끼게 하는 자세 피드백 효과를 일으킨다고 주장했다.

Barack Obama, *The Audacity of Hope* (New York: Crown Publishers, 2006). 『담대한 희망』 (알에이치코리아, 2021).

Barbara Wild, Michael Erb, Michael Eyb, Mathias Bartels, and Wolfgang Grodd, "Why Are Smiles Contagious? An fMRI Study of the Interaction Between Perception of Facial Affect and Facial Movements," *Psychiatry Research: Neuroimaging* 123, no. 1 (May 2003): 17–36, https://doi.org/10.1016/S0925-4927(03)00006-4.

Dana R. Carney, "My Position on 'Power Poses,' " University of California Berkeley, Haas

School of Business, October 2016, http://faculty.haas.berkeley.edu/dana_carney/pdf_My%20position%20on%20power%20poses.pdf.

Dana R. Carney, "The Nonverbal Expression of Power, Status, and Dominance," *Current Opinion in Psychology* 33 (June 2020): 256–64, https://doi.org/10.1016/j.copsyc.2019.12.004.

Dana R. Carney, Amy J. C. Cuddy, and Andy J. Yap, "Power Posing: Brief Nonverbal Displays Affect Neuroendocrine Levels and Risk Tolerance," *Psychological Science* 21, no. 10 (September 20, 2010), https://doi.org/10.1177/0956797610383437.

Gemma Gladstone and Gordon Parker, "When You're Smiling Does the Whole World Smile for You?," *Australasian Psychiatry* 10, no. 2 (June 2002): 144–46, https://doi.org/10.1046/j.1440-1665.2002.00423.x.

Helene Kreysa, Luise Kessler, and Stefan R. Schweinberger, "Direct Speaker Gaze Promotes Trust in Truth-Ambiguous Statements," *PLOS ONE* 11, no. 9 (September 19, 2016): e0162291, https://doi.org/10.1371%2Fjournal.pone.0162291.

Hyounae (Kelly) Min and Yaou Hu, "Revisiting the Effects of Smile Intensity on Judgments of Warmth and Competence: The Role of Industry Context," *International Journal of Hospitality Management* 102 (April 2022): 103152, https://doi.org/10.1016/j.ijhm.2022.103152.

Lawrence Ian Reed, Katharine N. Zeglen, and Karen L. Schmidt, "Facial Expressions as Honest Signals of Cooperative Intent in a One-Shot Anonymous Prisoner's Dilemma Game," *Evolution and Human Behavior* 33, no. 3 (May 2012): 200–209, https://doi.org/10.1016/j.evolhumbehav.2011.09.003.

Miles L. Patterson, Alan J. Fridlund, and Carlos Crivelli, "Four Misconceptions About Nonverbal Communication," *Perspectives on Psychological Science* 18, no. 6 (2023): 1388–1411, https://doi.org/10.1177/17456916221148142.

Sing Lau, "The Effect of Smiling on Person Perception," *Journal of Social Psychology* 117, no. 1 (1982): 63–67, https://doi.org/10.1080/00224545.1982.9713408.

Tom Loncar, "A Decade of Power Posing: Where Do We Stand?," *British Psychological Society*, June 8, 2021, https://www.bps.org.uk/psychologist/decade-power-posing-where-do-we-stand.

Tuvya Amsel, "An Urban Legend Called: 'The 7/38/55 Ratio Rule,' " *European Polygraph* 13, no. 2 (June 2019): 95–99, https://doi.org/10.2478/ep-2019-0007.

Will Stephen, "How to Sound Smart in Your TEDx Talk," TedxNewYork, January 15, 2015, https://www.youtube.com/watch?v=8S0FDjFBj8o.

# 백악관 말하기 수업

**1판 1쇄 발행** 2025년 8월 20일

**지은이** 테리 수플랫
**옮긴이** 정지현
**발행인** 박명곤  **CEO** 박지성  **CFO** 김영은
**기획편집1팀** 채대광, 백환희, 이상지, 김진호
**기획편집2팀** 박일귀, 이은빈, 강민형, 박고은
**기획편집3팀** 이승미, 김윤아, 이지은
**디자인팀** 구경표, 유채민, 윤신혜, 권지혜
**마케팅팀** 임우열, 김은지, 전상미, 이호, 최고은

**펴낸곳** (주)현대지성
**출판등록** 제406-2014-000124호
**전화** 070-7791-2136  **팩스** 0303-3444-2136
**주소** 서울시 강서구 마곡중앙6로 40, 장흥빌딩 10층
**홈페이지** www.hdjisung.com  **이메일** support@hdjisung.com
**제작처** 영신사

ⓒ 현대지성 2025

※ 이 책은 저작권법에 따라 보호받는 저작물이므로 무단 전재와 복제를 금합니다.
※ 잘못 만들어진 책은 구입하신 서점에서 교환해드립니다.

"Curious and Creative people make Inspiring Contents"
현대지성은 여러분의 의견 하나하나를 소중히 받고 있습니다.
원고 투고, 오탈자 제보, 제휴 제안은 support@hdjisung.com으로 보내주세요.

현대지성 홈페이지

**이 책을 만든 사람들**
**기획** 이승미  **편집** 김윤아, 이승미  **디자인** 유채민